U0879942

业财税融合职业技能 1+X 证书系列培训教材

业财税融合成本管控

（初级）

主　编　谭秋云
副主编　王威然　张流柱　郭赞伟　李　平

電子工業出版社
Publishing House of Electronics Industry
北京•BEIJING

内 容 简 介

《业财税融合成本管控（初级）》共分为 6 个工作领域，23 个工作任务，主要包括以下内容：筹资业务核算、采购业务核算、存货业务核算、生产业务核算、销售业务核算和费用业务核算。

本书可以作为大数据与会计、大数据与财务管理、大数据与审计、统计与会计核算、市场营销、物业管理、企业管理、物流管理、工程管理、工程造价、建筑工程等相关专业学生教材，也可以作为成本管控管理人员和技术人员培训或自学用书。

未经许可，不得以任何方式复制或抄袭本书之部分或全部内容。
版权所有，侵权必究。

图书在版编目（CIP）数据

业财税融合成本管控：初级 / 谭秋云主编. —北京：电子工业出版社，2021.11
ISBN 978-7-121-39242-9

Ⅰ. ①业… Ⅱ. ①谭… Ⅲ. ①企业管理－成本控制－高等学校－教材 Ⅳ. ①F275.3

中国版本图书馆 CIP 数据核字（2020）第 124839 号

责任编辑：贾瑞敏
印　　刷：天津画中画印刷有限公司
装　　订：天津画中画印刷有限公司
出版发行：电子工业出版社
　　　　　北京市海淀区万寿路 173 信箱　邮编：100036
开　　本：787×1 092　1/16　印张：13.75　字数：352 千字
版　　次：2021 年 11 月第 1 版
印　　次：2021 年 11 月第 1 次印刷
定　　价：58.00 元

凡所购买电子工业出版社图书有缺损问题，请向购买书店调换。若书店售缺，请与本社发行部联系，联系及邮购电话：（010）88254888，88258888。

质量投诉请发邮件至 zlts@phei.com.cn，盗版侵权举报请发邮件至 dbqq@phei.com.cn。

本书咨询联系方式：（010）88254019，jrm@phei.com.cn。

前 言

《业财税融合成本管控（初级）》是根据中华人民共和国教育部《关于在院校实施“学历证书+若干职业技能等级证书”制度试点方案》文件精神，为了适应我国经济转型及快速发展对财经类专业技能人才的需要及财经商贸大类专业实行 1+X 课证融通的教学实际需要而编写的。本书是 1+X 证书系列培训教材，在编写过程中，以工作领域、工作任务、岗位技能为主线，重点突出职业技能应用性，采用知识积累、实践操作的编写思路，对重要知识点和难点进行了诠释，对岗位职业技能以任务导入方式进行演示解析，方便教、学、训一体。

本书主要特点如下：

一是先进性。依据最新颁布的法律法规和各项业财税制度，广泛地吸收了当代业财税的新理论、新技术和新方法。

二是融通性。从夯实学生职业技能和可持续发展能力需要出发，结合专业课程标准和业财税融合成本管控 1+X 证书标准，在内容上，体现“课”与“证”融通，即专业课程的章、节和知识点对应业财税融合成本管控 1+X 证书的工作领域、工作任务和技能点，以培养具备业财税融合思维，会核算、懂成本管控的复合型技能人才。

三是实用性。针对现代企业财务管理工作对业财税融合的要求，以业务、财务、税务的有机融合需求为着力点，理论联系实际，突出实用性。

本书由湖南中德安普成本管控集团公司董事长谭秋云担任主编并负责全书的总纂与审定，湖南娄底职业技术学院郭赞伟（工作领域一）、湖南冶金职业技术学院王威然（工作领域二、工作领域三）、湖南外贸职业学院李平（工作领域四）、长沙民政职业技术学院张流柱（工作领域五、工作领域六）担任副主编。本书的编写与出版得到了电子工业出版社的关心与支持，尤其应感谢本书编辑的大力支持与鼓励。

编写《业财税融合成本管控（初级）》是编者的一次大胆尝试，由于水平有限，错漏之处在所难免，恳请读者批评指正，以便修改完善。

谭秋云

目录

导言 …… 1

工作领域一　筹资业务核算 …… 13

工作任务一　借款成本核算 …… 14

工作任务二　债券成本核算 …… 21

工作任务三　权益成本核算 …… 31

工作领域二　采购业务核算 …… 37

工作任务一　供应商信用调研 …… 39

工作任务二　商品价格调研 …… 47

工作任务三　采购付款核算 …… 52

工作领域三　存货业务核算 …… 61

工作任务一　存货入库核算 …… 62

工作任务二　发出存货核算 …… 72

工作任务三　存货清查核算 …… 79

工作领域四　生产业务核算 …… 92

工作任务一　产品材料成本核算 …… 93

工作任务二　人工成本核算 …… 97

工作任务三　其他费用核算 …… 104

工作任务四　辅助生产成本核算 …… 112

工作任务五　制造费用核算 …… 117

工作任务六　在产品和产成品成本核算 …… 121
工作任务七　产品成本计算方法应用 …… 126

工作领域五　销售业务核算 …… 138

工作任务一　客户信用调研 …… 139
工作任务二　商品价格确定 …… 144
工作任务三　销售收入核算 …… 152
工作任务四　销售成本核算 …… 159

工作领域六　费用业务核算 …… 164

工作任务一　期间费用核算 …… 165
工作任务二　税费核算 …… 173
工作任务三　税务申报与缴纳 …… 198

参考文献 …… 211

导　言

随着全球化竞争的加剧和企业管理模式的转变，原有的财务管理模式已不能满足企业管理的需要，传统的财务职能从来没有像今天这样面临着重大挑战：财务工作的重心由后台的记账会计逐渐转向全方位满足日常管理需要和提供项目决策支持；财务在企业价值链中的位置从末端转向业务前端，与业务体系的关系更加紧密，财务在企业价值提升、战略管理、绩效管理、风险控制、全面预算管理、资金管理、信用管理领域的支持作用越来越大。财务部门如何取得企业高层和各部门的理解与支持，从核算型财务走向管理型财务，从守护价值到创造价值，从为企业的健康发展保驾护航到直接创造价值，是当前众多企业急需解决的一个重要课题。实现业财税融合进行成本管控就是一个重要途径。

一、业财税融合概述

（一）业财税融合

什么是业财税，业务是指企业依法组织的生产经营活动，税务是指企业依法生产经营所发生的成本，财务是指对业务、税务过程及结果的记录和处理。

业财税融合是指企业在依法组织生产经营活动过程中，通过对业务、税务和财务的风险管控，结合企业内部和外部作业环境，将业务流、资金流、信息流等数据及时共享、共融，以价值驱动为主线，以合理合法有效配置和运用企业资源为手段，为实现企业价值最大化目标所实施的一系列管理行为。业财税融合主要包括观念的融合、人员的融合、专业的融合、业务与财务的融合、财务信息化与管理信息化的融合。

业财税融合是近几年财务圈流行的新概念，也是财务管理实践发展的必然趋势。在20 世纪 90 年代，以美国为首的管理会计学专家，就已经总结出了很多的“业财融合”工具。例如，大家非常熟悉的平衡计分卡（BSC）和作业成本法（ABC）。

平衡计分卡是卡普兰和诺顿提出的，其指导思想是从财务、客户、内部运营、学习与成长 4 个角度，将组织的战略落实为可操作的衡量指标和目标值的一种新型绩效管理体系。平衡计分卡共有 4 个维度，其中一个维度是财务，其他三个维度都涉及业务过程，可见财务融入业务的重要性。

作业成本法的指导思想是成本对象消耗作业，作业消耗资源。作业成本法把直接成本和间接成本（包括期间费用）作为产品（服务）消耗作业的成本同等对待，拓宽了成本的计算范围，使计算出来的产品（服务）成本更准确、真实。作业成本法在精确成本信息、改善经营过程、产品定价及组合决策、提供有效信息等方面，都收到了许多企业的赞誉。

本书业财税融合的指导思想就是财务人员要打破财务边界，具体来说是要打破 5 个边界。

1. 思维观念要破界

在一切边界中，最难打破的就是无形的思维边界。财务人员只有打破思维模式的禁锢，积极尝试新方法、新工具，突破传统的财务习惯思维边界，尝试新角度、新立场，才能跟上当今瞬息万变的时代。业财税融合是新时代财务人员转型的方向，由传统的会计核算向致力于服务业务发展转变。向管理型会计转型是当代会计的发展方向，财务会计侧重反映的是企业历史发展状况，是典型的事后核算和事后监督，管理型会计则是对财务会计的信息进行分析、判断、预测，为管理层企业战略定位、经营、投融资决策提供先导性的建议，是典型的由事后监督向事前预测、事中控制、事后绩效评价转变，因此财会人员不能总停留在核算型会计上，只是为业务做会计分录，要走出“账房先生”

的物理空间。财务人员的工作不再是对业务进行事后核算和监督，而是要从价值角度对前台业务进行事前预测，计算业务活动的绩效，并把业务需求的重要信息反馈给业务部门，为其行动提供参考，扮演策略咨询专家的角色。财务人员要将思维意识及眼界放在业务经营上，未来的财务人员应该是熟知财税知识的业务经营人员，是业务经营方案的提供者和问题的解决者。

2. 专业能力要破界

近年来，会计准则、税收法规等变化很大，财务人员一方面要结合工作实际要求不断提升专业水平，在持续更新专业知识、专业技能的基础上，全面提高职业判断能力；另一方面还要能从浩瀚的数据中敏锐捕捉到业务信息，成为具有商业敏感度和职业分析能力的人员。财务人员要多站在业务角度考虑，及时并客观地向业务部门输出有效信息，财务人员要具备对数据信息的搜索能力、加工能力和洞察能力，不仅要做数据的搜集者，更要做数据的分析者和业财税融合有效信息的提供者，要具有将财务数据转化为业务部门需要的信息的能力。

3. 沟通能力要破界

财务人员必须要与业务部门多沟通，多了解业务部门的需求，要成为业财税融合的培训师、财务制度的宣传员、财务流程的讲解员。会计是全球通用的商业语言，财务人员要善于把会计语言转换为商业语言，只有让业务人员明白了商业语言、具备了基本的财务思维和知识，才能与其沟通流畅，认同目标共同创造价值。财务人员能第一时间知道企业哪些环节存在问题和不足，但只有与业务部门进行实时有效沟通，实现部门联动、人员联动，才能切实抓好财务管理，提高盈利能力。因此，财务人员要成为业务人员的好伙伴，要能从财务数据中提炼出对业务有价值的信息，要从宏观角度通盘考虑业务，运用业财税融合思维方法进行价值评价，为业务提出解决方案，将财务从“管控型”转向“运营型”。

4. 作业空间的破界

企业要实现真正的业财税融合，财务人员必须主动融入业务中，财务人员的眼界就不能再局限于眼前的凭证、报表、单据，而是应将眼界扩展至行业、客户、供应商；不能只将眼界局限于会计准则的要求，而要放眼于行业政策、行业趋势、商业模式、竞争者信息等。财务人员不能只限于报表和数字，而要深入业务中，要以业财税融合的眼光看待整个企业的经营状况，力争为企业创造更大的价值。

5. 流程再造的破界

要实现真正意义上的业财税融合，必须从内部传统管理模式来突破，要突破原有的部门分工边界，向以流程为中心划分职责转变。通常企业都以部门为界进行分工，以部门业绩和指标为出发点，考虑问题视角较窄，信息反馈主要考虑本部门的需要，很少考虑财务和其他部门对业务信息的需要，全局观不强；而以流程为中心来划分职责，有利于实现部门之间的信息共享和共同协作，考虑问题视角较广，全局观念强，可以优化资源配置，实现部门之间的实时共享信息。总之，业务部门和财务部门都要发挥主观能动性，业务要破界，要配合财务，财务要积极融入企业各项业务，加强事前参与度，强化事中流程控制，规范事后考核和分析，实现业财一体、全面融合，共同为企业创造价值。

综上所述，业财税融合的主要观点就是财务人员要打破财务的边界，在实现财务管理目标的过程中，要全面考虑企业内部、外部经营作业环境和企业整体的运作状况及税收因素，帮助企业将有限的资源进行有效配置，从而实现企业价值最大化。具体来说，业财税融合的思维就是要求财务部门在对企业财务实施管控的同时，还要全方位了解并熟悉业务，统筹业务财务目标，合法合规地进行税收筹划。财务部门要从企业价值最大化角度对业务进行事前预测和动态跟踪，计算业务活动的绩效，在合法合规的条件下实现企业税收税负最小化，要运用业财税融合的思维在战略管理、运营管理、投融资管理、风险管理、税务筹划管理等方面对企业实施全方位的科学管理。

（二）业财税融合的现实意义

1. 对财务人员的意义

业财税融合对财务人员提出了更高的要求，财务人员只有参与企业价值创造的全过程，才会拥有更高的地位、实现更大的岗位价值。第一，财务人员的认知领域要大范围拓宽，要勤学习、多思考。财务人员不仅要熟悉会计、税法，还要熟悉业务和技术等相关知识，要做到既是财务和税法的专才，又是业务、技术的通才。第二，要形成业财税融合的思维习惯。财务人员要从固有思维中跳出来，不再仅仅是做账报税、事后财务处理，而是要参与整个业务流程，从多视角的角度考虑财务管理问题，形成有价值的思路。第三，要重判断、精计算。财务管理最终要为决策服务，那么在决策的过程中，要弄明白什么是正确的事情，接下来要把这件正确的事情做正确。在当前的大数据时代，要把数字变成数据，然后把数据变成对决策有用的数据信息，这些信息才是决策者最需要的，因此在整个“业财税融合”过程中要确保数据真实并且与决策相关，在此基础上提炼出对决策有用的信息，供决策参考。第四，要善于沟通。业财税融合绝不仅仅是财务部门的事情，要积极主动与业务部门、管理部门、技术部门沟通，注重方法、讲究效率，确保业财税目标在良好的沟通中得到有效实现。

2. 对企业实现价值最大化的意义

当前经济市场环境瞬息万变，市场与行业之间的竞争愈加激烈。企业想要提高盈利效益，加强业财税融合是关键。传统型财务管理模式已无法满足大数据时代需求，在新时期背景下，财务人员需要创新工作方式，将财务与业务有机结合，将业财税融合工作落实到各个细节，从而实现企业资源效用最大化。

（1）业财税融合是提升企业财务管理水平的基础。通过业财融合可以提高会计的信息质量。一方面业务可以为财务实时提供各类信息，财务融入业务可以现场取得信息，大大提高会计信息质量。另一方面可以促使企业的财务加快向管理会计转型，业财税融合后，会计职能前置，会计将融入业务管理前端，从事业务的分析和决策等管理会计工作，进而加快财务向管理会计转型，使会计信息的准确性、实用性、科学性更强，有效地提高财务管理的价值，从而使企业的财务能更精准地去把控业务环节和制定解决对策，让企业资源配置率与应用率得到全面提升。

（2）业财税融合有利于加强企业内部控制。财务人员参与到业务流程中，在某种意义上来讲是有效地弥补了传统业务部门封闭式作业的缺陷。首先，财务人员可以及时获取最新业务信息，对第一手业务资料进行科学监管，是提升会计监督职能的有力补充。其次，财务工作深入融合到业务流程等环节中，让财务部门可以更深入了解业务部门的工作现状，从而协助各业务部门进行合理监测和绩效控制，在最短的时间内发现内部控制机制存在的缺陷，从而有效规避潜在风险。

（3）业财税融合促使企业价值最大化。对于企业的经营与发展来说，终极目标都是要实现利益最大化的。企业财务管理是很重要的一个环节，为实现价值管理的真正目的，企业要将有限的经济资源进行优化配置，将业务与财务高度融合就是最佳方式，它可以将价值管理融入企业经营的每个环节中，强化每个环节的控制，做到开源节流，从而降低各个环节需要耗费的成本，进而提高企业现金流的净收入，充分发挥财务和业务各自的优势与价值，以实现企业价值最大化。

总之，业财税融合是一个长期的、循序渐进的过程。新时代、新形势、新环境下，业财税融合的理念对财务管理工作提出了新的要求，财务人员必须不断地加强业财税融合的学习和实践，立足财务岗位，眼观全局，为实现企业价值最大化提供最大助力。

二、成本管控概述

（一）成本管控的概念

成本管控是指管控主体运用各种方法和手段，有组织、有计划、有系统地对不同的主体和对象的成本（投入）进行全方位、全过程的管理控制；它是融合技术经济各类学科，综合考虑各类社会资源投入成本产出价值，将未来成本、现时成本、经济成本、社会资源成本等各类资源进行通盘考虑，以实现成本（投入）资源价值最大化的管理活动。为了更好地理解成本管控这一概念，可以从以下几个方面来深化认识。

1. 成本管控是一种实践活动

马克思主义实践观认为，实践是主客体之间的相互作用过程，是相互交换物质、能量、信息的过程，即实践是主体的目的、利益的实现过程，是主体对客体的能动的认识和改造过程，也是主体的物质力量同客体的物质力量的相互作用过程。由此可知，实践过程是联结、沟通主体和客体、人和自然的桥梁，是主体性和客体性、合目的性和合规律性的统一过程。人类的任何活动都是实践的一种，因此人类的任何活动都具有 3 个基本特点：目的性、依存性和知识性。这决定了人类的任何社会活动都必定具有一定管理控制职能。如果没有成本管控，一切生产、交换、分配活动都不可能正常进行，社会劳动过程也会因此发生混乱或中断，社会文明就不能继续延续和长度。人类活动的特点在给成本管控活动的产生提供客观物质载体的同时，也为成本管控活动的存在提出了客观的现实需要。可见，成本管控就是成本管控主体的物质力量同成本管控客体的物质力量的相互作用的过程，同时也是成本管控主体对成本管控客体能动的认识和改造，以实现成本管控主体目标和利益的实践过程。

2. *成本管控是一种主体与客体相互协调的实践活动*

（1）成本管控主体和成本管控客体是相互依存的。没有成本管控主体，就无所谓成本管控客体；没有成本管控客体，也就无所谓成本管控主体。成本管控主体是管理者和管理机构，成本管控客体是指在经济活动和非经济活动中的资源（既包括人力、财力、物力及依附于人力、财力和物力的信息、时间、空间等资源，也包括各种自然资源）耗费所形成的成本。主体指挥、协调、控制客体，客体只能在主体的认识、利用和控制下发挥作用。在成本管控实践活动中，成本管控主体从事成本管控活动以实现一定的预期成本目标，但是成本管控主体的这种目标的实现要以成本管控客体的客观存在及对成本管控客体的客观认识并加以利用为前提。反之，成本管控主体的成本管控活动就无法进行。同样，成本管控客体也只有在成本管控主体的组织、指挥和协调下才能创造性地发挥作用。可见，不论从哪个方面来说，成本管控主体和成本管控客体总是相互依存的。

（2）成本管控主体和成本管控客体是相互制约、相互影响的。首先，成本管控主体的主观愿望与成本管控客体规律之间的矛盾。成本管控客体中的物力和财力是物质因素，其客观性是不言而喻的，即使是成本管控客体中的人，对于主体来说，也同样是一种客观存在，不以主体的意志为转移。同理，依附于人力、财力和物力的信息、时间、空间等其他客体，也有其自身的客观运动规律。因此，管控主体要深刻认识管控客体及其运动规律，并依据管控客体运动的规律，确定组织的预期成本目标，并根据成本管控活动自身的规律，制定成本管控计划，并对之进行指挥、领导和控制。这一过程本身就是成本管控主体和成本管控客体之间的一种平衡与协调的过程。其次，成本管控主体的创造性与成本管控客体条件的制约性之间的矛盾。在成本管控实践中，成本管控主体不仅要认识管控客体的运动规律，更重要的是要有效地改造、利用成本管控客体，以最终实现成本管控主体的目标。而在成本管控活动中，不可避免地要受到种种客观条件的制约，此时，成本管控主体必须克服各种不利的客观条件，主动地创造有利条件，才能最终实现预期的成本目标。这一要求决定了成本管控主体必须发挥主观能动性，对成本管控客体和外部环境进行分析，对未来形势进行判断，即成本管控决策，以确保预期目标的实现。这一过程，也是成本管控主体和成本管控客体之间相互协调的一种基本要求和体现。

3. 成本管控主体和成本管控客体之间的相互协调，构成了成本管控实践活动的本质

成本管控主体与成本管控客体之间的辩证统一，决定了成本管控主体和成本管控客体之间必须相互协调，同时也只有两者之间相互协调，成本管控主体的预期目标才能实现。

首先，从成本管控的组织职能看，成本管控组织或组织工作是因人类有对通过合作实现一定成本管控目标的需要而产生的。如果合作的人们要想在成本管控组织或组织工作中获得比合作个体总和更大的力量、更高的效率和更好的成本管控效果，就应根据成本管控工作的要求与人员以及资源即客体的特点，设计成本管控岗位，通过授权和分工的形式确立合理的成本管控组织结构，做到任务目标明确，权责相符，从而形成一个有机的组织机构，使整个成本管控组织能够正常运转。这一运转过程的前提是各个合作人的利益得到优化，甚至可以说最大化，但与此同时，也会出现个人和集体之间，以及各成员之间意见和行动的不一致，这就决定了成本管控过程必须通过建立制度对各个合作人的利益进行协调，统一意见和行动。只有这样，成本管控组织才能够协调运转。

其次，从成本管控的领导职能看，领导就是指挥、带领、引导和鼓励部下为实现目标而努力的过程。成本管控领导的实现，需要配备在各个岗位上人员的配合与支持。然而，由于各个岗位的个人在需求、偏好、性格、素质、价值观以及工作职责和掌握的信息量上存在着差别，加上外界的干扰，决定了在成本管控过程中，人们在思想上发生各种分歧、行动上出现偏离目标的情况是不可避免的。因此，需要成本管控主体通过物质激励、参与激励、领导激励等方式，采取情感表达与沟通的形式进行协调，使大家朝着共同的目标前进。

第三，从成本管控的控制职能看，控制是为了保证组织计划与实际作业动态相适应的管理职能。一般来说，成本管控工作包括确立标准、衡量绩效和纠正偏差 3 个方面。它的目的是保证成本管控活动符合成本计划的要求，以有效地实现预期的成本目标。但成本管控主体在成本管控活动中，为了实现预期的成本目标所制定的成本计划无论如何周密，都会随着组织环境的变化、管理权力的分散以及人的工作能力的差异，导致在执行成本计划的活动中总会或多或少地出现一些与成本计划不一致的现象。在这种情况下，成本管控主体就必须依据发生偏差或不一致的具体环节进行控制。例如，遇到员工态度不符合组织的预期，则成本管控主体可以通过建立沟通渠道把自身的指令传达给成本管控客体，也可以通过把成本管控客体的绩效反馈给成本管控主体等途径来改变成本管控客体的态度，从而使成本管控主体的预期和成本管控客体的态度保持一致，等等，这都是成本管控主体和成本管控客体相互协调的过程。

（二）成本管控的主体和客体

既然成本管控是一种实践活动，它必然有其独特的主体和客体。管理者作为组织和

成本管控机构的代表，是组织及其成本管理机构意志的体现，理应成为成本管控的主体。但是成本管控主体不能仅限于人，而应包括组织中负责设计、组织和实施成本管控活动的各个部门，即管理机构。因为管理机构是成本管控主体的重要有机组成部分，只有组织和管理机构的存在，管理者才有存在的具体意义。因此，成本管控主体不仅要包括以人员形态出现的管理者个人，也包括以部门形态出现的管理机构。

管控主体可以大到一个国家，一个社会，中到一个企业，小到一个独立的项目，甚至是单个的人。在宏观经济层面，成本管控首要的是明确成本主体。这个主体可以是个人，也可以是社会组织，也可以是国家，但是一定要明确。谁的成本谁做主，这个成本可以是所有者直接管控，也可以是委托管控。我们无论做什么事，首先要明确是谁在做，就是要明确主体。过去人们在思维上不太习惯弄清主体和客体，也就不太注意谁有责任做什么，谁又必须为所做的事负责任。成本管控就要求改变这种传统的思维方式，首先要明确主体，并把主体放在突出的位置上，让主体真正发挥应有的作用，并承担相应的责任。

成本管控客体是指成本管控对象，就是成本管控活动的作用对象。更为具体地说，成本管控客体是指在成本管控实践活动中，管控主体为了实现一定的组织目标对之进行直接或间接作用的客观对象。任何社会活动都离不开人力、财力和物力三要素，成本管控活动的目标就是充分发挥某一组织所拥有的人力、财力和物力以及依附于它们的信息、时间、空间等其他客体的作用，做到人尽其才、物尽其用，实现人力、财力和物力，以及依附于它们的信息、时间、空间等其他客体的成本功能不断放大，并使之成为具体的现实的生产力，以产生良好的经济效益、生态效益和社会效益，进而真正实现组织的目标。因此，成本管控客体必然包括人力、财力和物力 3 个方面的内容——因为物质条件是一切管控活动的基础，离开了物质条件，管控活动就无法进行，成本管控主体中人的主观能动性也无法发挥；没有以货币为价值体现形式的财力，成本管控活动的效率或效果就会因无法估算、评价而失去真正的意义。

（三）成本管控的种类

依管控主体不同，成本管控可分为行政成本管控、企业成本管控和项目成本管控 3 种。

行政成本管控是指行政机关运用各种方法和手段，有组织、有计划、有系统地对其财政支出（投入）进行全方位、全过程的管理控制，以实现财政支出（投入）资源价值最大化的管理活动。这种价值最大化，是现时收益和未来收益的综合价值最大化，是社会价值和经济价值的综合价值最大化，是投入产出综合平衡后的价值最大化。而现行的财政投入的监督体系，主要依靠核算（会计）和稽查（审计），是一种记录和追责式的管理控制行为。在“四化两型”社会建设中，如果能很好地进行行政成本管控，就一定能使社会资源配置得更加高效、集约，社会发展也就更具活力。

企业成本管控是指企业运用各种方法和手段，有组织、有计划、有系统地对其所发生的成本费用进行全方位、全过程的管理控制，以实现成本费用（投入）资源价值最大化的管理活动。企业成本管控立足于整个企业层面，对企业整体运营所需的资源或成本进行通盘考虑，包括生产成本、供应成本、营销成本、财务成本、机会成本、风险成本等。企业成本管控的主体是企业法人和各级管理人员。不断降低成本、提升品质，确定合理的利润水平，寻求最佳的性价比，使企业保持有序、持续、自然的运行状态，是企业永恒追求的目标。企业如果能很好地把成本管控制度落到实处，就一定能够在激烈的市场竞争中独立鳌头，抢占先机。但目前大多数企业对成本管控缺乏深入研究，也很难找到综合型、实用型、复合型的成本管控人才。

项目成本管控是企业运用各种方法和手段，有组织、有计划、有系统地对某一工程项目所发生的成本费用进行全方位、全过程的管理控制，以实现该工程项目成本费用（投入）资源价值最大化的管理活动。项目成本管控立足于项目本身，对项目整体运营所需的资源或成本进行通盘考虑，包括生产成本、供应成本、营销成本、财务成本、机会成本、风险成本等。项目成本管控的主体是项目建设单位及其管理人员，项目建设单位不一定是法人单位。工程项目成本管控是微观项目成本管控内容之一，也是较易推广项目成本管控的主体之一，如房地产项目。目前，如果在保障性住房建设中推广项目成本管控，则能够充分发挥保障性住房资金的效益，优质、高效地把这一惠及千家万户的“民生工程”真正办成“民心工程”。

（四）现代成本管控的基本内容

20 世纪以前，成本管控理论尚处于萌芽状态，其重点是对各项成本进行事后核算和反映。随着人类社会的不断进步和科技水平的不断提高，成本管控理论的思想和内容也日臻完善。成本管控的侧重点由事后反映、事中控制转向事前预测，直至目前的事前、事中、事后的全方位、多环节相结合的战略化成本管控阶段。大体上讲，现代成本管控的基本内容主要包含以下几个方面。

1. 成本意识

所谓成本意识，就是组织的管理人员对成本管理控制有足够的重视，充分认识到成本降低的潜力是无穷无尽的，始终把成本意识作为组织理念的一个极其重要的组成部分，对全体员工进行教育和培训，牢固树立全员成本意识，努力挖掘成本降低潜力。

2. 成本转换

成本在人力的作用下不断转换，是财富产生的根源和经济持续发展的原动力。人类生存和发展可利用成本总量的有限性和成本转换过程中损耗的绝对性，客观上要求成本的转换必须注重质量和效益，力求在最短的时间内以最少的消耗产生最多高质量、多功能、高附加值的有效转换，以发挥成本的最大效用，实现成本功能价值的最大化。

3. 成本避免

成本避免又称成本免除，是指在各种活动中尽可能地避免无效成本和低效成本的发生。例如，工程技术人员在设计产品（或工程项目）时就必须充分考虑避免无效成本和低效成本的发生，去掉产品（或工程项目）的无用功能，用新材料替代旧材料。成本避免是降低成本的重要手段。

4. 成本控制

成本控制是成本量化的方法和手段，是通过管理控制所要实现的成本最终目标。成本控制的关键是制定目标成本，成本控制的最终目标是获得有效财富。目标成本的制定，不仅要考虑生产者（或建造者、行政机关）的目标成本，还要考虑消费者（或业主、民众）的目标成本。

5. 成本节省

所谓成本节省，就是在目标成本的基础上进一步节省成本。节省成本的途径有：（1）增加产量（或工程量），提高劳动生产率，以规模生产改善单位产品（或工程项目）的固定成本；（2）降低采购成本，如对大项目、大批量的原材料、建筑材料的采购采用招标竞争方式以降低成本，不同采购点的原材料或建筑材料在其他条件相同情况下选择较近距离的以降低运输支出等；（3）节约费用开支，如节约能源消耗、减少安全事故的发生、降低废品率等。

6. 成本效益

某些成本的支出是为了获取更大的收益，这是一种较新颖的成本思想。例如，引进新设备来节省设备维修费用和提高设备效率；又如进行技术革新、推广合理化建议等，虽然要“花钱”，但能获得更好的效益。

7. 成本责任

把整体成本目标分解为不同层次的子目标，分配给各责任中心，责任中心应对其可控成本负责，这样不仅能协调各责任中心的目标与总体目标的一致性，而且能发挥各责任中心的成本潜力，实现总体目标成本。

8. 成本分析

所谓成本分析，是指揭示成本差异，分析差异原因。这里的差异分析是指将实际发生的成本分别与目标成本、同行业平均成本及国外同类产品（或工程项目）的成本比较，将差异发生的原因作为决策的依据，从而更有效地管控成本、改进决策、提高效益。因此这种分析是与改善决策密切相关的。

9. 成本反馈

成本反馈是成本用于组织决策管理的直接体现，成本分析的结果，可用以改善组织的成本决策。

（五）成本管控的重要意义

成本管控是高效利用有效成本的艺术，是总结成本与财富对人类社会发展作用的规律性认识与把握。它告诉我们：成本决定财富，有效财富推动人类社会进步。这一客观规律的发现与总结，既是对人类文明的一种深刻认识，也将对人类社会的发展产生普遍而重要的作用和意义。

1. 为人们更好地认识和把握人类发展的客观规律提供了一个崭新的工具

财富与成本是同一个硬币的两面，成本与财富之间的变量关系是客观存在的，是有其客观规律的。人类不能创造、改变和消灭客观规律，也不能违背客观规律，否则就会受到客观规律的惩罚。同时，人类在客观规律面前也不是无能为力的，人类能够认识和利用客观规律，为人类的发展造福。成本管控所的发现和总结的成本观，从一个全新的角度为人类认识世界和改造世界提供了新的方式、方法与工具，引导人们在生态、经济、政治、社会和文化等发展中运用成本规律，无疑能够进一步推动人类文明的发展与进步。

2. 有助于进一步唤醒和促进人类树立正确的成本危机意识

财富演变发展的历史和财富可度量、便测算、强功能、易表现的特性，使财富被严重神化，在客观上人们常常不再关注财富产生的本源和过程，而只注重财富拥有的数量和结果，并为达目的而不择手段。成本管控理论所提出的成本观，即成本才是决定财富和推动社会发展的决定因素，个人、组织和国家的发展实际就是成本的发展，个人、组织、国家的竞争实质就是成本认知、研究、开发、利用及成本管控水平的竞争，而且可利用成本总量是有限的，使人们透过纷繁复杂的财富表象，看到了实质和本源，从而唤醒了人们长期被蒙蔽的成本意识，使人们意识到成本及成本管控的重要性，认清个人成本与组织成本、公共成本、国家成本乃至人类成本的必然联系，进一步树立大成本、大财富的观念，从而促进个人、组织、国家及人类的健康、持续发展。

3. 有利于促进世界和平发展与利益格局的重大调整，进一步建立新型国际关系和国际新秩序

成本管控理论提出人类赖以生存、发展的成本总量是一个恒定的常数，人类可以利用的成本是有限的，改变的是其功能的拥有与丧失，所以成本能够承载的人类发展目标也是有极限的，绝不是无限的，正如经济增长的有限性一样。这有利于促使人们反思人类自诞生以来所有历史和现实的经济、政治、文化等发展模式、发展方向和发展路径。比如地球是人类共同的家园，成本是人类共同的资源，人类的成本需要整个人类共同高度重视、统筹规划、有效开发、合理利用，成本的终结必然带来整个人类社会的终结，覆巢之下安有完卵？同时成本涵盖生态、政治、经济、文化、社会等方方面面，由成本转化而生成的财富亦然，每一个方面都是财富不可或缺的组成部分，厚此薄彼，均会带来人类总体财富结构性的失衡和倾斜，产生财富的内耗和浪费，影响财富的总体增长和

社会的进步。这就从客观上要求世界各国高度重视调整经济增长方式，变粗放、高能耗为集约、低碳环保，回归理性和本真，注重发展产生有效财富的产业，规避财富泡沫，善用金融及财政等工具，遏制暴利进入资源等领域，追求成本共享与财富共享。同时，世界各国应当更加关注人口增加、资源消耗、生态恶化、贫富悬殊、疾病横行等人类面临的共同难题，齐心协力，建立共享资源与发展的新型国际关系和国际新秩序，从而使整个人类和平共处、共同发展。

4. 从根本上解决我国改革和发展过程中面临的难点问题，实现中华民族的伟大复兴

进入 21 世纪，我国改革和发展过程中面临许多困难与问题，诸如经济增长方式转型、产业结构升级、国民收入分配调整、新型城镇化、农业产业化、城乡二元结构等，特别是行政体制、财税、金融、投融资、价格、民生、统筹城乡、农业农村、科技等问题，都需要我们用新的方式、方法给出新的解决方案。坚持从崭新的成本观出发，充分认识到创造财富需要统筹兼顾、均衡发展生态、政治、经济、文化、社会等各个成本要素，推进成本与财富的结合，从而实现生态美丽、政治清明、经济发达、文化繁荣、社会和谐的发展目标，推动人类社会不断繁荣与进步。

工作领域一 筹资业务核算

工作岗位要求：

1. 熟悉筹资业务工作流程，初步具备业财税融合成本管控思维；

2. 熟练掌握借款成本、债券成本和权益成本的计算；

3. 熟练掌握借款筹资业务、债券筹资业务和权益筹资业务的会计处理；

4. 具有良好的职业素养、爱岗敬业精神，具备认真细致、依法合规办理业务的能力。

资金是企业经济活动的第一推动力和持续推动力。企业能否低成本地获得稳定的资金来源、及时足额筹集到生产所需要的资金，对经营和发展都是至关重要的。作为一名财务人员一定要熟悉筹资业务、熟悉筹资方式、考虑筹资成本，掌握不同筹资方式下筹资成本的计算，并熟练进行相应筹资方式下的会计处理。

筹资方式指公司筹集资金所采取的具体形式，它受到法律环境、经济体制、融资市场等筹资环境的制约，特别是受国家对金融市场和融资行为方面法律的制约。公司最基本的筹资方式是股权筹资和债务筹资。股权筹资形成公司的权益资金，可通过吸收直接投资、公开发行股票等方式取得；债务筹资形成企业的债务资金，可通过向银行借款、发行公司债券、利用商业信用等方式取得。公司发行可转换债券等筹集资金的方式，属于兼有股权筹资和债务筹资性质的混合筹资方式。

筹资成本是指企业取得和使用资金时所付出的代价，也称资金成本。取得资金所付出的代价，主要指发行债券、股票的费用，向非银行金融机构借款的手续费用等；使用资金所付出的代价，主要由货币时间价值构成，如股利、利息等。

加强筹资成本管控的意义：（1）筹资成本是企业筹资决策的重要依据。通过不同渠道和方式所筹措的资本，将会形成不同的资金结构，由此产生不同的财务风险和资本成本。随着筹资数量的增加，资金成本将随之变化，当筹资数量增加到增资的成本大于增资的收入时，企业便不能再追加资金。因此，资金成本是限制企业筹资数额的一个重要因素。（2）筹资成本是评价和选择投资项目的重要标准。筹资成本实际上是投资者应当取得的最低报酬水平。只有当投资项目的收益高于筹资成本的情况下，才值得为之筹措资本；反之，就应该放弃该投资机会。（3）筹资成本是衡量企业资金效益的临界基准。如果一定时期的综合资金成本率高于总资产报酬率，就说明企业资本的运用效益差，经营业绩不佳；反之，则相反。

工作任务一　借款成本核算

工作任务要求

1. 能根据国家金融政策及相关法律法规要求，准备好银行借款业务必备的相关资料；

2. 能根据国家金融政策和相关法律法规及业务流程要求，正确计算借款前期成本费用；

3. 能根据国家金融政策和相关法律法规及业务流程要求，正确地办理借款业务，正确地计算借款利息和对借款业务进行会计核算；

4. 能廉洁自律、诚实守信、认真细致、精准核算，具备业财税融合成本管控思维。

知识储备

一、银行借款业务流程与所需资料

（一）银行借款业务流程

银行借款业务的基本流程如图 1-1 所示。

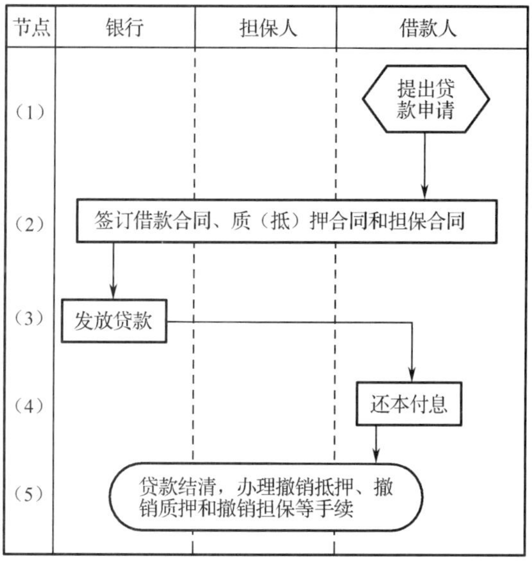

图 1-1　银行借款业务的基本流程

（1）借款人向银行提出贷款申请，提交相关材料。

（2）经银行审批同意，借款人和担保人与银行签订借款合同、质（抵）押合同和担保合同。

（3）银行落实贷款条件后，按规定程序办理放款手续，将贷款资金划入借款人在银行开立的账户。

（4）借款人按期归还贷款本息。

（5）贷款结清，按规定办理撤销抵押、撤销质押和撤销担保等手续。

（二）企业贷款需要提供的资料

1．企业基本材料

对于企业贷款，企业的基本资料是必不可少的，另外，银行为了判断申请贷款的企业是否具有正规性和合法性，要求企业能够提供正规的“五证合一”的营业执照正副本、验资报告、公司章程、银行开户许可证、贷款卡等有效证明材料。

2. 企业经营状况

银行除了要审核企业是否具有合法性，还要考察企业的还款能力，所以还要求企业提供经营状况方面的证明，主要包括企业近半年的经营账单、近两年的财务报表（资产负债表、损益表和现金流量表）、近半年的银行对账单、企业发票，以及生产介绍和固定资产等方面的证明材料。

3. 企业法人的有效证件

为了避免有不法分子恶意贷款、转移公司财产的行为发生，银行还需要企业法人身份证复印件、婚姻关系证明、银行流水账单、经济收入证明等。

二、银行借款业务前期筹资成本计算

一般而言，银行借款业务的筹资（资金）成本包括筹资费用和资金占用费两部分。筹资费用是指在资金筹措过程中支付的各项费用，主要包括借款的手续费及各项代理费。筹资费用与筹资金额和资金使用时间无直接联系，筹资费用一般属于一次性费用。资金占用费是指资金使用人因使用或占用资金而支付给资金提供者的报酬，主要包括向债权人支付的利息等。

银行借款资金成本率的计算公式如下：

$$\text{银行借款资金成本率}=\frac{\text{长期借款本金}\times\text{年利率}\times(1-\text{所得税税率})}{\text{长期借款本金}\times(1-\text{筹资费用率})}\times100\%$$

$$=\frac{\text{年利率}\times(1-\text{所得税税率})}{1-\text{筹资费用率}}\times100\%$$

三、借款业务及其会计处理

（一）短期借款业务及其会计处理

短期借款是指企业向银行或其他金融机构等借入的期限在 1 年以下（含 1 年）的各种款项，主要包含流动资产借款和生产经营性借款。

流动资产借款是指为了满足企业在生产经营过程中短期（临时性、季节性）的资金需求，保证生产经营活动正常进行而发生的借款。

生产经营性借款是指企业为了生产经营向银行融通资金的一种方式，一般为短期借款。短期借款的债权人不仅可以是银行，还可以是其他非银行金融机构或其他单位和个人。

企业应设置“短期借款”科目，核算短期借款的取得、偿还等情况。该科目的贷方登记取得借款本金的金额，借方登记偿还借款的本金金额；余额在贷方，反映企业尚未偿还的短期借款。本科目可按借款种类、借款人和币种设置明细科目进行明细核算。

企业从银行或其他金融机构取得短期借款时，借记“银行存款”科目，贷记“短期借款”科目。

短期借款利息属于企业的筹资费用，应当在发生时作为财务费用直接计入当期损益。在资产负债表日，企业应当按照计算确定的短期借款利息费用，借记“财务费用”科目，贷记“应付利息”科目；实际支付利息时，借记“应付利息”科目，贷记“银行存款”等科目。

由于短期借款时间一般在 1 年以内，因此一般按单利计算利息。其计算公式如下：

$$借款利息=借款本金\times利率\times期限$$

（二）长期借款业务及其会计处理

长期借款是指企业从银行或其他金融机构借入的期限在 1 年以上（不含 1 年）的借款。我国企业的长期借款主要是指向金融机构借入的各项长期性借款，如从各专业银行、商业银行取得的借款；除此之外，还包括向财务公司、投资公司等金融企业借入的款项。

固定资产借款是指为购建固定资产而发生的借款，一般是长期借款。企业借入的长期借款，除应按规定办理借款手续外，还应按期支付利息，并按规定期限归还借款。因此，固定资产借款的会计处理应反映长期借款利息的处理。长期借款利息的处理方法一是在发生时直接确认为当期费用（费用化），二是在发生时直接计入该项资产（资本化）。具体做法是：

（1）为购建固定资产而发生的长期借款利息，在固定资产达到预定可使用状态之前所发生的，计入所建固定资产价值，予以资本化。借记“在建工程”科目，贷记“应付利息”科目（分期付息到期还本的）或“长期借款——应计利息”科目（到期一次还本付息）或“银行存款”科目。

（2）为购建固定资产而发生的长期借款利息，在固定资产达到预定可使用状态之后所发生的，直接计入当期损益，予以费用化。借记“财务费用”科目，贷记“应付利息”（分期付息到期还本的）科目或“长期借款——应计利息”科目（到期一次还本付息）或“银行存款”科目。

（3）属于流动负债性质的借款利息，或者虽然是长期负债性质但不是用于购建固定资产的借款利息，直接计入当期损益。筹建期间的利息借记“管理费用”科目；生产经营期间的利息借记“财务费用”科目，贷记“应付利息”科目（分期付息到期还本的）或“长期借款——应计利息”科目（到期一次还本付息）或“银行存款”科目。

银行借款资本成本包括借款利息和借款手续费用。

单利情形下，借款利息=借款本金×利率×期限

复利情形下，借款利息=借款本金$(1+利率)^{期限}$−借款本金

财务总监提示

（1）申请贷款时应注意根据企业实际需要，选择长或短期贷款，选择手续费低的银行。

（2）签订借款合同时应注意合同条款。合同一旦签订，就要按合同履行，注意选择借款方式、还款方式。

实践操练

【任务 1-1-1】2020 年 8 月，湖南金源净水有限公司取得半年期生产经营性借款 200 万元，年利率为 5%，银行按实际天数计算利息，一年按 365 天计算，到期一次性支付本息。

要求：（1）计算 2020 年 11 月的借款利息，并填制借款利息计算单。

（2）填制计提借款利息的记账凭证。

解析：（1）计算 2020 年 11 月的借款利息，填制借款利息计算单，如图 1-2 所示。

借款利息=200 000×(5%÷365)×30=8 219.18（元）

借款利息计算单

金额单位：元

总经理审批：　　相关部门审核/审批：　　制单：

期间	部门	项目	合同号	借款金额	借款年限（年）	借款起止日期	年利率	当月应付利息	备注
2020年11月	财务部	生产经营用	006596	2000000	0.5	2020.08.01-2021.02.01	5%	8219.18	
合计				（大写）人民币捌仟贰佰壹拾玖元壹角捌分			（小写）¥8219.18		

图 1-2

（2）填制计提借款利息的记账凭证，如图 1-3 所示。

记 账 凭 证

2020 年 11 月 30 日　　第 * 号

摘要	总账科目	明细科目	借方金额（千百十万千百十元角分）	贷方金额（千百十万千百十元角分）	记账（签章）
利息	财务费用	利息费用	821918		
	应付利息			821918	
合计			821918	821918	

附件 1 张

会计主管 罗小鹏　出纳　审核 张钲　制单 王宇

图 1-3

【任务 1-1-2】2020 年 11 月 5 日，湖南金源净水有限公司因临时性需要取得借款 15 万元，年利率为 5%，期限为 1 年（365 天），银行按实际天数计算利息（算头不算尾），分季支付利息，到期偿还本金。2020 年 12 月和 2021 年 1 月的计提利息均为 636.99 元。

要求：（1）计算 2021 年 11 月的借款利息，并填制借款利息计算单。

（2）填制计提借款利息的记账凭证。

（3）填制支付利息的记账凭证。

解析：（1）计算 2020 年 11 月的借款利息，并填制借款利息计算单，如图 1-4 所示。

借款利息=150 000×(5%÷365)×26=534.25（元）

借款利息计算单

金额单位：元

总经理审批：　　相关部门审核/审批：　　制单：

期间	部门	项目	合同号	借款金额	借款年限（年）	借款起止日期	年利率	当月应付利息	备注
2020年11月	财务部	临时性借款	007184	150000	1	2020.11.05-2021.11.04	5%	534.25	
合　计				（大写）人民币伍佰叁拾肆元贰角伍分			（小写）￥534.25		

图 1-4

（2）填制 2020 年 11 月计提借款利息的记账凭证，如图 1-5 所示。

记 账 凭 证

2020 年 11 月 30 日　　第 * 号

摘要	总账科目	明细科目	借方科目（千百十万千百十元角分）	贷方科目（千百十万千百十元角分）	记账（签章）
利息	财务费用	利息费用	53425		
	应付利息			53425	
合　计			53425	53425	

附件 1 张

会计主管　罗小鹏　　出纳　　审核　张钰　　制单　王宇

图 1-5

（3）填制 2021 年 2 月 15 日支付利息的记账凭证，如图 1-6 所示。

记 账 凭 证

2021 年 2 月 15 日　　第 * 号

摘要	总账科目	明细科目	借方科目（千百十万千百十元角分）	贷方科目（千百十万千百十元角分）	记账（签章）
利息	应付利息		180823		
	银行存款			180823	
合　计			180823	180823	

附件 1 张

会计主管　罗小鹏　　出纳　　审核　张钰　　制单　王宇

图 1-6

【任务 1-1-3】2020 年 11 月 15 日，湖南金源净水有限公司为自建厂房向银行贷款，取得 2 年期借款 100 万元，年利率为 6%，银行按实际天数计算利息（算头不算尾），约定按月支付借款利息。

要求：（1）计算 2020 年 11 月的借款利息，并填制 2020 年 11 月的借款利息计算单。

（2）编制 2020 年 11 月 30 日支付当月借款利息的记账凭证。

解析：（1）计算 2020 年 11 月的借款利息，并填制 2020 年 11 月借款利息计算单如图 1-7 所示。

借款利息=1 000 000×(6%÷365)×16=2 630.14（元）

借款利息计算单

金额单位：元

总经理审批： 相关部门审核/审批： 制单：

日期	部门	项目	合同号	借款金额	借款年限（年）	借款起止日期	年利率	当月应付利息	备注
2020年11月	车间	厂房建设	001567	1000000	2	2020.11.15-2022.11.14	6%	2630.14	
合计				（大写）人民币贰仟陆佰叁拾元壹角肆分				（小写）￥2630.14	

图 1-7

（2）填制借款利息的记账凭证如图 1-8 所示。

记 账 凭 证

2020 年 11 月 30 日　　　　第 * 号

摘要	会计科目：总账科目	会计科目：明细科目	借方科目（千百十万千百十元角分）	贷方科目（千百十万千百十元角分）	记账（签章）
利息	在建工程	利息费用	263014		
	银行存款			263014	
合计			263014	263014	

附件 1 张

会计主管 罗小鹤　　出纳　　审核 张钰　　制单 王宇

图 1-8

【任务 1-1-4】湖南金源净水有限公司取得 5 年期长期借款 200 万元，年利率为 10%，每年付息一次，到期一次还本，借款费用率为 0.2%，企业所得税税率为 25%，试计算该项借款的资金成本率 $K_{借款}$。

解析：$K_{借款}=\dfrac{10\%\times(1-25\%)}{1-0.2\%}=7.52\%$

工作任务二　债券成本核算

工作任务要求

1. 能根据国家金融政策和相关法律法规要求，准备好债券筹资业务必备的相关材料；

2. 能根据国家金融政策等相关法律法规及业务流程要求，正确计算债券发行前期成本费用；

3. 能根据国家金融政策和相关法律法规及业务流程要求，正确计算不同类型的债券利息、管理费、手续费等债券成本费用，并进行会计处理；

4. 能廉洁自律、诚实守信、认真细致、精准核算，具备业财税融合成本管控思维。

知识储备

一、债券的认知

债券是政府、金融机构、企业等债务人为筹集资金，按照法定程序发行并向债权人承诺于指定日期还本付息的有价证券。

债券是一种金融契约，是政府、金融机构、企业等直接向社会借债筹集资金时，向投资者发行，同时承诺按一定利率支付利息并按约定条件偿还本金的债权债务凭证。债券的本质是债的证明书，具有法律效力。债券购买者或投资者与发行者之间是一种债权债务关系，债券发行人即债务人，投资者（债券购买者）即债权人。

债券是一种有价证券。由于债券的利息通常是事先确定的，因此债券是固定利息证券（定息证券）的一种。在金融市场发达的国家和地区，债券可以上市流通。

二、债券的分类

1. 按是否记名分类

按债券上是否记有持券人的姓名或名称，可分为记名债券和无记名债券。在公司债券上记载持券人姓名或名称的为记名公司债券；反之为无记名公司债券。

2. 按能否转换为股票分类

按能否转换为公司股票，债券分为可转换债券和不可转换债券。

一般来讲，可转换债券的利率要低于不可转换债券。

3. 按能否提前赎回分类

按能否在到期前提前赎回，债券分为可提前赎回债券和不可提前赎回债券。如果企业在债券到期前有权定期或随时购回全部或部分债券，为可提前赎回债券；反之为不可提前赎回债券。一般来讲，可提前赎回债的利率要高于不可提前赎回债券。

4. 按有无财产抵押分类

按有无财产抵押，债券分为抵押债券和信用债券。发行公司以特定财产作为抵押品的债券为抵押债券；没有特定财产作为抵押，凭信用发行的债券为信用债券。抵押债券又分为：一般抵押债券，即以公司部分资产作为抵押品而发行的债券；不动产抵押债券，即以公司的不动产为抵押而发行的债券；设备抵押债券，即以公司的机器设备为抵押而发行的债券；证券信托债券，即以公司持有的股票证券及其他担保证书交付给信托公司作为抵押而发行的债券，等等。

5. 按能否上市分类

按能否上市，债券分为上市债券和非上市债券。可在证券交易所挂牌交易的债券为上市债券，反之为非上市债券。上市债券信用度高，且变现速度快，故而容易吸引投资者，但上市条件严格，并要承担上市费用。

6. 按偿还方式分类

按照偿还方式，债券分为到期一次债券和分期债券。发行公司于债券到期日一次集中清偿本息的，为到期一次债券；一次发行、分期分批偿还的债券为分期债券。

7. 按发行主体分类

按照发行主体不同，债券分为政府债券、金融债券和公司债券。

（1）政府债券通常是指由政府发行的债券。一般认为，政府债券会按时偿还利息和本金，没有拖欠风险。但是，在市场利率上升时，政府债券的市场流通价格会下降，因此也是有风险的。

（2）金融债券是由银行和非银行金融机构发行的债券。在我国，金融债券主要由国家开发银行、进出口银行等政策性银行发行。金融机构一般有雄厚的资金实力，信用度较高，因此金融债券往往有良好的信誉。

（3）公司债券是指由公司发行的债券。公司债券有违约风险，不同的公司债券违约风险有很大差别，违约风险越大，债券的利率越高。

三、发行债券的流程和所需材料

（一）非上市公司发行债券的流程

对于发行债券，在企业确定发行意向之后建议首先确定主承销商，由主承销商配合企业及相关地方政府部门完成以下工作。

（1）发行准备工作：

① 确定发行主体；

② 确定担保人或担保方式，担保通常有第三方担保、土地抵押担保、设立偿债基金等方式；

③ 确定筹集资金的使用项目；

④ 确定其他中介机构；

⑤ 确定发行方案。

（2）主承销商协助向地方发改委提出发行公司债券的申请。

（3）主承销商协助企业建立与主管部门的关系。

（4）制作申请材料并报国家发改委审批。

（5）发行和承销准备工作。发行：包括销售、划款、承销工作汇报、验资等。

（6）其他工作：包括信息披露、在每个环节作企业的顾问等。

非上市公司发行债券的流程如图 1-9 所示。

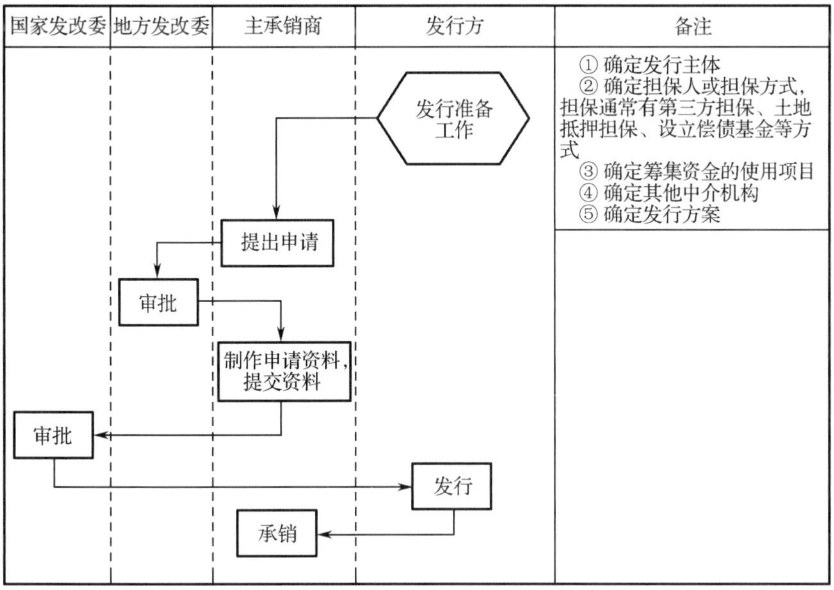

图 1-9　非上市公司发行债券流程

（二）上市公司发行债券的流程

（1）制订方案，作出决定。股份有限公司、有限责任公司发行债券，由董事会制订方案，股东会作出决定；国有独资公司发行债券，应由国家授权投资的机构或国家授权的部门作出决定。

（2）申请发行。企业在作出发行债券的决议或决定后，必须依照公司法规定的条件，向国务院授权的部门提交规定的申请文件，报请批准。所提交的申请文件必须真实、准确、完整。向国务院授权的部门提交的申请文件包括工商登记证明、企业章程、企业债券募集办法、资产评估报告和验资报告。

（3）批准发行。国务院授权的部门依照法定条件负责审批公司债券的发行，该部门应当自受理公司债券发行申请文件之日起 3 个月内作出决定；不予批准的，应当作出说明。

（4）公告募集办法。发行公司债券申请经批准后，应当公告债券募集办法，在募集办法中应当载明相关事项。

上市公司发行债券的流程如图 1-10 所示。

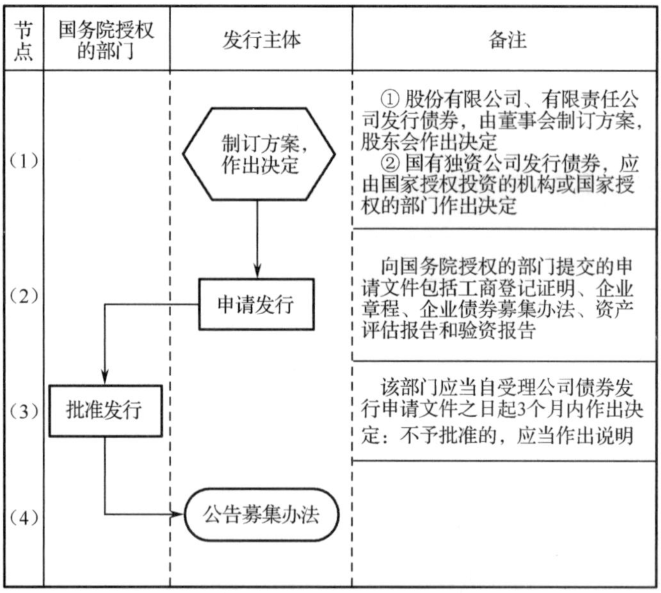

图 1-10　上市公司发行债券流程

四、债券资金成本的计算及债券估值评估方法

（一）债券资金成本的计算

债券资金成本主要是指发行债券的利息、发行费等。债券资金成本率的计算公式如下：

$$债券资金成本率=\frac{债券面值\times 票面利率\times(1-所得税税率)}{债券发行价格\times(1-筹资费用率)}\times 100\%$$

【例 1-2-1】湖南金源净水有限公司为筹集资金平价发行长期债券，发行期限为 6 年，面值为 1 000 万元，票面利率为 8%，每年年末付息一次，到期一次还本，发行费用率为 2%。湖南金源净水有限公司企业所得税税率为 25%。请计算发行债券的资金成本率。

解析：债券资金成本率=1 000×8%×(1−25%)÷[1 000×(1−2%)]=6.12%

（二）债券价值的评估方法

债券的价值是发行者按照合同规定从现在至债券到期日所支付的款项的现值。计算现值时使用的折现率，取决于当前同等风险投资的市场利率。

1. 债券估值的基本模型

典型债券是固定利率、每年计算并支付利息、到期归还本金的债券。按照这种模式，债券价值计算的基本模型是：

$$V_d=\frac{I_1}{(1+r_d)^1}+\frac{I_2}{(1+r_d)^2}+\cdots+\frac{I_n}{(1+r_d)^n}+\frac{M}{(1+r_d)^n}$$

式中：V_d——债券价值；I——每年利息；M——面值；r_d——年折现率，一般采用当前同等风险投资的市场利率；n——到期前的年数。

【例 1-2-2】湖南金源净水有限公司拟于 2021 年 2 月 1 日发行面额为 1 000 元的债券，其票面利率为 7%，每年 2 月 1 日计算并支付一次利息，并于 5 年后的 1 月 31 日到期。同等风险投资的必要报酬率为 10%，则债券的价值是多少？

解析：债券的价值=70×(P/A,10%,5)+1 000×(P/F,10%,5)

=70×3.791+1 000×0.621

=737.73（元）

2. 平息债券的估值模型

平息债券是指利息在期间内平均支付的债券。其支付的频率可能是一年一次、半年一次或每季度一次等。

平息债券价值的计算公式如下：

$$V_d=\sum_{i=1}^{mn}\frac{M}{\left(1+\frac{r_d}{m}\right)^{mn}}+\frac{I/M}{\left(1+\frac{r_d}{m}\right)^{t}}$$

式中：V_d——债券价值；I——每年利息；M——面值；m——一年付息次数；n——到期前的年数；r_d——年折现率。

3. 纯贴现债券的估值模型

纯贴现债券是指承诺在未来某一确定日期按面值支付的债券。这种债券在到期日前购买人不能得到任何现金支付，因此，也称为零息债券。纯贴现债券没有标明利息计算规则的，通常采用按年计息的复利计算规则。

纯贴现债券价值的计算公式如下：

$$V_d=\frac{F}{(1+r_d)^n}$$

式中：V_d——债券价值；F——到期日支付额；r_d——年折现率；n——到期时间的年数。

4. 流通债券的估值模型

流通债券是指已发行并在二级市场上流通的债券。它们不同于新发行债券，已经在市场上流通了一段时间，在估值时需要考虑现在至下一次利息支付的时间因素。

流通债券的特点是：（1）到期时间小于债券发行在外的时间；（2）估值的时点不在发行日，可以是任何时点，会产生“非整数计息期”问题。新发行债券总是在发行日估计现值的，到期时间等于发行在外时间。

流通债券的估值方法有两种：（1）以现在为折算时间点，历年现金流量按非整数计息期折现；（2）以最近一次付息时间（或最后一次付息时间）为折算时间点，计算历次现金流量现值，然后将其折算到现在时点。无论哪种方法，都需要计算非整数期的折现系数。

五、公司债券业务及其会计处理

公司债券的发行方式有 3 种，即面值发行、溢价发行和折价发行。如果债券的票面利率与同期银行存款利率相同，可按票面价格发行，称为面值发行。假设其他条件不变，债券的票面利率高于同期银行存款利率时，可按超过债券票面价值的价格发行，称为溢价发行。溢价是企业以后各期付利息而事先得到的补偿。如果债券的票面利率低于同期银行存款利率，可按低于债面值的价格发行，称为折价发行。折价是公司以后各期少付利息而预先给投资者的补偿。溢价或折价是发行债券企业在债券存续期内对利息费用的一种调整。

无论是按面值发行，还是溢价发行或折价发行，均按债券面值记入“应付债券”科目的“面值”明细科目，按实际收到的款项与面值的差额记入“利息调整”明细科目。企业发行债券时，按实际收到的款项借记“银行存款”“库存现金”等科目，按债券票面价值贷记“应付债券——面值”科目，按实际收到的款项与票面价值之间的差额贷记或借记“应付债券——利息调整”科目。

利息调整应在债券存续期间内采用实际利率法进行摊销。实际利率法是指按照应付债券的实际利率计算其摊余成本及各期利息费用的方法。实际利率是指将应付债券在债券存续期间的未来现金流量，折现为该债券当前账面价值所使用的利率。资产负债表日，对于分期付息、一次还本的债券，企业应按应付债券的摊余成本和实际利率计算确定的债券利息费用，借记“在建工程”“制造费用”“财务费用”等科目；按票面利率计算确定的应付未付利息，贷记“应付利息”科目；按其差额，借记或贷记“应付债券——利息调整”科目。

实践操练

【任务 1-2-1】湖南金源净水有限公司有一债券面值为 1 000 元，2020 年 11 月 1 日发行，票面利率为 8%，每半年支付一次利息，3 年到期。假设年折现率为 10.25%。按惯例，票面利率为债券按年计算的报价利率，每半年计息时按票面利率的 1/2 计算利息，即按 4%计息，年折现率为按年计算的有效年利率，每半年期的折现率为[(1+10.25%)^(1/2)−1]×100%=5%。

要求：（1）计算债券价值。

（2）计算债券利息。

（3）编制债券发行的记账凭证。

（4）编制债券每期计提利息的记账凭证。

解析：（1）计算债券价值：

该债券的价值=80÷2×(P/A,5%,6)+1 000×(P/F,5%,6)

=40×5.075 7+1 000×0.746 2

=949.23（元）

（2）计算债券利息：

每半年计息时按票面利率的 1/2 计算利息，即按 4%计息，每次支付 40 元。

（3）编制债券发行的记账凭证如图 1-11 所示。

记 账 凭 证

2020 年 11 月 01 日　　第 * 号

摘要	会计科目		借方科目										贷方科目										记账（签章）
	总账科目	明细科目	千	百	十	万	千	百	十	元	角	分	千	百	十	万	千	百	十	元	角	分	
发行债券	银行存款							9	4	9	2	3											
	应付债券	利息调整							5	0	7	7											
		面值															1	0	0	0	0	0	
合计							1	0	0	0	0	0					1	0	0	0	0	0	

附件 1 张

会计主管 罗小鹤　　出纳 贾馨玲　　审核 张钰　　制单 王宇

图 1-11

（4）编制债券每期计提利息的记账凭证。

第 1 次计息时：该债券 2021 年 04 月 30 日确认的利息费用=949.23×5%=47.46（元）

编制记账凭证如图 1-12 所示。

记 账 凭 证

2021 年 04 月 30 日　　第 * 号

摘 要	会计科目		借方科目										贷方科目										记 账（签章）
	总账科目	明细科目	千	百	十	万	千	百	十	元	角	分	千	百	十	万	千	百	十	元	角	分	
利息	财务费用								4	7	4	6											
	应付利息																		4	0	0	0	
	应付债券	利息调整																		7	4	6	
合 计									4	7	4	6							4	7	4	6	

附件 1 张

会计主管 罗小鹏　　出纳　　审核 张钰　　制单 王宇

图 1-12

第 2 次计息时：该债券 2021 年 10 月 31 日确认的利息费用=(949.23+7.46)×5%=47.83（元）编制记账凭证如图 1-13 所示。

记 账 凭 证

2021 年 10 月 31 日　　第 * 号

摘 要	会计科目		借方科目										贷方科目										记 账（签章）
	总账科目	明细科目	千	百	十	万	千	百	十	元	角	分	千	百	十	万	千	百	十	元	角	分	
利息	财务费用								4	7	8	3											
	应付利息																		4	0	0	0	
	应付债券	利息调整																		7	8	3	
合 计									4	7	8	3							4	7	8	3	

附件 1 张

会计主管 罗小鹏　　出纳　　审核 张钰　　制单 王宇

图 1-13

第 3 次计息时：该债券 2022 年 04 月 30 日确认的利息费用=(956.69+7.83)×5%=48.23（元）编制记账凭证如图 1-14 所示。

记 账 凭 证

2022 年 04 月 30 日　　第 * 号

摘 要	会计科目		借方科目										贷方科目										记 账（签章）
	总账科目	明细科目	千	百	十	万	千	百	十	元	角	分	千	百	十	万	千	百	十	元	角	分	
利息	财务费用								4	8	2	3											
	应付利息																		4	0	0	0	
	应付债券	利息调整																		8	2	3	
合 计									4	8	2	3							4	8	2	3	

附件 1 张

会计主管 罗小鹏　　出纳　　审核 张钰　　制单 王宇

图 1-14

第 4 次计息时：该债券 2022 年 10 月 31 日确认的利息费用=(964.52+8.23)×5%=48.64（元）编制记账凭证如图 1-15 所示。

记 账 凭 证

2022 年 10 月 31 日　　　　第 * 号

摘要	会计科目		借方科目										贷方科目										记账（签章）
	总账科目	明细科目	千	百	十	万	千	百	十	元	角	分	千	百	十	万	千	百	十	元	角	分	
利息	财务费用								4	8	6	4											
	应付利息																		4	0	0	0	
	应付债券	利息调整																		8	6	4	
合计									4	8	6	4							4	8	6	4	

附件 1 张

会计主管 罗小鹏　　出纳　　审核 张钰　　制单 王宇

图 1-15

第 5 次计息时：该债券 2023 年 04 月 30 日确认的利息费用=(972.75+8.64)×5%=49.07（元）

编制记账凭证如图 1-16 所示。

记 账 凭 证

2023 年 04 月 30 日　　　　第 * 号

摘要	会计科目		借方科目										贷方科目										记账（签章）
	总账科目	明细科目	千	百	十	万	千	百	十	元	角	分	千	百	十	万	千	百	十	元	角	分	
利息	财务费用								4	9	0	7											
	应付利息																		4	0	0	0	
	应付债券	利息调整																		9	0	7	
合计									4	9	0	7							4	9	0	7	

附件 1 张

会计主管 罗小鹏　　出纳　　审核 张钰　　制单 王宇

图 1-16

计算最后一期利息时：该债券 2023 年 10 月 31 日确认的应付债券（利息调整）=50.77−7.46−7.83−8.23−8.64−9.07=9.54（元），所以该债券 2023 年 10 月 31 日确认的利息费用=40+9.54=49.54（元）

编制记账凭证如图 1-17 所示。

记 账 凭 证

2023 年 10 月 31 日　　　　第 * 号

摘要	会计科目		借方科目										贷方科目										记账（签章）
	总账科目	明细科目	千	百	十	万	千	百	十	元	角	分	千	百	十	万	千	百	十	元	角	分	
利息	财务费用								4	9	5	4											
	应付利息																		4	0	0	0	
	应付债券	利息调整																		9	5	4	
合计									4	9	5	4							4	9	5	4	

附件 1 张

会计主管 罗小鹏　　出纳　　审核 张钰　　制单 王宇

图 1-17

【任务 1-2-2】2020 年 11 月 01 日，湖南金源净水有限公司经批准发行 3 年期纯贴现公司债券 1 000 元，假定债券发行时的市场利率为 6%。

要求：（1）计算债券价值。

（2）编制债券发行的记账凭证。

（3）编制债券偿还的记账凭证。

解析：（1）计算债券价值：

纯贴现债券的现行实际价格=1 000×(P/F,6%,3)=1 000×0.839 6=839.60（元）

（2）编制债券发行的记账凭证如图 1-18 所示。

记 账 凭 证

2020 年 11 月 01 日　　第 * 号

摘要	会计科目		借方科目										贷方科目										记账（签章）
	总账科目	明细科目	千	百	十	万	千	百	十	元	角	分	千	百	十	万	千	百	十	元	角	分	
发行债券	银行存款							8	3	9	6	0											
	应付债券	利息调整						1	6	0	4	0											
		面值															1	0	0	0	0	0	
合计							1	0	0	0	0	0					1	0	0	0	0	0	

附件 1 张

会计主管 罗心蕊　出纳 贾馨玲　审核 张钰　制单 王宇

图 1-18

（3）编制债券偿还的记账凭证如图 1-19 所示。

记 账 凭 证

2023 年 11 月 01 日　　第 * 号

摘要	会计科目		借方科目										贷方科目										记账（签章）
	总账科目	明细科目	千	百	十	万	千	百	十	元	角	分	千	百	十	万	千	百	十	元	角	分	
利息	应付债券	面值					1	0	0	0	0	0											
	银行存款																1	0	0	0	0	0	
合计							1	0	0	0	0	0					1	0	0	0	0	0	

附件 1 张

会计主管 罗心蕊　出纳 贾馨玲　审核 张钰　制单 王宇

图 1-19

【任务 1-2-3】湖南金源净水有限公司以 1 100 元的价格，溢价发行面值为 1 000 元、期限为 5 年、票面利率为 6%的债券一批。每年付息一次，到期一次还本，发行费用率为 2%，所得税税率为 25%。计算该批债券的资金成本率 $K_{债券}$。

解析： $K_{债券}=\dfrac{1000\times 6\%\times(1-25\%)}{1100\times(1-2\%)}=4.17\%$

工作任务三　权益成本核算

工作任务要求

1. 能根据国家金融政策和相关法律法规要求，准备好权益筹资业务必备的相关材料；
2. 能根据国家金融政策和相关法律法规及业务流程要求，正确计算股票发行前期成本费用；
3. 能根据国家金融政策和相关法律法规及业务流程要求，正确计算股票发行成本费用，并及时进行会计处理；
4. 能廉洁自律、诚实守信、认真细致、精准核算，具备业财税融合成本管控思维。

知识储备

普通股资金成本是指筹集普通股所需的成本。这里的筹资成本，是指面向来来的成本，而不是过去的成本。增加普通股有两种方式：一种是增发新的普通股；另一种是留存收益转增普通股。

根据《中华人民共和国公司法》（简称《公司法》）规定，股票可以面值发行或溢价发行。股票发行收入大于股本总额的为溢价发行；股票发行收入等于股本总额的为面值发行。股份有限公司发行股票时，应按实际收到的现金，借记“银行存款”等科目；按股票面值，贷记“股本”科目；若有差额，贷记“资本公积——股本溢价”科目。

普通股资本成本估计方法有 3 种：资本资产定价模型、股利增长模型和债券收益率风险调整模型。3 种方法各有优点和缺点，不能说哪种更好。通常 3 种方法都会使用，究竟选择哪种，往往要看相关数据的可靠性，选用最有把握的一种。其中，资本资产定价模型使用的最广泛。

一、发行股票的流程及所需材料

（一）发行股票的流程

发行股票的流程如图 1-20 所示。

（1）董事会应当依法就本次股票发行的具体方案、本次募集资金使用的可行性及其他必须明确的事项作出决议，并提请股东大会批准。股东大会应就本次发行股票作出决议。决议至少应当包括下列事项：本次发行股票的种类和数量；发行对象；价格区间或定价方式；募集资金用途；发行前滚存利润的分配方案；决议的有效期；对董事会办理本次发行具体事宜的授权；其他必须明确的事项。

（2）按照中国证监会的有关规定制作申请文件，由保荐人保荐并向中国证监会申报。特定行业的发行人应当提供管理部门的相关意见。依照《中华人民共和国证券法》（简称《证券法》）规定聘请保荐人的，应当报送保荐人出具的发行保荐书。

（3）中国证监会收到申请文件后，应在5个工作日内作出是否受理的决定。中国证监会如果决定受理，应在受理申请文件后，由相关职能部门对发行人的申请文件进行初审，并由发行审核委员会审核。中国证监会在初审过程中，将征求发行人注册地省级人民政府是否同意发行人发行股票的意见，并就发行人的募集资金投资项目是否符合国家产业政策和投资管理的规定征求国家发展和改革委员会的意见。中国证监会依照法定条件对发行人的发行申请作出予以核准或不予核准的决定，并出具相关文件。

（4）股票发行申请经核准后，发行人应自中国证监会核准发行之日起6个月内发行股票；超过6个月未发行的，核准文件失效，须重新经中国证监会核准后方可发行。股票发行申请未获核准的，自中国证监会作出不予核准决定之日起6个月后，发行人可再次提出股票发行申请。

（5）发行申请核准后、股票发行结束前，发行人发生重大事项的，应当暂缓或暂停发行，并及时报告中国证监会，同时履行信息披露义务。影响发行条件的，应当重新履行核准程序。

（6）中国证监会或国务院授权的部门对已作出的核准证券发行的决定，发现不符合法定条件或法定程序、尚未发行证券的，应当予以撤销，停止发行。已经发行尚未上市的，撤销发行核准决定，发行人应当按照发行价并加算银行同期存款利息返还证券持有人；保荐人应当与发行人承担连带责任，但是能够证明自己没有过错的除外；发行人的控股股东、实际控制人有过错的，应当与发行人承担连带责任。

（7）发行股票。发行人股票发行申请经核准后，发行的股票一般由证券公司承销。承销是指证券公司依照协议包销或代销发行人向社会公开发行的证券的行为。发行人向不特定对象公开发行的证券，法律、行政法规规定应当由证券公司承销的，发行人应当同证券公司签订承销协议。公开发行证券的发行人有权依法自主选择承销的证券公司。

（二）发行股票所需材料

（1）募股申请书。它是指设立股份有限公司公开发行股票的申请书。

（2）发起人协议。股份有限公司发起人之间签订的，明确各自在股份有限公司设立过程中权利义务的协议。

（3）发起人姓名或名称，发起人认购的股份数、出资种类及验资证明。

（4）招股说明书。它主要包括每股的票面全额和发行价格、募股的起止期限、认股人的权利义务等内容。

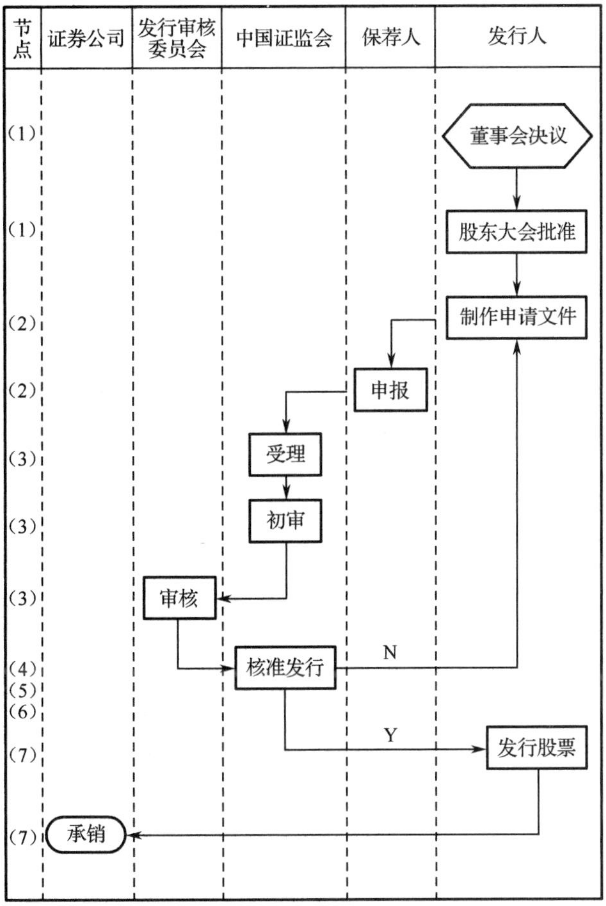

图 1-20　发行股票的流程

（5）代收股款银行的名称及地址。公开发行股票募集资金比较多，为了保护投资者利益，应当由银行代收股款。

（6）承销机构名称及有关的协议。发行股票的承销机构是指证券公司。

（7）发行保荐书。根据《证券法》规定，公开发行股票依法采取承销方式的，应当聘请具有保荐资格的机构担任保荐人。

二、资本资产定价模型

资本资产定价模型是估计普通股资本成本的常用方法。按照资本资产定价模型，普通股资本成本率等于无风险利率加上风险溢价。

$$R_s=R_{rf}+\beta\times(R_m-R_{rf})$$

式中：R_s——普通股成本；R_{rf}——无风险利率；β——股票的贝塔系数；R_m——平均风险股票报酬率；(R_m-R_{rf})——市场风险溢价；$\beta\times(R_m-R_{rf})$——股票的风险溢价。

根据资本资产定价模型计算普通股的资本成本率，必须估计无风险利率、股票的贝塔系数及市场风险溢价。

三、股利增长模型

股利增长模型假定收益以固定的年增长率递增，则股权资本成本率的计算公式为：

$$R_s=D_1\div[P_0\times(1-f)]+g$$

式中：R_s——普通股成本；D_1——预期下一年现金股利额；P_0——普通股当前市价；g——股利增长率；f——发行手续费率。

使用股利增长模型的主要问题是估计长期平均增长率 g。如果一家企业在支付股利，那么 D_0 就是已知的，而 $D_1=D_0\times(1+g)$，所以剩下的问题只是估计增长率 g。

（一）不考虑发行费用的普通股资本成本的估算

发行股票时，如果普通股每年股利不变，不考虑发行费用，则资本成本率计算公式如下：

$$R_s=\frac{D_0}{P_0}$$

如果普通股每年股利固定增长，不考虑发行费用，则资本成本计算公式如下：

$$R_s=\frac{D_0\times(1+g)}{P_0}+g$$

式中：R_s——普通股资本成本；D_0——基期股利；P_0——股票发行价格；g——逐年递增率。

（二）考虑发行费用的普通股资本成本的估算

新发行普通股的资本成本，也被称为外部股权成本。新发行普通股会发生发行费用，所以它比留存收益进行再投资的内部股权成本要高一些。

把发行费用考虑在内，新发行普通股资本成本（股利固定）率的计算公式则为：

$$R_s=\frac{D_0}{P_0\times(1-F)}$$

式中：F——发行费用率；D_1——下一期股利。

【例 1-3-1】湖南吉美机械制造股份有限公司现有资产 10 000 万元，没有负债，全部为权益资本。其总资产净利率为 15%，每年净收益为 1 500 万元，全部用于发放股利，公司的增长率为 0。公司发行在外的普通股 1 000 万股，每股收益 1.5 元（1 500 万元/1 000 万股）。股票的价格为每股 10 元。公司为了扩大规模购置新的资产（该资产的期望报酬率与现有资产相同），拟以每股 10 元的价格增发普通股 1 000 万股，发行费用率为 10%。该增资方案是否可行？

解析：该公司未经发行费用调整的普通股资本成本率：

R_{s1}=1.5÷10+0=15%

该公司经发行费用调整的普通股资本成本率：

R_{s2}=1.5÷[10×(1−10%)]+0=16.67%

由于资产报酬率只有 15%，因此该增资方案不可行。

该结论的正确性可以通过每股收益和股价的变化来验证：

增发获得资金=10×100×(1−10%)=9 000（万元）

新增资产净收益=9 000×15%=1 350（万元）

每股收益=(1 500+1 350)÷(1 000+100)=1.425（元/股）

假设市盈率不变，则股价下降为：

股价=(10÷1.5)×1.425=9.5（元/股）

为了维持现有的股价，投资报酬率必须达到筹资成本 16.67%。

新增资产净收益=9 000×16.67% =1 500（万元）

每股收益=(1 500+1 500)/(1 000+1 000)=1.5（元/股）

假设市盈率不变，则股价为：

股价=(10÷1.5)×1.5=10（元/股）

因此，外部权益筹资的成本高于来自留存收益的内部权益筹资。发行新股的公司需要赚更多的钱，才可以达到投资人的要求。

实践操练

【任务 1-3-1】假设市场无风险利率为 10%，平均风险股票报酬率为 14%，湖南吉美机械制造股份有限公司普通股 β 值为 1.2。请计算普通股的资金成本率。

解析：普通股的资金成本率 R_s=10% +1.2×(14%−10%)=14.8%

【任务 1-3-2】湖南吉美机械制造股份有限公司采用固定股利增长政策，第一年预计股利为 1 元/股，发行价格为每股 10 元，预计股利增长率为 5%，发行手续费率为 4%，请采用股利增长模型计算普通股资金成本率。

解析：普通股资金成本率 $R_s=D_1\div[P_0\times(1-f)]+g$=1÷[10×(1−4%)]+5%=15.41%

【任务 1-3-3】湖南吉美机械制造股份有限公司发行普通股 10 万股，每股面值为 1 元，每股发行价为 5 元，发行手续费等共 4 000 元，请填制发行股票筹集资金的记账凭证（见图 1-21）。

【任务 1-3-4】湖南吉美机械制造股份有限公司目前拥有资金 1 000 万元。其中：长期借款为 400 万元，年利率为 10%；普通股为 600 万元，上年支付的每股股利为 2 元，预计股利增长率为 5%，发行价格为 20 元，目前价格也为 20 元，该公司准备筹集资金 100 万元用于新项目建设，企业所得税税率为 25%，有两种筹资方案：

记账凭证

2020 年 11 月 01日　　　　第 *号

摘　要	会计科目		借方科目										贷方科目										记　账（签章）
	总账科目	明细科目	千	百	十	万	千	百	十	元	角	分	千	百	十	万	千	百	十	元	角	分	
发行股票	银行存款				4	9	6	0	0	0	0	0											
	股本														1	0	0	0	0	0	0	0	
	资本公积	股本溢价													3	9	6	0	0	0	0	0	
合　计					4	9	6	0	0	0	0	0			4	9	6	0	0	0	0	0	

附件*张

会计主管：罗小玛　出纳：贾馨玲　审核：张珏　制单：王宇

图 1-21

方案 1：增加长期借款 100 万元，借款利率上升到 12%，假设公司其他条件不变。

方案 2：增发普通股 40 000 股，普通股市价增加到每股 25 元。

要求：

（1）计算该公司筹资前加权平均资金成本率。

（2）用比较资金成本法确定该公司最佳的资金结构。

解析：

（1）筹资前加权平均资金成本率

10%×(1−25%)×(400÷1 000)+[2×(1+5%)÷20+5%]×(600÷1 000)=12.3%

（2）比较公司最佳的资金结构

方案 1 的资金成本率

10%×(1−25%)×(400÷1 100)+12%×(1−25%)×(100÷1 100)+[2×(1+5%)÷20+5%]×(600÷1 100)=11.95%

方案 2 的资金成本率

10%×(1−25%)×(400÷1 100)+[2×(1+5%)÷25+5%]×(700÷1 100)=11.22%

因为 11.22%<11.95%，所以方案 2 为最佳的资金结构。

工作领域二

采购业务核算

工作岗位要求：

1. 熟悉采购业务工作流程，熟悉采购业务涉及的相关政策及法律法规，初步具备业财税融合成本管控思维；

2. 能根据商品质量、服务、价格、企业综合实力和信誉等多个维度，科学建立供应商准入制度和管理档案，对供应商进行信用等级评定并实施动态调整；

3. 能根据预算采购价格、采购渠道、采购数量、交货期、付款方式和质量等要素，及时编制价格比较清单，并结合企业自身的生产情况、库存情况和采购市场环境，制订采购计划；

4. 能根据原始单据，正确计算所采购商品或材料的成本、现金折扣，能根据合同、发票和结算单据等相关单据进行会计处理；

5. 能遵守法律法规，具有良好的职业素养，具备认真细致、依法合规办理业务的能力。

采购，是指企业购买物资（或接受劳务）及支付款项等相关活动。其中，物资主要包括企业的原材料、商品、工程物资和固定资产等。采购是企业生产经营的起点，既是企业的“实物流”的重要组成部分，又与“资金流”密切关联。

众所周知，采购物资的质量和价格、供应商的选择、采购合同的订立、物资的运输、验收等供应链状况，在很大程度上决定了企业的生存与可持续发展情况。企业要着力健全各项采购业务管理制度，落实责任制，不断提高制度执行力，确保物资和劳务采购按质按量按时和经济、高效地满足生产经营的需求。

采购业务流程主要涉及编制需求计划和采购计划、请购、选择供应商、确定采购价格、订立框架协议或采购合同、管理供应过程、验收、退货、付款、会计控制、购后评估等环节，如图 2-1 所示。企业在实际开展采购业务时，流程可以参照图 2-1，并结合自身情况予以扩充和具体化。

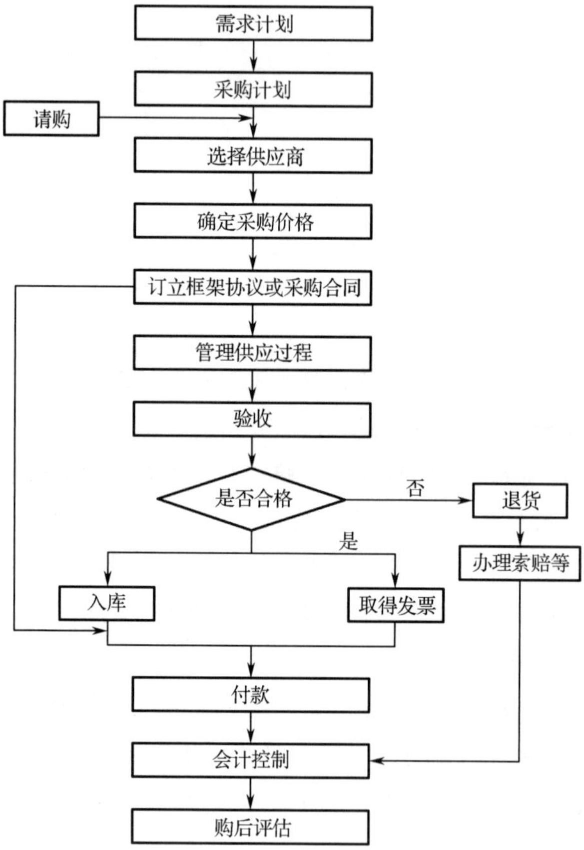

图 2-1　采购业务流程

（1）编制需求计划和采购计划。采购业务从计划或预算开始，包括需求计划和采购计划。企业实务中，需求部门一般根据生产经营需要向采购部门提出物资需求计划，采购部门根据该需求计划归类汇总平衡现有库存物资后，统筹安排采购计划，并按规定的权限和程序审批后执行。

（2）请购。请购是指企业生产经营部门根据采购计划和实际需要提出采购申请。

（3）选择供应商。选择供应商，也就是确定采购渠道，它是企业采购业务流程中非常重要的环节。

（4）确定采购价格。以最优“性价比”采购到符合需求的物资，是采购部门的永恒主题。

（5）订立框架协议或采购合同。框架协议是企业与供应商之间为建立长期物资购销关系而作出的一种约定。采购合同是指企业根据采购需要、确定的供应商、采购方式、采购价格等情况与供应商签订的具有法律约束力的协议，该协议对双方的权利、义务和违约责任等情况作出了明确规定。

（6）管理供应过程。管理供应过程，主要是指企业建立严格的采购合同跟踪制度，科学地评价供应商的供货情况，并根据合理选择的运输工具和运输方式办理运输、投保等事宜，实时掌握物资采购供应过程的情况。

（7）验收。验收是指企业对采购物资和劳务的检验、接收，以确保其符合合同相关规定或产品质量要求。

（8）付款。付款是指企业在对采购预算、合同、相关单据凭证、审批程序等内容审核无误后，按照采购合同规定及时向供应商办理支付款项的过程。

（9）会计控制。会计控制是指企业全面、真实地记录和反映企业采购各环节的资金流和实物流情况。

（10）购后评估。企业应当定期对物资需求计划、采购计划、采购渠道、采购价格、采购质量、采购成本、协议或合同签约与履行情况等物资采购供应活动进行专项评估和综合分析，及时发现采购业务薄弱环节，优化采购流程。同时，将物资需求计划管理、供应商管理、储备管理等方面的关键指标纳入业绩考核体系，促进物资采购与生产、销售等环节的有效衔接，不断防范采购风险，全面提升采购效能。

工作任务一　供应商信用调研

知识储备

一、供应商基础信息管理

企业应当建立科学的供应商评估和准入制度，对供应商资质、信誉情况的真实性和合法性进行审查，确定合格的供应商清单，建立企业统一的供应商网络。

（一）认知供应商

供应商是向企业供应各种经营所需资源的单位和个人。供应商提供的原材料、设备、能源和劳务等，是企业进行进一步生产和加工的基础。供应商的情况会对企业的经营活动产生巨大的影响，进而影响企业的长期、稳定发展。因此，企业必须对供应商的情况有比较全面的了解和透彻的分析。

（二）建立供应商管理档案和准入制度

企业所采购的物资，在目前的竞争状况下，有很多的供应商能够提供，有高值高价的，也有低值低价的。企业应根据产品的定位来选择相匹配的供应商提供相应的物资。

因此，企业要针对所需物资，分类建立供应商管理档案，包括供应商基础信息登记表、供应商交易评价表等，定期搜集或在每次交易后进行记录，为选择合格的供应商提供依据。同时，企业要建立供应商准入制度，对市场上提供同类物资的供应商进行筛选，选择合适的供应商为企业提供物资，将不符合要求的供应商排除在外。

1. 供应商信息搜集

企业采购部门应依据企业的生产经营计划及需求部门提出的需求计划，列出企业所需采购的各项物资清单，明确每项物资的名称、品种、规格和质量要求等信息，作为搜集供应商信息的基础。

企业采购部门依据物资清单，设置专人对物资供应商信息进行搜集。信息搜集可以通过公开信息、市场调查和实际交易等各种渠道进行，具体包括供应商官方网站、市场监管部门网站或刊物、产品发表会、产品展销会、企业协会、厂商联谊会或同业公会、统计调查报告、行业刊物、主动发函等方式。

2. 建立供应商管理档案

企业采购部门设计使用统一格式的供应商基础信息登记表，来记录搜集到的各项信息，并不定期进行维护更新。搜集登记的信息包括但不限于企业资质、质量标准、技术力量、综合实力、合作业绩和合同履约情况等。

在供应商与企业合作完成后，对每笔交易情况进行记录，登记供应商交易评价表，并从多个方面对供应商进行评价，为下次选择提供依据。有条件的企业，还可采用软件进行系统管理。

供应商基础信息登记表可参考图 2-2 的格式。

供应商名称						
地　　址				网址或邮箱		
主要产品或服务						
企业性质			营业执照号		注册资本	
企业法人			联系电话		资质等级	
部门负责人			联系电话		ISO9001 认证	
业务联系人			联系电话		生产许可证	
公司规模	员工总人数		技术负责人		中级以上技术职称人数	
	占地总面积		厂房面积		设备状况	
以往业绩	企业名称		合作项目		合同金额	合作年限
技术先进性	曾获得何种技术专利或国家、地方科技奖项					

图 2-2　供应商基础信息登记表

3. 建立供应商准入制度

在对供应商进行评价时，针对不同的物资供应商选择一定的指标进行评价，具体指标可根据企业的实际情况进行选择并赋予相应权重。评价指标一般包括企业资质、质量标准、技术力量、综合实力、合作业绩和合同履约情况等。供应商准入评价表可参考表 2-1。

表 2-1　供应商准入评价表

供应商名称					
评价指标	权　重	评分标准	评分区间	量　分	得　分
综合实力	20	认缴资本在 5 000 万元以上	85 分以上		
		认缴资本在 500～5 000 万元	61～84 分		
		认缴资本在 500 万元以下	60 分以下		
企业资质	20	国家级	85 分以上		
		省级	61～84 分		
		市级	60 分以下		
质量标准	30	国家标准	85 分以上		
		行业标准	61～84 分		
		企业标准	60 分以下		

续表

供应商名称					
评价指标	权重	评分标准	评分区间	量分	得分
公司业绩	20	年营业收入在 5 000 万元以上	85 分以上		
		年营业收入在 1 000～5 000 万元	61～84 分		
		年营业收入在 1 000 万元以下	60 分以下		
公司信誉	10	无诉讼违约记录	85 分以上		
		有 5 条以下诉讼违约记录	61～84 分		
		有 5 条以上诉讼违约记录	60 分以下		
合计	100				

同时，根据供应商的情况，设定进入合格供应商列表（或供应商库）的标准，即可接受的最低得分为 60 分。如果供应商的得分在 60 分以上，则进入合格供应商列表，列入下一步选择；如果供应商的得分低于 60 分，则企业不与该供应商合作。

二、供应商信用等级评价

信用，一般是指单位或个人能够遵守诺言、履行约定而取得的信任。从经济学的范畴来讲，信用是指商品买卖中的延期付款或货币的借贷行为。

（一）建立信用等级制度

为降低交易成本、提高交易效率，企业可以对合格供应商建立信用等级制度，对不同等级的供应商实施不同的鼓励政策，对信用等级高的供应商给予更多的优惠条件。企业可选择合适的评价指标，将供应商等级区分为三级：一级为最高，三级为最低。对未发生交易的合格供应商，其信用等级暂定为三级。

（二）信用等级使用

企业对信用等级评价为一级的供应商可以加大采购量或给予优惠条件；二级供应商可以继续采购，但要求完善改进。一般情况下按顺序选择供应商，以确保企业经营安全。

三、信用等级动态调整制度

发生交易后，企业定期根据采购业务情况进行评价，调整供应商的信用等级。对经销商进行信用等级评价时，可选择产品质量、售后服务和付款方式等指标。

产品质量一般是评价的首选指标。国家对产品质量有统一的规范，有国家标准、地方标准、行业标准和企业标准等，根据标准，合格品又有不同等级划分。

售后服务是供应商对产品进一步的质量保证。一般售后服务好的或能提供高于国家标准的售后服务的更有利于企业的发展。

付款方式是企业与供应商结算时的资金支付方式，一般有先款后货、货到付款和先货后款等方式。在企业所需物资市场供应充足的情况下，企业应选择先货后款方式，即企业在货物到达后，在合理的信用期间支付货款的方式。进行信用等级评价可参考表 2-2。

表 2-2 供应商信用等级动态评价表

供应商名称					
评价指标	权重	评分标准	评分区间	量分	得分
产品质量	40	好	85 分以上		
		一般	61～84 分		
		差	60 分以下		
售后服务	20	好	85 分以上		
		一般	61～84 分		
		差	60 分以下		
付款方式	40	先款后货	85 分以上		
		货到付款	61～84 分		
		先货后款	60 分以下		
合计	100				

根据信用等级评价得分情况，对得分在 85 分以上的供应商确定为一级，得分在 61～84 分的供应商确定为二级，得分在 60 分以下的供应商确定为三级；连续二次得分在 60 分以下的，整理出合格供应商列表。

四、供应商筛选

市场瞬息万变，企业应柔性适应市场，调整产品定位，应用先进生产技术，提升市场份额。对供应商的管理也应与时俱进。

对现有供应商，应定期完善供应商档案，调整供应商信用等级，对连续两次信用等级评价得分在 60 分以下的，取消供应商资格。对产品质量、售后服务有重大问题的，实行一票否决，取消供应商资格。同时，企业应根据自身变化，调整供应商结构，不断搜集整理供应商信息，增加新的合格供应商，扩大选择范围。

实践操练

供应商筛选业务流程主要涉及环节如图 2-3 所示。企业在实际办理供应商筛选业务时，可以参照此流程，并结合自身情况予以充实。

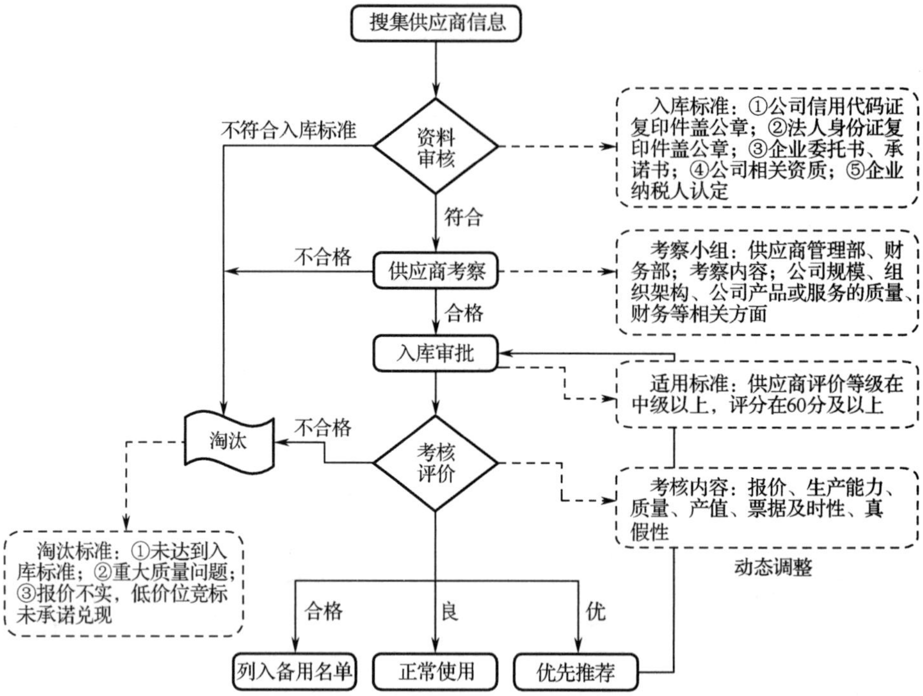

图 2-3 供应商筛选业务流程

【任务 2-1-1】湖南金源净水有限公司本月计划大量投产普通款净水器、升级款净水器。由于公司没有完善的供应商评价体系，没有甄别出原供应商资金周转不畅、产能有限等一系列问题，因此严重影响了公司本月生产计划。现公司拟建立供应商准入制度，以下符合供应商准入制度有关规定的有（　　）。

A．供应商需具备国家和相关部门颁发的质量、安全、环保等生产经营资格、质量认证等

B．供应商准入实行有限期制，每年进行审验，期满后复审；复审不合格的，取消准入资格

C．当供应商在重大品质、交货日期、价格和服务等方面出现问题时，可以随时对其进行复查

D．向准入供应商采购新产品时，无须对样品进行审核，可直接采购

答案：A、B、C。

【任务 2-1-2】供应商有下列（　　）情形，将取消准入资格。

A．弄虚作假、骗取准入资格的

B．采取不正当竞争手段的

C．因故意、过失提供与样品不符且不合格物资的

D．企业发生重大变更情况，如企业重组、更名或迁址等，并提前向公司采购部门通报的

E．合作中串通其他供应商哄抬物价，谋取利益的

答案：A、B、C、D。

【任务 2-1-3】湖南金源净水有限公司建立了供应商准入制度，依据评价标准对搜集的供应商信息进行评价，对符合要求的供应商进入合格供应商库备选。公司采购部门搜集了当地 A 供应商主要信息如下：认缴资本 2 000 万元，取得了省级生产资质，执行国家质量标准，年营业收入 4 200 万元，无诉讼记录。

要求：请根据公司合格供应商评价标准完成表 2-3 的填写，并判定 A 供应商是否可以进入供应商库。

表 2-3　供应商准入评价表

供应商名称					
评价指标	权重	评分标准	评分区间	量分	得分
综合实力	20	认缴资本在 5 000 万元以上	85 分以上		
		认缴资本在 500～5 000 万元	61～84 分	75	15
		认缴资本在 500 万元以下	60 分以下		
企业资质	20	国家级	85 分以上		
		省级	61～84 分	75	15
		市级	60 分以下		
质量标准	30	国家标准	85 分以上	85	17
		行业标准	61～84 分		
		企业标准	60 分以下		
公司业绩	20	年营业收入在 5 000 万元以上	85 分以上		
		年营业收入在 1 000～5 000 万元	61～84 分	80	16
		年营业收入在 1 000 万元以下	60 分以下		
公司信誉	10	无诉讼违约记录	85 分以上	90	9
		有 5 条以下诉讼违约记录	61～84 分		
		有 5 条以上诉讼违约记录	60 分以下		
合计	100				72

根据标准评价如下：

经评定，该供应商评价得分为 72 分，高于 60 分的准入标准，可以进入合格供应商库。

【任务 2-1-4】浙江金源五金批发有限公司为湖南金源净水有限公司（简称公司）三级供应商，公司本月与其进行了物资采购交易，所有交易事项全部办理完毕。现对其进行信用等级评价，动态调整。此次交易情况如下：产品按国家质量标准检验全部合格，没有出现质量问题，采用货到付款方式进行货款结算。

要求：请根据湖南金源净水有限公司（简称公司）供应商等级评价标准和交易情况

完成表 2-4 的填写，并评定浙江金源五金批发有限公司信用等级。

表 2-4　供应商信用等级动态评价表

供应商名称					
评 价 指 标	权　重	评 分 标 准	评 分 区 间	量　分	得　分
产品质量	40	好	85 分以上	90	36
		一般	61～84 分		
		差	60 分以下		
售后服务	20	好	85 分以上	85	17
		一般	61～84 分		
		差	60 分以下		
付款方式	40	先款后货	85 分以上		
		货到付款	61～84 分	75	30
		先货后款	60 分以下		
合计	100				83

根据公司供应商信息等级评价标准评定如下：

经评定，浙江金源五金批发有限公司的得分为 83 分，信用等级为二级。

【任务 2-1-5】某公司欲采购传输机 1 台，采购部从生产技术、设备情况、产品质量、服务水平、认证水平和管理水平等角度对 3 家供应商进行调查，具体情况如图 2-4 所示。所调查的因素同等重要，请从下列供应商中筛选出最优的一家。（　　）

供应商筛选表

采购项目	传输机			筛选供应商数量		/			筛选人员			罗小玛、甄婉淳、许瑞						
供应商名称	生产技术			设备情况			产品质量			服务水平			认证水平			管理水平		
	优	良	差	优	良	差	优	良	差	优	良	差	优	良	差	优	良	差
湖南君合机械设备有限公司	√				√			√				√		√		√		
广东金琦机械有限公司	√				√		√			√			√				√	
株洲优舰机械有限公司		√				√		√			√			√		√		
筛选结果																		
筛选总结																		
总经理审批意见： 年　月　日																		

图 2-4

A．湖南君合机械设备有限公司

B．广东金琦机械有限公司

C．株洲优舰机械有限公司

答案：B。

工作任务二　商品价格调研

知识储备

一、商品价格比较

（一）认知价格

价格是商品同货币交换时单位商品需要的货币的数量。或者说，价格是单位价值。价格是商品的交换价值在流通过程中的转化形式。

确定最优的采购价格是采购管理的一项重要工作。采购价格的高低直接关系到企业最终产品或服务价格的高低，因此，在确保满足其他条件的情况下，力争最低的采购价格是采购部门的重要工作。

（二）采购价格分类

1．按采购价格分析角度分类

按采购价格分析角度分类的价格类型如表 2-5 所示。

表 2-5　按采购价格分析角度分类的价格类型

价格类型	内　涵
目标价格	企业采购部门预测的价格
供应商报价	供应商在面向市场时的报价
市场价格	物资在主要市场上正常交易条件下的价格
成本价格	以合理的材料、人工和制造费用生产物资的预测价格
历史价格	企业在过去的交易中实际发生的价格

2．按供应商报价付款方式的不同分类

按供应商报价付款方式的不同，价格类型的分类如表 2-6 所示。

表 2-6　按供应商报价付款方式的不同的价格类型

价格类型		内　涵
考虑运输义务的价格	出厂价	在供应方交货的价格，供应商不承担运输义务
	到货价	在采购方交货的价格，供应商承担运输义务

续表

价格类型		内涵
考虑付款方式的价格	现货价	一手交钱一手交货的价格，时间间隔很短
	赊销价	延期支付全部或部分货款的价格，通常比现货价高
考虑合作时间的价格	一次价	双方每次交易都重新议定的价格，随行就市
	长期价	双方在一段时间内约定不变的价格
考虑表达方式的价格	标价	物资标示的名义价格，可通过调整折扣率反映当时价格
	实价	实际交易时的结算价格，会因数量、付款时间而发生变化

（三）影响采购价格的因素

1. 供货渠道

供货渠道不同，价格会有所差异。物资采购渠道主要有直接采购渠道和间接采购渠道两种。在条件许可的情况下，尽量采用直接采购渠道，这样既能保证质量，又可以减少中间商的加价。

2. 付款条件

供应商一般都会规定好货款的结算方式，有先款后货、到货付款和先货后款 3 种方式。同时，在信用期内，供应商为了让采购方提前回款，可能设置有现金折扣。对采购方而言，要考虑付款因素，不同的付款条件实际的价格也不同。

3. 交货条件

交货条件主要包括运输方式、交货时间、地点和包装要求等。一般情况下，由供应商负责运输，交货时间紧急、交货地点距离较远、包装要求高的物资，采购价格也会相对较高。

4. 供应商成本

供应商的成本是影响采购价格的最根本、最直接的因素。供应商成本是采购价格的底线，当供应商形成了一定的生产规模，具备了较强的成本竞争优势时，采购方就能获得较优惠的采购价格。

5. 供求状况

供求关系决定着价格的变动：当企业所采购的物资供大于求时，采购方处于主动地位，可以获得较优惠的价格；反之，供应商处于主动地位时，价格将会较高。

6. 采购数量

采购数量的多少直接影响着价格的高低，数量大一般可享受商业折扣，获得相对较低的采购价格。企业在保证生产、仓储条件满足的前提下，可采取集中采购或组合采购等策略，以取得价格优势。

7. 质量水平

物资的质量与采购价格成正向关系，优质优价，反之，低质低价。企业所采购的物资要以能够满足设计生产要求为前提，做到质量适度、价格合理。

（四）价格调查与评价

企业采购部门应安排专门人员，对价格进行常态化询价、调查与跟踪，按时间顺序与供应商进行记录。记录表格可参考表 2-7。

表 2-7　价格调查与评价表

物资名称		规格型号		需求量		供求状况	
序　号	供应商名称	单　价	付款条件	交货时间	质量水平	最低数量	运输方式

询价的方式一般有口头询价、书面询价、网上查询和市场调研等，企业可以根据需要选用。对询价取得的信息应完整地进行记录，形成价格清单。在需要进行采购决策时，价格清单可以作为选择的参考依据。

价格清单一般采用下列格式如表 2-8 所示。

表 2-8　价格清单表

序　号	名　称	规格、型号	数　量	单　价	合　计	备　注

在价格清单完成后，对供应商进行综合评价并排序。结合企业的其他情况，按保证生产、质优价廉的原则综合确定供应商。

【例 2-2-1】企业资金充足，A 公司和 B 公司的质量和交货时间都能满足要求：A 公司的单价为 200 元，30 天内付款；B 公司的单价为 220 元，60 天内付款。在这种情况下，企业应选择从哪家公司进行采购？

解析：因为 A 公司和 B 公司的质量和交货时间都能满足要求，故从成本的角度考虑，应从 A 公司采购，以降低成本。

二、编制采购计划

（一）年度采购计划

采购计划是企业年度生产经营计划的一部分，在制订年度生产经营计划过程中，企业应当根据发展目标实际需要，结合库存和在途情况，科学安排采购计划，防止采购过高或过低。

采购计划一般包括物资名称、规格型号、采购数量和到货时间等内容。采购计划主要要素可参考表 2-9。

表 2-9 采购计划表

年 月 日

序 号	物资名称	规格型号	需求数量	现有库存	采购数量	到货时间

（二）月度采购计划

年度采购计划是对全年情况的总体预计，由于受产品淡旺季、生产集中度与均衡度的影响，企业应对年度采购计划进行分解，在月底对市场、生产、供应情况进行对比复核，按月编制采购计划，指导实施。

同时，企业要顺应市场变化，加大营销力度，根据产品整体市场情况、订单增减情况及企业生产情况，按月对采购计划进行编制调整，以适应企业的实际状况。

例如：企业营销部门着力实施市场开发战略，2 月份在新区域开拓了新的客户，订单数量 1 000 台，要求在 4 月份交货，则企业采购部门在 2 月份就要调整采购计划，在原有订单不变的情况下将增加的 1 000 台产品所需的各项物资考虑在内，增加采购量。

实践操练

商品价格调研业务流程主要涉及环节如图 2-5 所示。企业在实际办理商品价格调研业务时，可以参照此流程，并结合自身情况予以充实。

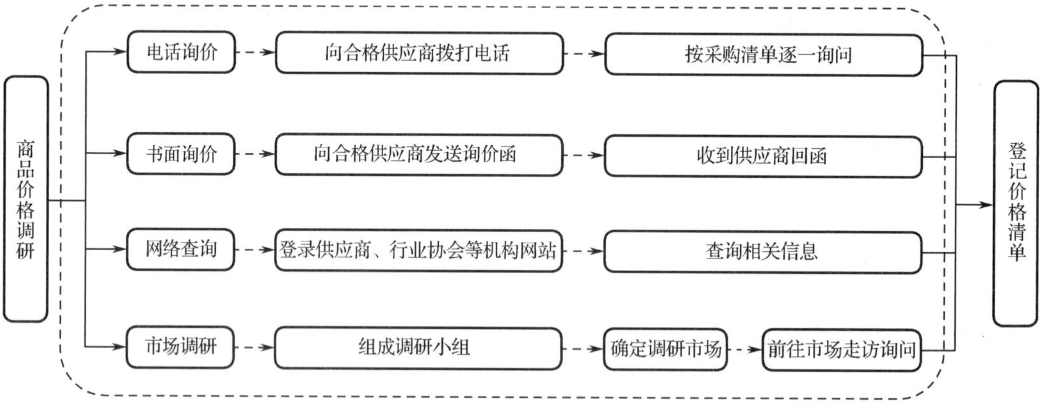

图 2-5 商品价格调研业务流程

【任务 2-2-1】根据存货管理制度，请将湖南金源净水有限公司采购计划表（见表 2-10）中的采购数量补充完整。

表 2-10　湖南金源净水有限公司采购计划

2020 年 1 月 1 日

序　　号	物资名称	规格型号	需求数量	现有库存	采购数量	到货时间
1	外壳		2 500 个	500 个	个	按月均匀到货
2	变压器		2 500 台	400 台	台	按月均匀到货
3	增压泵		2 500 套	300 套	套	按月均匀到货
4	滤芯		5 000 个	1 000 个	个	按月均匀到货
5						
6						

【任务 2-2-2】本月湖南金源净水有限公司预计投产普通款净水器 1 000 台、升级款净水器 1 200 台，与去年同期持平。2020 年 11 月 3 日，销售部收到计划外新增采购订单普通款净水器 500 台，现需对采购计划做追加调整。每生产 1 台普通款净水器需要原材料变压器 1 台，请在图 2-6 采购变更申请表中补充完整财务部的审核意见。

采购变更申请表

请购部门	采购部		请购日期	2020年11月3日	
变更内容	物资名称	增加/减少采购量	单价/元	总价/元	需求日期
	变压器	500台	345.00	172500.00	2020年11月6日
变动原因	收到金鑫公司采购订单，该订单为计划外订单，需追加投产，故追加采购原材料。				
采购部意见	情况属实！ 甄婉滢 2020年 11 月 03 日				
财务部核准意见	情况属实！ 罗小玛 2020年 11 月 03 日				
总经理	情况属实！ 王琦 2020年 11 月 03 日				

图 2-6　采购变更申请表

【任务 2-2-3】湖南金源净水有限公司目前资金充裕，请结合采购比价单（见图 2-7），根据价格因素选择最优供应商。

采购比价单

制表人：曲海程

日期：2020年11月3日

名　称：	变压器	数量	4000台	备注	一周内到货
供应商A	供应商名称：	湖南富源五金批发有限公司			
	单　价	345.00元	□ 含税 ☑ 不含税	付款条件：	30天内支付
	交货周期：5天			说　明：	
供应商B	供应商名称：	浙江试联五金批发有限公司			
	单　价	352.00元	□ 含税 ☑ 不含税	付款条件：	45天内支付
	交货周期：10天			说　明：	
供应商C	供应商名称：	武汉金州五金批发有限公司			
	单　价	346.00元	□ 含税 ☑ 不含税	付款条件：	45天内支付
	交货周期：3天			说　明：	

图 2-7

解析：供应商 A 的价格最有优势，应选择供应商 A。

工作任务三　采购付款核算

知识储备

一、采购成本的确定

根据《企业会计准则——基本准则》的规定，企业采购的物资，根据其持有用途和目的不同，可以分别确认为存货、固定资产、工程物资等。

1. 存货的采购成本

存货的采购成本通常包括：（1）买价。它是指购入存货发票上所列的货款金额，不包括增值税（税法规定的特殊情况和小规模企业除外）。（2）运杂费。它包括运输费、装卸费和运输保险费。（3）途中合理损耗。（4）入库前的挑选整理费。（5）缴纳的税金。它是指应由采购方支付的税金，如进口关税等。

【例 2-3-1】公司采购 A 材料时，取得的增值税专用发票上注明价款为 30 000 元、税额为 3 900 元，支付运费取得的增值税专用发票上注明价款为 2 000 元、税额为 180 元，支付装卸费 500 元，款项均以银行存款支付，材料已验收入库，请计算材料的采购成本。

解析：A 材料采购成本=30 000+2 000+500=32 500（元）

2. 固定资产的采购成本

固定资产的采购成本通常包括购买价款，相关税费（关税、契税、耕地占用税、车辆购置税等），使固定资产达到预定可使用状态前所发生的可归属于该项资产的运输费、装卸费、安装成本和专业人员服务费等。

在具体应用时，采购成本以相关合同、增值税专用发票或增值税普通发票、结算单据为原始依据，根据税法及会计准则的规定进行确定。

二、现金折扣的计算

企业在与供应商进行货款结算时，有时会采用先到货后付款的方式，约定信用期间，在这一期间内企业付款，都不会影响企业信誉。但在一些情况下，供应商出于提前收回货款的考虑，会给予企业现金折扣条件，以激励企业在信用期到期前支付货款。现金折扣的性质就是提前付款而给予的利息补偿。此时，企业应当根据资金现状、取得资金的便利性和综合资金成本，来决定是否享受现金折扣。

现金折扣的表现形式一般为（2/10,*n*/30），其表示的是信用期为 30 天，允许采购方在 30 天内免费占用资金；如采购方在 10 天内付款，可以享受 2%的现金折扣；如果采购方在 11～30 天内付款，则要支付全部货款。放弃的现金折扣也是一种机会成本。

其计算公式为：

现金折扣成本率=现金折扣率×360÷[（1−现金折扣率）×（信用期−折扣期）]

【例 2-3-2】A 公司向 B 公司采购一批原材料，价款总额为 100 万元，付款约定为（2/10,n/30）。A 公司可以到第 30 天支付 100 万元，也可以在第 10 天时支付 98 万元，假设银行贷款利率为 10%，请问 A 公司是否应享受该折扣条件。

解析：如果放弃现金折扣，相当于将 98 万元占用 20 天（30−10），需支付“利息”2 万元，其现金折扣成本率为 2%×360÷[(1−2%)×(30−10)]×100%=36.73%。

银行贷款利率为 10%，向银行贷款在第 10 天支付 98 万元，可获得 2 万元的“收益”，其成本为 98×10%×20÷360=0.54（万元），花 0.54 万元成本获得 2 万元收益，对企业来说是合算的，故应接受该折扣条件。

三、结算方式及其选择

（一）常见的结算方式

目前常见的结算方式有 10 种，包括现金、商业汇票、银行汇票、银行本票、支票、汇兑、委托收款、托收承付、信用证和信用卡。使用广泛的结算方式主要有以下 5 种。

1. 现金

现金是企业使用国家发行的人民币纸币进行交易，将款项直接支付给收款人。现金使用方便，但存在安全性等方面的风险，因此，现金只能在规定的 8 项范围内使用，超过结算起点 1 000 元的必须采用转账结算方式，通过结算机构办理支付。

2. 商业汇票

商业汇票是出票人签发的，委托付款人在指定日期无条件支付确定金额给收款人或持票人的票据。其分为商业承兑汇票和银行承兑汇票，须具有真实的交易关系或债权债务关系才能使用。纸质商业汇票最长期限 6 个月，电子商业汇票最长期限为 1 年。

其适用于企业之间由于先货后款或双方约定延期付款的商品交易，使用对象是在银行开立账户的法人单位。未到期的商业汇票可以到银行办理贴现。同城、异地均可使用，没有结算起点的限制。

3. 银行汇票

银行汇票是汇款人将款项交存当地银行，由出票银行签发，由其在见票时按照实际结算金额无条件支付给收款人或持票人的款项的票据。单位和个人各种款项的结算均可使用。

其适用于先款后货或钱货两清的商品交易。

4. 支票

银行支票是银行的存款人签发给收款人办理结算或委托开户银行将款项支付给收款人的票据。其适用于同城各单位之间的商品交易、劳务供应及其他款项的结算。银行支票分为现金支票、转账支票和普通支票。

5. 汇兑

汇兑指企业（汇款人）委托银行将其款项支付给收款人的结算方式，分为信汇和电汇。单位和个人各种款项的结算，均可使用汇兑结算方式。

其适用范围广，手续简便易行，灵活方便，是目前一种应用极为广泛的结算方式。

（二）结算方式的选择

企业应根据自身资金状况和交易业务情况，选择合适的结算方式，既遵守法律法规，又能最大限度地利用资金，提高经济效益。

1. 现金与转账结算方式的选择

企业应严格遵守《中华人民共和国现金管理暂行条例》（简称《现金管理暂行条例》）的规定，对使用范围内支出采用现金结算方式，并尽可能利用现代科技技术减少现金使用。

2. 转账结算方式的选择

在选择转账结算方式时，在确保质量和不影响生产的前提下，首先要考虑结算方式的适用范围，对同城结算、异地结算选择不同方式。其次要考虑资金安全，分别按供应商信用等级采用银行汇票、支票、汇兑等方式。再次要考虑企业的资金余缺和成本：在资金短缺时应利用商业信用和延后付款方式；在资金成本较低时，应考虑享受现金折扣。

例如：企业分别从 A 公司和 B 公司采购物资，均已验收入库。A 公司与企业处于同一个城市，且已有 2 年的合作关系；B 公司在本省外市，首次发生交易。在支付货款时，A 公司可选择采用支票、汇兑方式，B 公司可选择汇兑、商业汇票方式。

四、采购业务的会计处理

（一）主要设置的会计科目

1. “银行存款”科目

该科目核算企业存入银行或其他金融机构的各种款项。可按开户银行和其他金融机构、存款种类等设置银行存款日记账，根据收付款凭证，按照业务的发生顺序逐笔登记。

2. “预付账款”科目

该科目核算企业按照合同规定预付的款项。预付款项情况不多的，也可以不设置本科目，将预付的款项直接记入“应付账款”科目。按供货单位进行明细核算。

3. “在途物资”科目

该科目核算企业采用实际成本（或进价）进行材料、商品等物资的日常核算、货款已付尚未验收入库的在途物资的采购成本。按供应单位和物资品种进行明细核算。

4. “原材料”科目

该科目核算企业库存的各种材料，包括原料及主要材料、辅助材料、外购半成品（外购件）、修理用备件（备品备件）、包装材料、燃料等的计划成本或实际成本。按材料的保管地点（仓库）、材料的类别、品种和规格等进行明细核算。

5. “应付账款”科目

该科目核算企业因购买材料、商品和接受劳务等经营活动应支付的款项。按债权人进行明细核算。

6. “应交税费”科目

该科目核算企业按照税法等规定计算应缴纳的各种税费，包括增值税、消费税、所得税、资源税、土地增值税、城市维护建设税、房产税、土地使用税、车船使用税、教育费附加、矿产资源补偿费等应交税费及代扣代缴的个人所得税，按应缴的税费项目进行明细核算。应交增值税还应分别按“进项税额”“销项税额”“出口退税”“进项税额转出”“已交税金”等设置专栏。

（二）常见采购业务的会计处理

1. 采购常见原始资料

（1）合同：一般由采购部门代表企业按程序签订，约定交易条款，明确权利义务和相关事项的处理。由采购部门或合同管理部门传递给财务部门。

（2）发票：由供应商开具，分为增值税专用发票和普通发票，注明所购物资或劳务的数量、金额、税额及有关信息。由采购部门传递给财务部门。

（3）入库单：由企业仓库管理部门对物资进行验收后开具，注明数量、质量、金额等有关信息。由仓库管理部门传递给财务部门或采购部门。

（4）银行回单：由企业开户银行出具，表明款项已支付成功，注明收款单位、金额、支付时间等有关信息。

（5）其他结算单据：其他与业务相关的单据，如代垫运费结算单等。

2. 常见采购业务账务处理

（1）企业购入材料并已验收入库，货款已经支付或尚未支付，根据有关凭证进行账务处理：

借：原材料

　　应交税费——应交增值税（进项税额）

　　贷：银行存款

　　　　应付账款

（2）企业购入材料尚未到达或已到达但尚未验收入库，货款已经支付，根据有关凭证进行账务处理：

借：在途物资

　　应交税费——应交增值税（进项税额）

　　贷：银行存款

（3）所购材料到达验收入库时：

借：原材料

　　贷：在途物资

（4）企业因购货而预付的款项，根据有关凭证进行账务处理：

借：预付账款

　　贷：银行存款

（5）收到所购物资时：

借：原材料

　　贷：应交税费——应交增值税（进项税额）

　　　　预付账款

（6）补付款项时：

借：预付账款

　　贷：银行存款

实践操练

采购业务会计处理流程主要涉及环节如图 2-8 所示。企业在实际办理业务时，可以参照此流程，并结合自身情况予以充实。

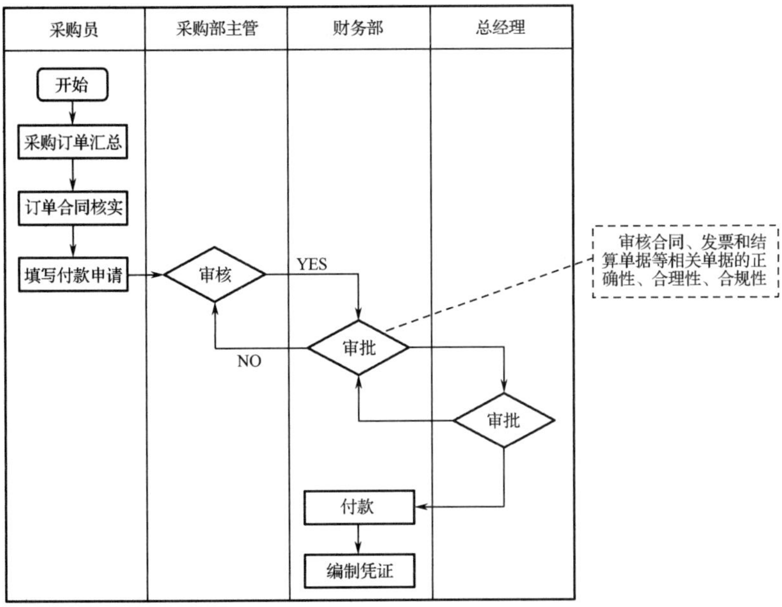

图 2-8　采购业务会计处理流程

【任务 2-3-1】请根据相关原始凭证（见图 2-9、图 2-10 和图 2-11），按要求进行会计处理。

商品购销合同

甲方（销货方）：湖南富源五金批发有限公司

乙方（购货方）：湖南金源净水有限公司

根据《中华人民共和国合同法》及有关法律、法规规定，甲、乙双方本着平等、自愿、公平、互惠互利和诚实守信的原则，就产品供销的有关事宜协商一致订立本合同，以便共同遵守。

一、合同价款及付款方式

合同价款：本合同不含税总价款为人民币壹佰叁拾捌万元整（¥1380000.00）。

付款方式：签订合同后 3 日内预付 30%货款，尾款在收到货 30 天内以银行存款结算。

二、产品质量

1．乙方保证所提供的产品货真价实，来源合法，无任何法律纠纷和质量问题。如果乙方所提供产品与第三方出现了纠纷，由此引起的一切法律后果均由乙方承担。

2．购销商品明细

商品名称	规格	单位	数量	单价（不含税）/元	金额（不含税）/元
变压器		台	4000	345.00	1380000.00
合计					1380000.00

3．商品于 5 日内送达。

三、违约责任

1．甲乙双方均应全面履行本合同约定，一方违约给另一方造成损失的，应当承担赔偿责任。

2．甲方未按照合同约定的期限结算的，应按照中国人民银行有关延期付款的规定，延迟 1 日，需支付结算货款的万分之五的违约金，延迟 10 日以上的，除支付违约金外，乙方有权解除合同。

3．甲方不得无故拒绝接货，否则应当承担由此造成的损失和运输费用。

4．合同解除后，双方应当按照本合同的约定进行对账和结算，不得刁难。

四、其他约定事项

本合同一式两份，自双方签字之日起生效。如果出现纠纷，双方均可向有管辖权的人民法院提起诉讼。

五、其他事项

甲方：湖南富源五金批发有限公司	乙方：湖南金源净水有限公司
签约代表：	签约代表：
开户银行：中国工商银行岳麓支行	开户银行：中国银行开福区支行
账号：19012314582012[illegible]	账号：600985012654
2020 年 11 月 04 日	2020 年 11 月 04 日

图 2-9　商品购销合同

4300174130　　湖南增值税专用发票　　№00584691　4300174130 00584691

机器编码：889902615321　　发票联　　开票日期：2020年11月05日

购买方　名　　称：湖南金源净水有限公司
纳税人识别号：914301951036541202I
地 址、电 话：湖南省长沙市开福区伍家岭路98号　0731-8876888
开户行及账号：中国银行开福区支行 600985012654

密码区　03-874-2392-42>->-34*31<066>
92289>2217*>/29262735*25*83-
+16985--99>7>1671*7*/2<66-93
2<-*264/5-018-6/0/4<+>+/+3+2

货物或应税劳务、服务名称	规格型号	单位	数量	单价	金额	税率	税额
*电工机械设备*变压器		台	4000	345.00	1380000.00	13%	179400.00
合　　计					¥1380000.00		¥179400.00
价税合计（大写）	⊗壹佰伍拾伍万玖仟肆佰元整				（小写）¥1559400.00		

销售方　名　　称：湖南富源五金批发有限公司
纳税人识别号：91430254178123581U
地 址、电 话：长沙市岳麓区桐梓坡西路362号　0731-82031485
开户行及账号：中国工商银行岳麓支行　1901231458201236361

备注　校验码 58656 59890 [illegible] 09606

收款人：李兰　　复核：王静　　开票人：杨威　　销售方：（章）

第三联：发票联　购买方记账凭证

税总函[2017]212号海南华森实业公司

图 2-10　增值税专用发票（发票联）

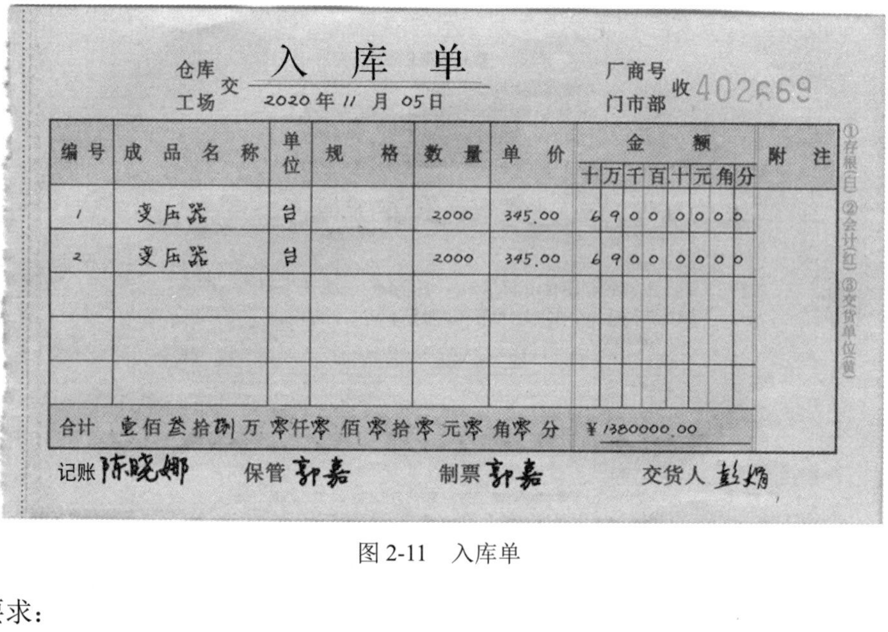

入库单

仓库/工场　交　2020年11月05日　　厂商号/门市部　收　402669

编号	成品名称	单位	规格	数量	单价	金额 十	万	千	百	十	元	角	分	附注
1	变压器	台		2000	345.00	6	9	0	0	0	0	0	0	
2	变压器	台		2000	345.00	6	9	0	0	0	0	0	0	
合计	壹佰叁拾捌万零仟零佰零拾零元零角零分					¥1380000.00								

记账 陈晓娜　　保管 郭嘉　　制票 郭嘉　　交货人 彭婿

①存根（白）②会计（红）③交货单位（黄）

图 2-11　入库单

要求：

（1）根据原始凭证，计算不考虑现金折扣条件时采购材料的成本（不含税）。

（2）请编制入库业务的记账凭证。

解析：（1）不考虑现金折扣条件时

采购材料的成本（不含税）=4 000×345=1 380 000（元）

（2）2020 年 11 月 5 日，材料验收入库的记账凭证如图 2-12 所示。

记 账 凭 证

2020 年 11 月 05 日　　　　第 ** 号

摘要	总账科目	明细科目	借方金额（千百十万千百十元角分）	贷方金额（千百十万千百十元角分）	记账（签章）
采购原材料	原材料	变压器	138000000		
	应交税费	应交增值税（进项税额）	17940000		
	应付账款	湖南富源五金批发有限公司		155940000	
合　计			155940000	155940000	

附件 * 张

会计主管：罗小玛　出纳　审核：张珏　制单：王宇

图 2-12

【任务 2-3-2】继任务 2-3-1，湖南富源五金批发有限公司给予（2/10,n/30）的现金折扣政策，公司在 2020 年 11 月 11 日计划支付货款。

要求：

（1）计算可享受的现金折扣。

（2）2020 年 11 月 11 日，请根据（1）计算结果及付款申请单（见图 2-13）、银行回单（见图 2-14）编制支付货款的记账凭证。

解析：（1）可享受的现金折扣=1 380 000.00×2%=27 600.00（元）

（2）支付货款记账凭证如图 2-15 所示。

付 款 申 请 单

2020年 11 月 11 日　　　　字　号

收款单位	湖南富源五金批发有限公司	付款原因
账号	19012314582012363б1	材料货款
开户行	中国工商银行岳麓支行	银行转讫
大写金额	壹佰叁拾伍万贰仟肆佰零拾零元零角零分	
附件	小写：1352400.00	
审批 同意付款 周文龙	财务 同意付款 张毅	

会计主管 张毅　复核　出纳 冯贵

云实训 WWW.YUNSX.COM

图 2-13

中国银行 BANK OF CHINA　　国内支付业务付款回单

客户号：151887651　　日期：2020年11月11日

付款人账号：600985012654　　收款人账号：190123145820123б361

付款人名称：湖南金源净水有限公司　　收款人名称：湖南富源五金批发有限公司

付款人开户行：中国银行开福区支行　　收款人开户行：中国工商银行岳麓支行

金额：CNY1,352,400.00

人民币壹佰叁拾伍万贰仟肆佰元整

业务种类：借记业务　　业务编号：18508956　　凭证号码：015498

用途：材料款

备注：

附言：　　自助打印，请避免重复

经办：

交易机构：　　交易渠道：　　交易流水号：15974896528

回单编号：　　验证码：

业务专用章

打印时间：2020-11-11 15:37:40　　打印次数：1

图 2-14

记账凭证

2020 年 11 月 11 日　　第 ** 号

摘要	会计科目 总账科目	明细科目	借方科目 千百十万千百十元角分	贷方科目 千百十万千百十元角分	记账（签章）
支付货款	应付账款	湖南富源五金批发有限公司	155940000		
	财务费用	现金折扣	2760000		
	银行存款			135240000	
合计			135240000	135240000	

附件 * 张

会计主管：罗小玛　　出纳　　审核：张珏　　制单：王宇

图 2-15

工作领域三

存货业务核算

工作岗位要求：

1. 熟悉存货入库、存货出库及存货清查业务工作流程，熟悉相关政策及相关法律法规，初步具备业财税融合成本管控思维；

2. 能根据企业对存货的要求，办理存货验收入库、存货出库业务和存货清查业务；

3. 能正确计算存货的入库成本、存储成本和出库成本；

4. 能根据审核无误的单据，正确进行存货验收入库、存货出库业务和存货清查业务及存货计提减值准备的会计处理；

5. 具有良好的职业素养，具备认真细致、依法合规办理业务的能力。

工作任务一　存货入库核算

存货是指企业在日常活动中持有以备出售的产品或商品、处在生产过程中的在产品、在生产过程或提供劳务过程中储备的材料或物料等，包括各类材料、在产品、半成品、产成品、商品及包装物、低值易耗品、委托代销商品等。

知识储备

一、外购存货验收入库

（1）存货物资到厂后，采购人员必须在场当面核对，确认所到货物与合同订单要求的品种、规格、数量、时间一致，如不一致应及时向供应商提出，对出现的异议及时提出解决办法，必要时以书面方式通知供应商。

（2）采购人员在初步确认符合要求的基础上，应请检验人员参与质量、规格等方面的质量检验，并由品管部对检验情况出具检验合格（检验不合格或部分合格部分不合格）确认单，采购人员凭检验部门出具的合格确认单、发票（或送货清单）向库房提交存货入库。

（3）采购人员向仓库管理人员移交货物和提交存货入库时，应提供发票（或送货清单）及检验人员出具的合格确认单。仓库管理人员根据发票（或送货清单）和合格确认单对货品进行清点，并按发票（或送货清单）和合格确认单上载明的产品名称、品种、规格、数量与实物进行认真核对，验收相符后按实收数量打印入库单，并在入库单上签字，在发票（或送货清单）背后注明“该批货物已于*年*月*日办理入库”的字样。

（4）入库单各联的作用和归属：白联由财务留存，作为存货成本核算的依据；粉联由采购留存，作为采购报账的依据；蓝联由供应商留存，作为与公司结算的依据；黄联由品管部留存，作为检验合格确认单的附件依据；绿联由库房仓储留存，作为登记材料明细账的依据。

二、存货的取得成本

企业取得存货应当按照成本进行计量。存货的取得成本包括采购成本、加工成本和其他成本。

（一）外购方式取得存货的成本

外购方式取得存货的成本包括：购买价款、相关税费、运输费、装卸费、保险费及其他可归属于存货采购成本的费用。购入存货的实际成本=买价+运杂费+应负担的税金（不含增值税）+与购进存货相关的其他费用，外购方式取得存货成本的构成如表 3-1 所示。

表 3-1　外购方式取得存货成本的构成

项　　目	内　　容
购买价款	企业购入材料或商品的发票账单上列明的价款（价款不包括可以抵扣的增值税进项税额）
相关税费	企业购买存货发生的进口关税及不能抵扣的增值税进项税额等应计入存货采购成本的税费，注意：①小规模纳税人购入货物相关的增值税计入存货成本；②一般纳税人购入货物相关的增值税可以抵扣的不计入存货成本，不能抵扣的应计入存货成本
其他相关费用	采购过程中发生的运输费、装卸费、保险费、包装费、运输途中的合理损耗及入库前的挑选整理费用等

（二）加工方式取得存货的成本

企业通过进一步加工取得的存货，主要包括产成品、在产品、半成品、委托加工物资等，其成本由采购成本、加工成本构成。某些存货成本还包括使存货达到目前场所和状态所发生的其他成本，如可直接认定的产品设计费用等。在通过进一步加工取得存货的成本中，采购成本是由所使用或消耗的原材料采购成本转移而来的，因此，计量加工取得的存货成本，重点是要确定存货的加工成本。

相关计算公式如下：

自制半成品的实际成本=购入存货的实际成本+人工成本+直接费用+制造费用

委外加工原材料的实际成本=购入存货的实际成本+委托加工费+应负担的税金（不含增值税）等实际支出

委外加工自制半成品的实际成本=自制半成品的实际成本+委托加工费+应负担的税金（不含增值税）等实际支出

产成品的实际成本=直接材料成本+直接人工成本+直接费用+制造费用

存货加工成本由直接人工和制造费用构成，其实质是企业在进一步加工存货的过程中发生的生产成本，因此，不包括直接由材料存货转移来的价值。其中，直接人工是指企业在生产产品过程中，直接从事产品生产的工人的职工薪酬。直接人工和间接人工的划分依据通常是生产工人是否与所生产的产品直接相关（即可否直接确定其服务的产品对象）。制造费用是指企业为生产产品或提供劳务而发生的各项间接费用。制造费用是间接生产成本，包括企业生产部门（如生产车间）管理人员的职工薪酬、折旧费、办公费、水电费、机物料消耗、劳动保护费、车间固定资产的修理费用、季节性和修理期间的停工损失等。

（三）通过提供劳务取得存货的成本

企业通过提供劳务取得的存货，包括劳务提供人员的直接人工和其他直接费用及可归属于该存货的间接费用等。

（四）其他方式取得存货的成本

企业取得存货的其他方式主要包括：接受投资者投资、非货币性资产交换、债务重组、企业合并及存货盘盈等。

投资者投资取得存货的成本，应当按照投资合同或协议约定的价值确定，但合同或协议约定价值不公允的除外。在投资合同或协议约定不公允的情况下，按照该项存货的公允价值作为其入账价值。通过非货币性资产交换、债务重组、企业合并等方式取得存货的成本分别按照相关准则的规定确定。

三、存货的储存成本

（一）储存成本的认知

储存成本是指存货在储存过程中发生的费用，包括存货占用资金所计的利息、仓库费用、保险费用、存货破损和变质损失等，常用 T_c 来表示。若企业用现有现金购买存货，便失去将现金存放银行或投资于有价证券应取得的利息，视为“放弃利息”；若企业借款购买存货，便要支付利息费用，视为“付出利息”。

（二）储存成本的分类

储存成本通常包括两大类：一是付现成本，包括支付给储运公司的仓储费、按存货价值计算的保险费、陈旧报废损失、年度检查费用及企业自设仓库发生的所有费用（如仓库保管人员的工资、折旧费、维修费，办公费、水电费、空调费等）；二是资本成本，即由于投资于存货而不投资于其他可盈利方面所形成的机会成本。储存成本也可分为两部分：凡总额稳定，与储存存货数量的多少及储存时间长短无关的成本，称为固定储存成本；凡总额大小取决于存货数量的多少及储存时间长短的成本，称为变动储存成本。

（三）储存成本的计算公式

储存成本可以按照与储存数额的关系分为变动性储存成本和固定性储存成本两类。其中，固定性储存成本总额的大小随存货数量和储存时间的变动而变动，与存货储存数额的多少没有直接联系，这类成本属于决策的无关成本，如仓库折旧、仓库职工的固定月工资等，常用 F_c 表示；而变动性储存成本则与存货储存数额成正比例变动关系，这类成本属于决策的相关成本，如存货资金的应计利息、存货的破损和变质损失、存货的保险费用等，单位成本常用 K_c 来表示。假设储存单位存货的变动成本是固定的，则储存成本与订货批量同方向变化而与订货次数成反方向变化。综上所述，储存成本的计算公式为：

储存成本=储存固定成本+储存变动成本

$$T_c = F_c + K_c \times \frac{Q}{2}$$

式中：Q——每次订货批量。

四、存货入库的会计处理

（一）外购方式取得的存货

购入时：

借：原材料/库存商品/周转材料

　　应交税费——应交增值税——进项税额

　　贷：银行存款/应付账款等

（二）加工方式取得的存货

1. 委托外单位加工的存货

委托外单位加工的存货，以实际耗用的原材料者半成品、加工费、运输费、装卸费等费用及按规定应计入成本的税金，作为实际成本。其在账务处理上主要包括拨付加工物资、支付加工费用和税金、收回加工物资和剩余物资等几个环节。

（1）发出委托加工材料。

借：委托加工物资

　　贷：原材料

（2）支付加工费和税金（含消费税）。

① 甲企业收回加工后的材料用于连续生产应税消费品的：

借：委托加工物资

　　应交税费——应交增值税——进项税额

　　应交税费——应交消费税

　　贷：银行存款

借：原材料

　　贷：委托加工物资

② 甲企业收回加工后的材料直接用于销售的：

借：委托加工物资

　　应交税费——应交增值税——进项税额

　　贷：银行存款

（3）加工完成，收回委托加工材料。

借：库存商品

　　贷：委托加工物资

2. 自行生产的存货

在生产车间只生产一种产品的情况下，企业归集的制造费用可直接计入该产品成本。在生产多种产品的情况下，企业应采用与该制造费用相关性较强的方法对其进行合理分配。通常采用的方法有：生产工人工时比例法、生产工人工资比例法、机器工时比例法和按年度计划分配率分配法等，还可以按照耗用原材料的数量或成本、直接成本及产品产量分配制造费用。

（三）其他方式取得的存货

收到投资者投入存货。

借：原材料

　　应交税费——应交增值税——进项税额

　　贷：实收资本/股本

　　　　资本公积——股本溢价

实践操练

存货入库流程如图 3-1 所示。

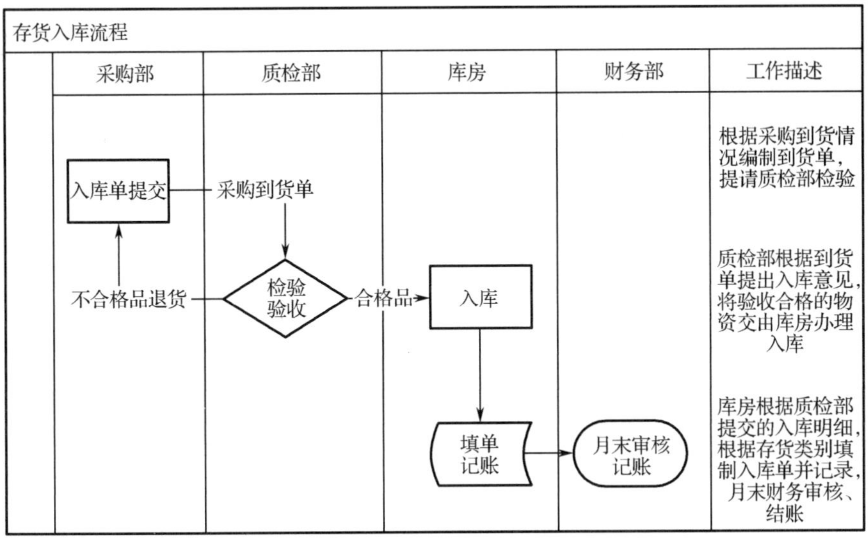

图 3-1 存货入库流程

【任务案例资料】

资料一

公司名称：湖南金源净水有限公司

企业统一社会信用代码：91430195103654l2021

公司成立日期：2016/09/10

公司法人：王琪

公司性质：工业企业（一般纳税人）

公司地址、电话：湖南省长沙市开福区伍家岭路 98 号　0731-8876888

公司开户行、账号：中国银行开福区支行　600985012654

公司注册资本：1 000 万元

公司经营范围：从事净水器的生产、销售。

主要会计政策：执行《企业会计准则》。

存货：原材料、库存商品、在产品均按实际成本核算，发出原材料、库存商品按照先进先出法核算。

企业相关成本资料（期初数据）如下所示。

（1）主要原材料如表 3-2 所示。

表 3-2 主要原材料

品　名	单　位	数　量	单价/元	金额/元
外壳	台	500	150	75 000.00
变压器	台	310	350	108 500.00

续表

品　　名	单　　位	数　　量	单价/元	金额/元
增压泵	套	350	400	140 000.00
滤芯	个	400	40	16 000.00
合计				339 500.00

（2）库存商品如表 3-3 所示。

表 3-3　库存商品

序号	产 品 名 称	月初产成品数量/台	月初产成品单价/元	月初产成品总成本/元
1	普通款净水器	1 500	2 000.00	3 000 000.00
2	升级款净水器	2 100	3 000.00	6 300 000.00

（3）本月投产计划如表 3-4 所示。

表 3-4　生产计划

序号	产 品 名 称	月初在产品数量/台	本月投产数量/台	本月完工产品数量/台	月末在产品数量/台
1	普通款净水器	200	1 000	1 050	150
2	升级款净水器	170	1 200	1 150	220

（4）单位产品投料量如表 3-5 所示。

表 3-5　生产计划

原材料名称	数　　量	普通款净水器	升级款净水器
外壳	台	1	1
变压器	台	1	2
增压泵	套	1	2
滤芯	个	2	4

【任务及操作指导】

【任务 3-1-1】2020 年 11 月 03 日，湖南金源净水有限公司采购材料一批，请根据合同内容（见图 3-2）及产品质量验收要求，对材料进行验收入库，并将材料验收单（见图 3-3）、采购入库单（见图 3-4）补充完整。

商品购销合同

甲方（销货方）：湖南富源五金批发有限公司

乙方（购货方）：湖南金源净水有限公司

根据《中华人民共和国合同法》及有关法律、法规规定，甲、乙双方本着平等、自愿、公平、互惠互利和诚实守信的原则，就产品供销的有关事宜协商一致订立本合同，以便共同遵守。

一、合同价款及付款方式

合同价款：本合同不含税总价款为人民币壹拾万元整（¥100000.00）。

付款方式：于乙方验收合格后 3 日内支付全部货款。

二、购销商品明细：

材料名称	单位	单价（不含税）/元	数量	金额/元
增压泵	套	400	250	100000.00
合计				100000.00

三、交提货方式

甲方于签订合同后 2 日内发货，乙方承担发生的运费。

四、验收方法

1．乙方保证所提供的产品货真价实，来源合法，无任何法律纠纷和质量问题，如果乙方所提供产品与第三方出现了纠纷，由此引起的一切法律后果均由乙方承担。

2．乙方在收到货物后 3 个工作日内按照国家规定标准对产品进行验收。如产品出现问题，请在收到货后 5 个工作日内向甲方书面说明。如此期间内乙方没有向甲方提出书面异议，视为验收合格。

3．验收合格要求：①外壳及紧固件无明显锈蚀，连接部位无松动；②进出水端口水平高度差≤3 mm；③在耐压性能或爆破压力测试时无渗漏水现象；④在工作状态及非工作状态下均可承受 1.2MPa/15min 静态水压不变形、不损坏，各连接部位无渗漏水现象。

六、违约责任

1．甲乙双方均应全面履行本合同约定，一方违约给另一方造成损失的，应当承担赔偿责任。

2．甲方未按照合同约定的期限结算的，应按照中国人民银行有关延期付款的规定，延迟一日，需支付结算货款的万分之五的违约金;延迟 10 日以上的，除支付违约金外，乙方有权解除合同。

3．甲方不得无故拒绝接货，否则应当承担由此造成的损失。

4．合同解除后，双方应当按照本合同的约定进行对帐和结算，不得刁难。

四、其他约定事项

本合同一式两份，自双方签字之日起生效。如果出现纠纷，双方均可向有管辖权的人民法院提起诉讼。

五、其他事项

甲方：湖南富源五金批发有限公司
签约代表：张深
开户银行：兴业银行雨花区支行
账号：368025487940008501
2020 年 11 月 03 日

乙方：湖南金源净水有限公司
签约代表：丁涛
开户银行：中国银行开福区支行
账号：600985012654
2020 年 11 月 03 日

图 3-2　商品购销合同

原材料验收单

编号： QS-JL-15 订购单编号：20201103A01

供方	湖南富源五金批发有限公司	进货日期	2020.11.03
产品名称	增压泵	规格型号	
送货数量	253套	实收数量	250套
检验数量	253套		
不良数	3套	不良率	1.19%
验证结论： 合格（√） 不合格（ ） 检验员：马兴 日期：2020.11.03			
不合格品处置： 退货（√）让步接收（ ）报废（ ） 批准：明亿涵 日期：2020.11.03			
资料员		仓储主管	
王大鹏		梁田	

图 3-3 原材料验收单

采购入库单

供应商：湖南富源五金批发有限公司 日期：2020年11月3日

编号	物料名称	规格型号	单位	单价	数量		金额/元
					应收	实收	
1	增压泵		套	400.00	253	250	100000.00
合计 人民币壹拾万元整							¥100000.00

审核：梁田 验收：王大鹏 制单：谈佳谋

图 3-4 采购入库单

【任务 3-1-2】继任务 3-1-1，2020 年 11 月 3 日，收到采购原材料增值税专用发票（见图 3-5 和图 3-6），计算该批原材料的入库成本。

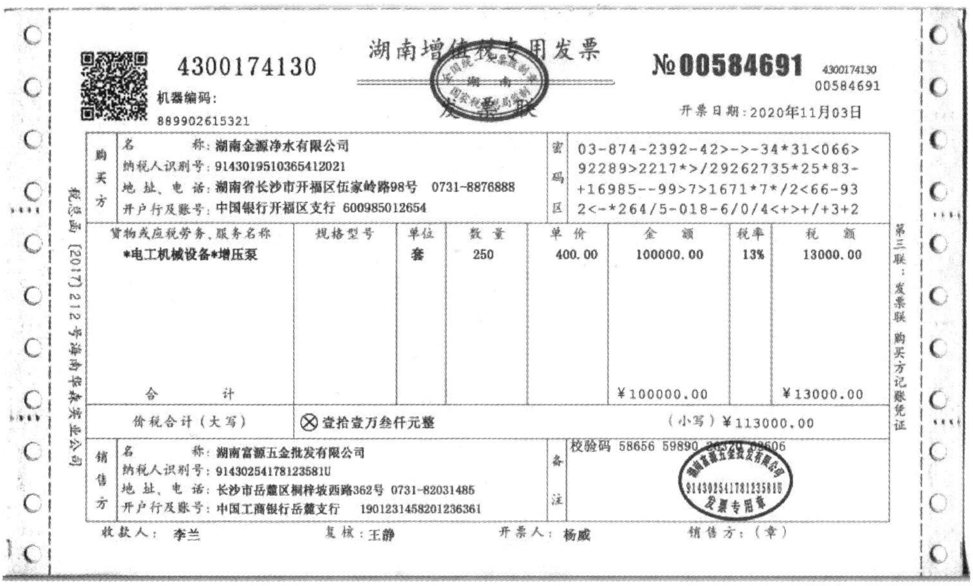

湖南增值税专用发票

4300174130

机器编码：889902615321

№00584691 4300174130 00584691

开票日期：2020年11月03日

购买方	名称：湖南金源净水有限公司 纳税人识别号：9143019510365412021 地址、电话：湖南省长沙市开福区伍家岭路98号 0731-8876888 开户行及账号：中国银行开福区支行 600985012654
密码区	03-874-2392-42>->-34*31<066> 92289>2217*>/29262735*25*83- +16985--99>7>1671*7*/2<66-93 2<-*264/5-018-6/0/4<+>+/+3+2

货物或应税劳务、服务名称	规格型号	单位	数量	单价	金额	税率	税额
*电工机械设备*增压泵		套	250	400.00	100000.00	13%	13000.00
合计					¥100000.00		¥13000.00
价税合计（大写）	⊗壹拾壹万叁仟元整				（小写）¥113000.00		

销售方	名称：湖南富源五金批发有限公司 纳税人识别号：91430254178123581U 地址、电话：长沙市岳麓区桐梓坡西路362号 0731-82031485 开户行及账号：中国工商银行岳麓支行 1901231458201236361
备注	校验码 58656 59890 26320 62606

收款人：李兰 复核：王静 开票人：杨威 销售方：（章）

第三联：发票联 购买方记账凭证

税总函[2017]212号海南华森实业公司

图 3-5 货物增值税专用发票

湖南增值税专用发票

4300174130

机器编码：889902615321

№00586990 4300174130 00586990

开票日期：2020年11月03日

购买方	名称：湖南金源净水有限公司 纳税人识别号：9143019510365412021 地址、电话：湖南省长沙市开福区伍家岭路98号 0731-8876888 开户行及账号：中国银行开福区支行 600985012654
密码区	03-874-2392-42>->-34*31<066> 92289>2217*>/29262735*25*83- +16985--99>7>1671*7*/2<66-93 2<-*264/5-018-6/0/4<+>+/+3+2

货物或应税劳务、服务名称	规格型号	单位	数量	单价	金额	税率	税额
*运输服务*交通运输服务				300	300.00	9%	27.00
合计					¥300.00		¥27.00
价税合计（大写）	⊗叁佰贰拾柒元整				（小写）¥327.00		

销售方	名称：湖南迅达运输有限公司 纳税人识别号：9143010146465F0145 地址、电话：湖南省长沙市雨花区湘府路96号 0731-85012641 开户行及账号：中国建设银行雨花区支行 602214479790214587
备注	校验码 58656 59890 26320 62606

收款人：李兰 复核：王静 开票人：杨威 销售方：（章）

第三联：发票联 购买方记账凭证

税总函[2017]212号海南华森实业公司

云上实训 WWW.YUNSX.COM

图 3-6 运输服务增值税专用发票

解析： 运输费应计入外购取得存货的成本中去，故该批原材料的入库成本=300+100 000=100 300（元）。

【任务 3-1-3】湖南金源净水有限公司在沈阳设置分销公司，在长沙生产净水器，然后运至沈阳，销售部预计普通款净水器月需求量为 500 台，普通款净水器成本为 2 000 元/台，其他相关资料如下。

（1）租赁仓库储存普通款净水器，成本为 20 000 元/月（包含仓管员工资、物业费、水电费等）；另外每台普通款净水器还需加 4 元。

（2）普通款净水器从长沙运抵沈阳后，接收部门要进行检查。为此雇佣一名检验人员，每月支付其工资 4 000 元。

（3）在储存过程中会有破损发生，估计破损成本为每台普通款净水器 12 元。

（4）占用资金应计利息等储存成本为每台 30 元。

要求：计算出每月储备该批存货的总成本。

解析：2 000×500+20 000+500×4+4 000+12×500+30×500=1 000 000+20 000+2 000+4 000+6 000+15 000=1 047 000（元）

【任务 3-1-4】承任务 3-1-1、任务 3-1-2，请根据原始凭证，编制材料入库的记账凭证。

解析：材料入库记账凭证如图 3-7 所示。

记 账 凭 证

2020 年 11 月 03 日　　　　第 ** 号

摘要	会计科目		借方科目										贷方科目										记账（签章）
	总账科目	明细科目	千	百	十	万	千	百	十	元	角	分	千	百	十	万	千	百	十	元	角	分	
采购原材料	原材料	增压泵			1	0	0	3	0	0	0	0											
	应交税费	应交增值税（进项税额）				1	3	0	2	7	0	0											
	应付账款	湖南富源五金批发有限公司													1	1	3	3	2	7	0	0	
合　计					1	1	3	3	2	7	0	0			1	1	3	3	2	7	0	0	

附件 * 张

会计主管：罗小玛　　出纳　　审核：张珏　　制单：王宇

图 3-7

工作任务二　发出存货核算

知识储备

一、编制发出存货单据

生产用物资由生产部门按生产所需于材料会计处办理出库手续，对非生产用物资领用人应持领用审批手续，办理出库及相关手续，仓库保管员凭“出库单”据实发货。

月末，已领用但尚未耗用完的物资（包括残余料），应及时退回仓库，如果是下批生产仍要用的物资，其物资实体可不退回仓库，但应办理退料入库或红字出库手续，待下月月初重新开具“出库单”，这样，便于财务如实核算成本。

材料会计在月底时，应将当月的存货出入库情况按部门分项目汇总，与仓库保管部门、生产部门核对一致后，报给成本会计。

二、审核出库单

为了如实反映经济业务的发生和完成情况，充分发挥会计的监督职能，保证会计信息的真实、完整，会计人员必须对原始凭证进行严格审核。审核的内容主要包括如下方面。

（一）审核原始凭证的真实性

真实性的审核包括凭证日期是否真实、业务内容是否真实、数据是否真实等。对外来原始凭证，必须有填制单位公章或财务专用章和填制人员签章；对自制原始凭证，必须有经办部门和经办人员的签名或盖章。此外，对通用原始凭证，还应审核凭证本身的真实性，以防作假。

（二）审核原始凭证的合法性、合理性

审核原始凭证所记录经济业务是否符合国家法律法规，是否履行规定的凭证传递和审核程序；审核原始凭证所记录经济业务是否符合企业经济活动的需要、是否符合有关计划和预算等。

（三）审核原始凭证的完整性

审核原始凭证各项基本要素是否齐全，是否有漏项情况，日期是否完整，数字是否清晰，文字是否工整，有关人员签章是否齐全，凭证联次是否正确等。

（四）审核原始凭证的正确性

审核原始凭证记载的各项内容是否正确，包括：①接收原始凭证单位的名称是否正确；②金额的填写和计算是否正确，阿拉伯数字分位填写，不得连写，小写金额前要标明“¥”字样，中间不能留有空位；大写金额前要加“人民币”字样，大写金额与小写金额要相符；③更正是否正确，原始凭证记载的各项内容均不得涂改、刮擦和挖补。

三、存货计价方法

在实务中，对企业发出的存货可以按实际成本核算，也可以按计划成本核算。如采用计划成本核算，会计期末应将其调整为实际成本。在实际成本核算方法下，企业可以

采用的发出存货成本的计价方法包括个别计价法、先进先出法、月末一次加权平均法和移动加权平均法等。

（一）个别计价法

个别计价法其特征是注重所发出存货具体项目的实物流转与成本流转之间的联系，逐一辨认各批发出存货和期末存货所属的购进批别或生产批别，分别按其购入或生产时所确定的单位成本计算各批发出存货和期末存货的成本。把每种存货的实际成本作为计算发出存货成本和期末存货成本的基础。

（二）先进先出法

先进先出法是以先购入的存货应先发出（销售或耗用）这样一种存货实物流动假设为前提，对发出存货进行计价。采用这种方法，先购入的存货成本在后购入的存货成本之前转出，据此确定发出存货和期末存货的成本。

具体方法：收到存货时，逐笔登记收到存货的数量、单价和金额；发出存货时，按照先购进先发出的原则逐笔登记存货的发出成本和结存金额。

先进先出法的优缺点：可以随时结转存货发出成本，但较烦琐，如果存货收发业务较多且存货单价不稳定时，其工作量较大。

（三）月末一次加权平均法

月末一次加权平均法，是指以本月全部进货数量加上月初结存存货数量作为除数，本月全部进货成本与上月初结存存货成本之和为被除数，计算出存货的单位成本，以此为基础计算本月发出存货的成本和期末结存存货的成本。

计算公式如下：

存货单位成本=［月初结存存货的实际成本+Σ（本月各批进货的实际单位成本×本月各批进货的数量）］÷（月初结存存货数量+本月各批进货数量之和）

本月发出的存货成本=本月发出存货的数量×存货单位成本

本月月末结存存货成本=月末结存存货的数量×存货单位成本

或：本月月末结存存货成本=月初结存存货的实际成本+本月购入存货的实际成本-本月发出存货的实际成本

（四）移动加权平均法

移动加权平均法，是指本次进货的成本加上原有结存存货的成本，除以本次进货数量与原有结存存货的数量的合计数，据以计算存货单位成本，作为在下次进货前计算各次发出存货成本依据的一种方法。

计算公式如下：

存货单位成本=（原有结存存货成本+本次进货的成本）÷（原有结存存货数量 +本次进货数量）

本次发出存货的成本=本次发出存货的数量×本次发货前存货的单位成本

本月月末结存存货成本=月末结存存货的数量×本月月末存货单位成本

或：本月月末结存存货成本=月初结存存货成本+本月购入存货成本-本月发出存货成本

采用移动加权平均法能够使企业管理层及时了解存货的结存情况，计算的平均单位成本及发出和结存的存货成本比较客观。但由于每次收货都要计算一次平均单位成本，计算工作量较大，对收发货较频繁的企业不太适用。

四、发出存货的会计处理

1. 生产领用材料

借：制造费用

　　管理费用

　　生产成本

　　销售费用

　　贷：原材料

2. 委托加工，发出材料

借：委托加工物资

　　贷：原材料

3. 委托代销

（1）发出商品。

借：发出商品

　　贷：库存商品

（2）结算成本。

借：主营业务成本

　　贷：发出商品

4. 销售商品，结转成本

借：主营业务成本

　　贷：库存商品

5. 销售材料，结转成本

借：其他业务成本

　　贷：原材料

实践操练

存货入库、出库流程如图 3-8 所示。

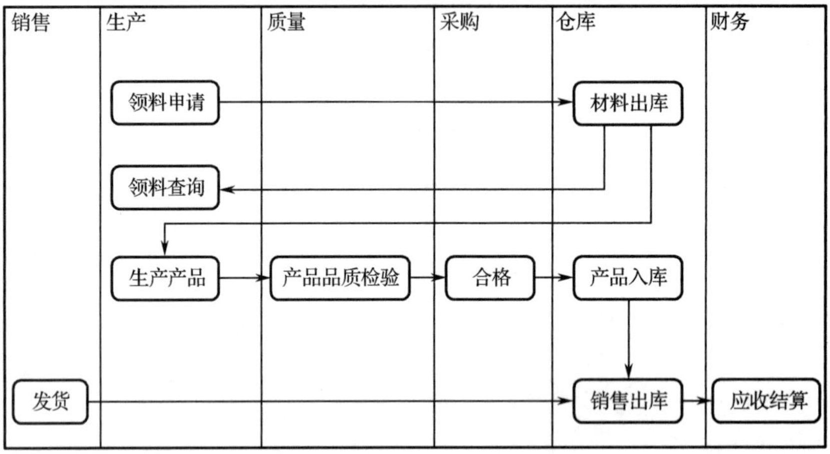

图 3-8　存货入库、出库流程

【任务案例资料】

略（详见本工作领域工作任务一的资料一）

【任务及操作指导】

【任务 3-2-1】本月存货收发情况如下所述，发出存货采用先进先出法，请根据本月销售情况将进销存汇总表（见表 3-6）补充完整。

① 11 月 2 日，销售升级款净水器 950 台；

② 11 月 6 日，销售升级款净水器 660 台；

③ 11 月 15 日，发出委托代销升级款净水器 1 150 台；

表 3-6　进销存汇总表

数量单位：台

金额单位：元

进销存汇总表														
序号	物品目录		上月结存			本月入库			本月出库			本月结存		
	物料编号	名称	数量	单价	金额	数量	单价	金额	数量	单价	金额	数量	单价	金额
1	SP02	升级款净水器	2 100	3 000.00	6 300 000.00	750	2 980.00	2 235 000.00	2 100	3 000.00	6 300 000.00	0	3 000.00	0.00
2	SP02	升级款净水器							660	2 980.00	1 966 800.00	90	2 980.00	268 200.00
3														
4														

续表

进销存汇总表															
序号	物品目录		上月结存			本月入库			本月出库			本月结存			
	物料编号	名称	数量	单价	金额	数量	单价	金额	数量	单价	金额	数量	单价	金额	
5															
6															
7															
8															
9															
10															
合计	/	/	/	/	/	/	/	/	/	/	/	90	2 980.00	268 200.00	

【任务 3-2-2】从以下销货单中选择规范、完整的一张（　　）。

A.

湖南金源净水有限公司
送货单

地址：湖南省长沙市开福区伍家岭路98号
电话：0731-8876888
订单号：00158963

客户名称：金华金源五金商贸有限公司
地址：浙江省金华金东区香莲路18号　　日期：2020年11月18日

序号	货品名称	单位	数量	单价	金额
1	升级款净水器	台	100	4520.00	452,000.00
2					
3					
4					
5					
6					
7					
合计金额：人民币肆拾伍万贰仟元整					¥482,000.00
收货单位及经手人			送货单位及经手人		

一联（白）存根 二联（红）客户 三联（黄）财务

注：以上货品已收妥，如有异议，三日内提出，否则不得退货

（盖章）

B.

湖南金源净水有限公司
送货单

地址：湖南省长沙市开福区伍家岭路98号
电话：0731-8876888
订单号：00158963

客户名称：金华金源五金商贸有限公司
地址：浙江省金华金东区香莲路18号　　日期：2020年11月18日

序号	货品名称	单位	数量	单价	金额
1	升级款净水器	台	100	4520.00	452,000.00
2					
3					
4					
5					
6					
7					
合计金额：人民币肆拾伍万贰仟元整					¥452,000.00
收货单位及经手人			送货单位及经手人		

一联（白）存根 二联（红）客户 三联（黄）财务

注：以上货品已收妥，如有异议，三日内提出，否则不得退货

（盖章）

C.

湖南金源净水有限公司
送货单

地址：湖南省长沙市开福区伍家岭路98号
电话：0731-8876888
订单号：00158963

客户名称：金华金源五金商贸有限公司
地址：浙江省金华金东区香莲路18号　　日期：2020年11月18日

序号	货品名称	单位	数量	单价	金额
1	升级款净水器	台	100	4520.00	452,000.00
2					
3					
4					
5					
6					
7					
合计金额：人民币肆拾伍万贰仟元整					¥452,000.00
收货单位及经手人 张媛媛			送货单位及经手人 赵娇丽		

一联（白）存根 二联（红）客户 三联（黄）财务

注：以上货品已收妥，如有异议，三日内提出，否则不得退货　　（盖章）

D.

湖南金源净水有限公司
送货单

地址：湖南省长沙市开福区伍家岭路98号
电话：0731-8876888
订单号：00158963

客户名称：金华金源五金商贸有限公司
地址：浙江省金华金东区香莲路18号　　日期：2020年11月18日

序号	货品名称	单位	数量	单价	金额
1	升级款净水器	台	100	4520.00	452,000.00
2					
3					
4					
5					
6					
7					
合计金额：人民币肆拾伍万贰仟元整					¥482,000.00
收货单位及经手人 张媛媛			送货单位及经手人 赵娇丽		

一联（白）存根 二联（红）客户 三联（黄）财务

注：以上货品已收妥，如有异议，三日内提出，否则不得退货　　（盖章）

答案：C。

【任务 3-2-3】因企业发展需要，现委托鑫林公司代销普通款净水器 2 000 台，普通款净水器结存情况如表 3-7 所示，普通款净水器期初库存为 1 500 台，单位成本为 2 000 元，本月入库数量为 860 台，单位成本为 2 020 元，请计算发出存货成本。

表 3-7　商品结存表

数量单位：台
金额单位：元

商品结存表					
序　号	物品目录		本月结存		
	物料编号	名　称	数　量	单　价	金　额
1	SP01	普通款净水器	1 500	2 000.00	3 000 000.00
2	SP01	普通款净水器	860	2 020.00	1 737 200.00

续表

商品结存表					
序　　号	物品目录		本月结存		
	物料编号	名　　称	数　　量	单　　价	金　　额
3					
4					
合计	/	/	/	/	4 737 200.00

解析：1 500×2 000+500×2 020=4 010 000（元）

【任务 3-2-4】承任务 3-2-3，请编制发出存货的记账凭证。

解析：发出存货的记账凭证如图 3-9 所示。

记 账 凭 证

2020 年 11 月 20 日　　　　第 ** 号

摘　要	会计科目		借方科目										贷方科目										记账（签章）
	总账科目	明细科目	千	百	十	万	千	百	十	元	角	分	千	百	十	万	千	百	十	元	角	分	
发出代销商品	发出商品	普通款净水器		4	0	1	0	0	0	0	0	0											
	库存商品	普通款净水器												4	0	1	0	0	0	0	0	0	
合　　计				4	0	1	0	0	0	0	0	0		4	0	1	0	0	0	0	0	0	

附件 * 张

会计主管：罗小玛　　出纳　　审核：张珏　　制单：王宇

图 3-9

工作任务三　存货清查核算

知识储备

存货清查是指通过对存货的实地盘点，确定存货的实有数量，并与账面结存数核对，从而确定存货实存数与账面结存数是否相符的一种专门方法。由于存货种类繁多、收发频繁，在日常收发过程中可能发生计量错误、计算错误、自然损耗，还可能发生损坏变质及贪污、盗窃等情况，造成账实不符，产生存货的盘盈、盘亏。对于存货的盘盈、盘亏，应填写存货盘点报告，及时查明原因，按照规定程序报批处理。在实施存货盘点之前，管理人员通常编制存货盘点指令，对存货盘点的时间、人员、流程及后续处理等方面做出安排。在盘点过程中，通常会使用盘点表记录盘点结果，使用盘点标签对已盘点存货及数量做出标识。

一、存货预盘

为了加强存货资产的管理，保证存货的安全完整，加快存货周转，减少积压，从而提高企业经济效益，一般企业内部通常会定期对存货实物进行盘点，将实物盘点数量与账面数量进行核对，对差异进行分析调查，必要时做账务调整，以确保账实相符。

（一）存货盘查范围

企业在正常经营过程中持有的以备出售的商品，包括原辅材料、半成品、库存商品、低值易耗品、包装物等。

（二）盘点方式

（1）全面盘点。原则上存货应采用全面盘点，如确实无须全面盘点，或全盘的实施有困难，应报总经理，经批准后，采用适宜的盘点方式。

（2）不定期抽点。每天仓库输单员抽取不同品项进行盘点，由具体部门协同。

（三）盘点准备事项

（1）库存管理人员、有关部门准备盘点用具，财务部准备相关盘点表格。

（2）各类存货应摆放整齐、分类排列，并置标志牌。

（3）有关部门、库存管理人员事先将各类库存物资清单整理妥当，以备盘点。

（4）盘点期间已验收但未办妥入账手续的物料不在盘点范围内，应另行存放，并予以标示。已开销售发货单但未发货的物资亦同。

（四）年终全面盘点

（1）财务部应在报经总经理批准后，签发盘点通知，并负责召集有关部门参与盘点人召开盘点协调会，拟订盘点计划表，通知各有关部门，限期做好盘点准备工作并参与盘点。

（2）盘点期间除紧急情况外，应暂停实物流动，以利于盘点工作顺利进行。

（3）年中、年终盘点，原则上应采用全面盘点方式，如确因特殊原因无法全盘时，应报总经理，经批准后，采用适宜的方式。

（4）盘点应尽量采用精确的计算器具，避免用主观的目测方式。每项库存物数量，应认真确定，盘点后不得更改。

（5）盘点物品时，清点人应依据盘点人实际盘点数，翔实记录于“盘点统计表”，每个项目核对一次，经查无误后，除在该表上双方签名确认外，将该表编列同一流水号码，各自存一联，以备日后核查，若有出入者，必须重点核查。盘点完毕，盘点人应根据“盘点统计表”汇总编制“盘存表”，一式两联，第一联由有关部门自存，第二联送财务部，计算确定盘盈（盘亏）金额。

（六）填制预盘表

在实际工作中，盘点人员会根据实际盘查情况先填制预盘表，存货预盘表格式如图 3-10 所示。

存货预盘表

____年____月____日

部门____________

序号	物料名称	单位	数量	单价	金额	备注
合计						

主管：　　　　　　　　　　　　盘点人：

图 3-10　存货预盘表格式

（七）注意事项

（1）所有参加盘点工作的盘点人员，对于本身的工作职责，必须深入了解。

（2）盘点时应特别注意库存物资的批号，应特别关注采购日期及生产日期超过 2 个月的物资。

（3）所有盘点库存物资都以静态盘点为处理原则，因此在盘点过程中应尽量减少库存物资的移动。

（4）盘点使用的单据、报表的相关栏目若需修改，均需经有关盘点人员签认才能生效，否则视为无效。

（5）所有盘点数据必须以实际清点、计量的真实资料为依据，不得猜想或伪造数据。

（6）盘点全过程中，各组盘点人员均应接受复盘人指挥、监督。

（7）盘点终了时，应由各组复盘人向盘点负责人报告，经核准后才能离开。

（八）责任

仓储管理人员、库存管理人员有下列情况者，应送总经理、人力资源部处理并要求其赔偿相同的金额。

（1）对所保管的库存物资有盗卖、调换或化公为私等营私舞弊者。

（2）对所保管的库存物资未经批准而擅自移转、出借或损坏不报告者。

（3）未尽保管责任或由于过失致使库存物资被窃、损失者。

二、存货盘存制度

财产物资的盘存制度就是确定财产物资账面结存数的一种制度。财产物资的盘存制度有两种，即永续盘存制和实地盘存制。在不同的盘存制度下，各项财产物资在账簿中的记录方法和清查盘点的目的也不同。

（一）永续盘存制

永续盘存制又称账面盘存制，是以账簿记录为依据来确定财产物资结存数的盘存制度，是企业对各项财产物资的增减变动，都要根据会计凭证，在有关的账簿中进行连续登记并随时结出账面结存数的方法。其公式表示如下：

账面期末余额=账面期初余额+本期增加额-本期减少额

采用永续盘存制，在账簿记录中，能随时反映财产物资收入、发出及结存的详细情况，数据准确，有利于加强对财产物资的管理与控制，核算手续严密，但是核算的工作量较大。

（二）实地盘存制

实地盘存制是以具体盘点实物的结果为依据来确定财产物资结存数的盘存制度，是平时在账簿中只登记财产物资的增加数，不登记减少数，月末把实地盘点所取得的实存数作为账面结存数，然后再倒挤出本期减少数，并据以登记账簿的方法。其公式表示如下：

本期减少数=期初结存数+本期增加数-期末实地盘点数

采用实地盘存制，不必逐笔登记财产物资的减少业务，简化了日常核算的工作量。但是由此，实地盘存制也无法连续反映财产物资的增减变化及结存情况，对管理中存在的问题不易发现，不利于存货的管理。因此，实地盘存制只适用于数量大、价值低、收发频繁的物资。

在一般情况下，大多数企业采用永续盘存制，而不采用实地盘存制。但是无论采用哪种盘存制度，对财产物资都必须进行定期或不定期的清查盘点。存货盘点表格式如图 3-11 所示。

存货盘点表

盘点部门：　　　　　　　　　　　　　　仓库：　　　　　　　　　　　　　　盘点日期：

序号	物料编号	物料名称	计量单位	规格型号	账面数			实存数			盘盈			盘亏			备注
					数量	单价	金额	数量	单价	金额	数量	单价	金额	数量	单价	金额	
1																	
2																	
3																	
4																	
5																	
6																	
7																	
8																	
9																	
10																	
合　计																	

处理意见：　　　　　　　　　　　　　　监盘人：　　　　　　　　　　　　　　盘点：

图 3-11　存货盘点表格式

三、存货盘点报告

（一）审批之前的处理

根据“存货盘点报告”“实存账存对比表”等已经查实的数据资料，据实调账，填制记账凭证，记入有关账簿，使账簿记录与实际盘存数相符，同时根据权限，将处理建议报股东（大）会或董事会或类似机构批准。存货盘点报告格式可以参考图 3-12 所示。

存货盘点报告

一、目的

本次盘点为了使物资、物料账实情况得以真实体现，从而对盘点盈亏采取原因分析和纠正措施，确保后期物资、物料无差异，从而提升物资管理能力。

二、盘点时间：<u>****年**月**日</u>

三、盘点范围：公司仓库全部原材料

四、盘点人员：材料负责人员

五、盘点方法：永续盘存制

六、盘点结果

6.1 盘盈盘亏明细表：

序号	物料名称	规格	单位	盘盈数量	盘亏数量	责任人
1						
2						
3						
4						
5						

6.2 原因分析：

此次盘亏物资主要为____________，盘盈物资主要为________，盘盈、盘亏原因均为______。

6.3 处理方案：

方案一

方案二

方案三

***********公司

2020 年 11 月 30 日

图 3-12　存货盘点报告格式

（二）审批之后的处理

企业清查的各种财产的损益，应于期末前查明原因，并根据企业的管理权限，经股东（大）会或董事会或类似机构批准后，在期末结账前处理完毕。企业应严格按照有关部门对财产清查结果提出的处理意见进行账务处理，填制有关记账凭证，登记有关账簿，并追回由于责任者原因造成的财产损失。

企业清查的各种财产的损益，如果在期末结账前尚未经批准，在对外提供财务报表时，先按上述规定进行处理，并在附注中做出说明；其后批准处理的金额与已处理金额不一致的，调整财务报表相关项目的年初数。

四、存货清查的会计处理

（一）存货盘盈的账务处理

1. 查明原因前

借：原材料/库存商品

　　贷：待处理财产损溢——待处理流动资产损溢

2. 查明原因后

借：待处理财产损溢——待处理流动资产损溢

　　贷：管理费用（无法查明原因）

（二）存货盘亏的账务处理

1. 查明原因前

借：待处理财产损溢——待处理流动资产损溢

　　贷：原材料/库存商品

2. 查明原因后

借：原材料（残值）

　　其他应收款（保险赔偿或过失人赔偿）

　　管理费用（无法查明原因、正常损耗、管理不善）

　　营业外支出（自然灾害等非正常损失）

　　贷：待处理财产损溢——待处理流动资产损溢

（三）存货减值的账务处理

资产负债表日，存货应当按照成本与可变现净值孰低计量。当存货成本低于可变现净值时，存货按成本计量；当存货成本高于可变现净值时，存货按可变现净值计量，同时按照成本高于可变现净值的差额计提存货跌价准备，计入当期损益。

1. 存货的可变现净值

可变现净值，是指在日常活动中，存货的估计售价减去至完工时估计将要发生的成本、估计的销售费用及相关税费后的金额。

确定存货可变现净值的前提是企业在进行正常的生产经营活动。如果企业不是在进行正常的生产经营活动，如企业处于清算过程中，那么不能按照存货准则的规定确定存货的可变现净值。可变现净值为存货的预计未来净现金流入，而不是简单地等于存货的售价或合同价。企业预计的销售存货现金流量，并不完全等于存货的可变现净值。存货在销售过程中可能发生的销售费用和相关税费，以及为达到预定可销售状态还可能发生的加工成本等相关支出，构成现金流入的抵减项目。企业预计的销售存货现金流量，扣除这些抵减项目后，才能确定存货的可变现净值。

不同存货可变现净值的构成不同。产成品、商品和用于出售的材料等直接用于出售的商品存货，在正常生产经营过程中，应当以该存货的估计售价减去估计的销售费用和相关税费后的金额，确定其可变现净值。需要经过加工的材料存货，在正常生产经营过程中，应当以所生产的产成品的估计售价减去至完工时估计将要发生的成本、估计的销售费用和相关税费后的金额，确定其可变现净值。

2. 存货估计售价的确定

对于企业持有的各类存货，在确定其可变现净值时，最关键的问题是确定估计售价。企业应当区别如下情况确定存货的估计售价。

（1）为执行销售合同或劳务合同而持有的存货，通常应当以产成品或商品的合同价格作为其可变现净值的计算基础。如果企业与购买方签订了销售合同（或劳务合同，后同），并且销售合同中订购的数量等于企业持有存货的数量，在这种情况下，在确定与该项销售合同直接相关存货的可变现净值时，应当以销售合同价格作为其可变现净值的计算基础。也就是说，如果企业就其产成品或商品签订了销售合同，则该批产成品或商品的可变现净值应当以销售合同价格作为计算基础；如果企业销售合同所规定的标的物还没有生产出来，但持有专门用于该标的物生产的原材料，其可变现净值也应当以销售合同价格作为计算基础。

（2）如果企业持有存货的数量多于销售合同订购数量，超出部分的存货可变现净值应当以产成品或商品的一般销售价格（即市场销售价格）作为计算基础。

（3）如果企业持有存货的数量少于销售合同中订购的数量，实际持有与该销售合同相关的存货应以销售合同所规定的价格作为可变现净值的计算基础。如果该合同为亏损合同，还应同时按照《企业会计准则第 13 号——或有事项》的规定处理。

（4）没有销售合同约定的存货（不包括用于出售的材料），其可变现净值应当以产成品或商品一般销售价格（即市场销售价格）作为计算基础。用于出售的材料等，通常以市场价格作为其可变现净值的计算基础，这里的市场价格是指材料等的市场销售价格。如果用于出售的材料存在销售合同约定，应按合同价格作为其可变现净值的计算基础。

（5）用于出售的材料等，通常以市场价格作为其可变现净值的计算基础，这里的市场价格是指材料等的市场销售价格。如果用于出售的材料存在销售合同约定，应按合同价格作为其可变现净值的计算基础。

3. 计提存货跌价准备的方法

（1）企业通常应当按照单个存货项目计提存货跌价准备。企业在计提存货跌价准备时通常应当以单个存货项目为基础。在企业采用计算机信息系统进行账务处理的情况下，完全有可能做到按单个存货项目计提存货跌价准备。在这种方式下，企业应当将每个存货项目的成本与其可变现净值逐一进行比较，按较低者计量存货，并且按成本高于可变现净值的差额，计提存货跌价准备。这就要求企业应当根据管理要求和存货的特点，明确规定存货项目的确定标准。比如，将某一型号和规格的材料作为一个存货项目、将某一品牌和规格的商品作为一个存货项目，等等。

（2）对于数量繁多、单价较低的存货，可以按照存货类别计提存货跌价准备。如果某一类存货的数量繁多并且单价较低，企业可以按存货类别计算成本与可变现净值，即将按存货类别的成本总额与可变现净值的总额进行比较，每个存货类别均取较低者确定存货期末价值。

（3）与在同一地区生产和销售的产品系列相关、具有相同或类似最终用途或目的，且难以与其他项目分开计量的存货，可以合并计提存货跌价准备。存货具有相同或类似最终用途或目的，并在同一地区生产和销售，意味着存货所处的经济环境、法律环境、市场环境等相同，具有相同的风险和报酬。因此，在这种情况下，可以对该存货进行合并计提存货跌价准备。

4. 存货跌价准备的账务处理

企业计提了存货跌价准备，如果其中有部分存货已经销售，则企业在结转销售成本时，应同时结转对其已计提的存货跌价准备。对于因债务重组、非货币性资产交换转出的存货，也应同时结转已计提的存货跌价准备。如果按存货类别计提存货跌价准备，应当按照发生销售、债务重组、非货币性资产交换等而转出存货的成本占该存货未转出前该类别存货成本的比例，结转相应的存货跌价准备。

（1）计提时。

借：资产减值损失

　　贷：存货跌价准备

（2）转回时。

借：存货跌价准备

　　贷：资产减值损失

（3）确认损失时。

借：存货跌价准备

　　贷：应收账款

（4）确认损失又收回时。

借：应收账款

　　贷：存货跌价准备

同时，

借：银行存款

　　贷：应收账款

（5）结转成本时。

借：存货跌价准备

　　贷：主营业务成本

实践操练

（1）当公司内外部客观证据表明资产出现减值迹象时，公司财务部门会同物资管理部门和销售部门对该项或该类存货资产进行减值测试，减值判断至少每半年进行一次，并填写“存货跌价准备检查表”。

如需要计提跌价准备（或需转回跌价准备）则填写“计提（转回）存货跌价准备申请表”。

（2）销售事业部计划经营科统计岗位、物资部库房稽核岗位、成本核算岗位人员至少每半年及每年度终了，对存货进行全面检查，填写存货跌价准备检查表，报单位主管领导进行审批。

（3）如需要计提跌价准备（或需转回跌价准备）则由销售事业部计划经营科统计岗位、物资部库房稽核岗位、成本核算岗位人员填写“计提（转回）存货跌价准备申请表”，经财务资产处主管领导审核后报公司审批。

（4）财务部主管科室科长对存货跌价准备计提申请、存货的现场鉴定意见、需计提跌价准备的存货明细表、跌价准备计算结果等资料进行审核。

（5）财务部资产处主管领导对计提存货跌价准备申请表进行审核。

存货清查流程如图 3-13 所示。

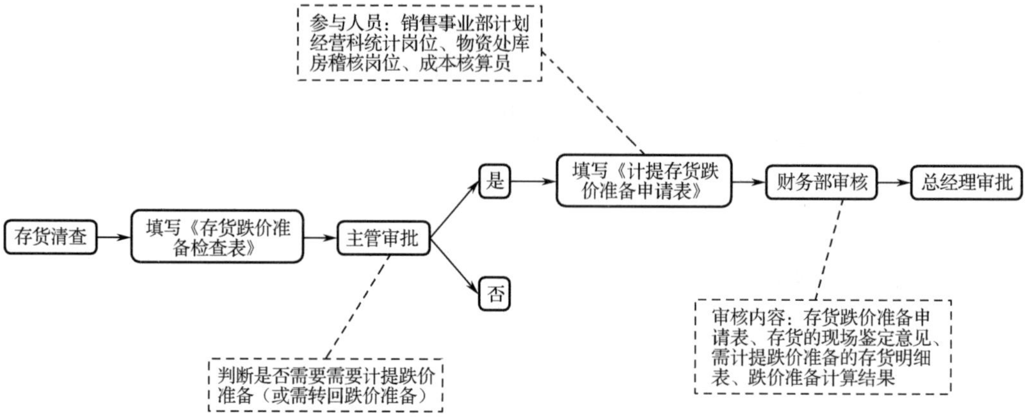

图 3-13　存货清查流程

【任务案例资料】

略（参考本工作领域工作任务一资料一）

【任务及操作指导】

【任务 3-3-1】2020 年 11 月 29 日，收到存货盘点通知，现仓管部门对现有库存进行预盘，请将存货预盘表补充完整，如图 3-14 所示。

存货预盘表

2020 年 11 月 29 日

部门 仓管部　　　　金额单位：元

序号	物料名称	单位	数量	单价	金额	备注
1	外壳	台	500	150	75,000.00	
2	变压器	台	309	350	108,150.00	
3	增压泵	套	348	400	139,200.00	
4	滤芯	个	399	40	15,960.00	
5	普通款净水器	台	1497	2000	2,994,000.00	
6	升级款净水器	台	2098	3000	6,294,000.00	
合计					9,626,310.00	

主管：梁田　　　　盘点人：王大鹏

图 3-14　存货预盘表

【任务 3-3-2】承任务 3-3-1，2020 年 11 月 30 日，财务部对存货进行盘点，实盘数量与预盘数量一致，请根据存货账存数、实存数情况，将存货盘点表补充完整，如图 3-15 所示。

【任务 3-3-3】承任务 3-3-2。（1）根据存货盘点表，将存货盘点报告补充完整，如图 3-16 所示。

存货盘点表

盘点部门：财务部　　　　仓库：望田　　　　盘点日期：2020年11月30日　　　　金额单位：元

序号	物料编号	物料名称	计量单位	规格型号	账面数			实存数			盘盈			盘亏			备注
					数量	单价	金额	数量	单价	金额	数量	单价	金额	数量	单价	金额	
1	CL01	外壳	台		500	150.00	75000.00	500	150.00	75000.00				-	-	-	
2	CL02	变压器	台		310	350.00	108500.00	309	350.00	108150.00				1	350.00	350.00	
3	CL03	增压泵	套		350	400.00	140000.00	348	400.00	139200.00				2	400.00	800.00	
4	CL04	滤芯	个		400	40.00	16000.00	399	40.00	15960.00				1	40.00	40.00	
5	SP01	普通款净水器	台		1500	2000.00	3000000.00	1497	2000.00	2994000.00				3	2000.00	6000.00	
6	SP02	升级款净水器	台		2100	3000.00	6300000.00	2098	3000.00	6294000.00				2	3000.00	6000.00	
7																	
8																	
9																	
10																	
合　计					/	/	9639500.00	/	/	9626310.00	/	/	0.00	/	/	13190.00	

处理意见：　　　　　　　　监盘人：贾小玛　　　　盘点：王大鹏

图 3-15　存货盘点表

2020 年 11 月盘点总结报告

一、目的

本次盘点为了我公司的物资、物料的账实情况得以真实体现，从而对盘点盈亏采取原因分析和纠正措施，确保后期物资、物料无差异，从而提升我司物资管理能力。

二、盘点时间：<u>2020 年 11 月 30 日</u>

三、盘点对象：公司仓库全部原材料

四、盘点结果

4.1 盘盈盘亏明细表：

序号	物料名称	规格	单位	盘盈数量	盘亏数量	责任人
1	变压器		台		1	谈俊谦
2	增压泵		台		2	
3	滤芯		个		1	
4	普通款净水器		台		3	
5	升级款净水器		台		2	

4.2 原因分析：

此次盘亏物资主要为<u>变压器、滤芯、升级款净水器、普通款净水器、升级款净水器</u>。盘盈物资主要为<u>无</u>，盘盈、盘亏原因均为仓管员管理不善、仓库收发混乱、工作未尽责。

4.3 处理方案：（ B D）

A. 全部由公司承担

B. 给予仓库管理员 500 元处罚，剩余损失公司承担

C. 全部由仓库管理员承担

D. 对责任人进行通报批评

湖南金源净水有限公司

2020 年 11 月 30 日

图 3-16　存货盘点报告

（2）编制存货盘点及核销的记账凭证，如图 3-17 和图 3-18 所示。（库存商品价值中材料占比为 40%，购进时已按 13%税率抵扣进项税额）

记 账 凭 证

2020 年 11 月 30 日　　　　第 ** 号

摘 要	会计科目：总账科目	会计科目：明细科目	借方科目（千百十万千百十元角分）	贷方科目（千百十万千百十元角分）	记账（签章）
原材料盘点	待处理财产损溢		1396870		
	原材料	变压器		35000	
	原材料	增压泵		80000	
	原材料	滤芯		4000	
	库存商品	普通款净水器		600000	
	库存商品	升级款净水器		600000	
	应交税费	应交增值税（进项税额）		77870	
合 计			1396870	1396870	

附件 * 张

会计主管：罗小玛　　出纳　　审核：张珏　　制单：王宇

图 3-17　记账凭证（1）

记 账 凭 证

2020 年 11 月 30 日　　　　第 ** 号

摘 要	会计科目：总账科目	会计科目：明细科目	借方科目（千百十万千百十元角分）	贷方科目（千百十万千百十元角分）	记账（签章）
存货盘盈（亏）核销	其他应收款	谈俊谦	50000		
	管理费用	存货盘亏	1346870		
	待处理财产损溢			1396870	
合 计			1396870	1396870	

附件 * 张

会计主管：罗小玛　　出纳　　审核：张珏　　制单：王宇

图 3-18　记账凭证（2）

【任务 3-3-4】经盘点发现 200 台升级款净水器存在质量问题，产品质量问题说明如图 3-19 所示，可能导致产品寿命减少，该批商品成本为 3 000 元/台，预估售价为 2 500 元/台，期初未计提跌价准备，计算该批商品是否需要计提跌价准备，如需要请进行账务处理。

产品质量问题说明书

产品编号	产品名称	汇报人
SP02	升级款净水器	梁田

质量问题说明：

在产品出库检查过程中，发现 P057 批次升级款净水器存在质量瑕疵，可能影响产品寿命，该批商品入库成本为 3000 元/台，经相关部门评估，该批商品市场价为 2500元/台。

图 3-19　产品质量问题说明书

解析：可变现净值=2 500×200=500 000（元）

存货成本=3 000×200=600 000（元）

应计提存货跌价准备=600 000−500 000=100 000（元）

编制记账凭证如图 3-20 所示。

记 账 凭 证

2020 年 11 月 30 日　　　　第 ** 号

摘　要	会计科目		借方科目										贷方科目										记　账（签章）
	总账科目	明细科目	千	百	十	万	千	百	十	元	角	分	千	百	十	万	千	百	十	元	角	分	
计提存货跌价准备	资产减值损失				1	0	0	0	0	0	0	0											
	存货跌价准备														1	0	0	0	0	0	0	0	
合　计					1	0	0	0	0	0	0	0			1	0	0	0	0	0	0	0	

附件 * 张

会计主管：罗小玛　　出纳　　审核：张珏　　制单：王宇

图 3-20

工作领域四
生产业务核算

工作岗位要求：

1. 熟悉生产业务工作流程，熟悉生产业务涉及的相关政策及法律法规，初步具备业财税融合成本管控思维；

2. 能根据原始凭证，准确编制材料耗用汇总表，采用适当方法对材料成本进行分配，准确编制材料分配表，及时准确进行产品材料成本会计处理；

3. 能根据考勤表、产量记录表等资料，准确编制人工费用汇总表；采用适当方法准确进行薪资分配，并准确编制人工费用分配表；及时准确进行产品人工成本的会计处理；

4. 能根据相关原始凭证，准确编制燃料动力汇总表；采用适当方法准确编制燃料动力费用分配表；能根据固定资产管理要求，正确采用会计准则规定的折旧方法，正确计算折旧金额，准确编制固定资产折旧分配表；及时准确进行产品其他费用的会计处理；

5. 能根据辅助生产车间的原始费用单据，准确编制辅助生产成本汇总表；采用适当方法进行辅助生产成本分配，并准确编制辅助生产成本分配表；及时准确进行产品辅助生产成本的会计处理；

6. 能根据制造费用的原始单据，准确编制制造费用汇总表，采用适当方法对制造费用进行分配，并准确编制制造费用分配表；及时准确进行制造费用的会计处理；

7. 能根据产品成本明细账提供的有关数据，采用约当产量法等方法，准确编制产品成本计算表；能根据完工产品成本汇总计算表，准确编制完工产品成本计算单；根据品种法、分批法、分步法等准确计算产品成本并及时进行产成品成本的会计处理；

8. 具有良好的职业素养，具备认真细致、依法合规办理业务的能力。

工作任务一 产品材料成本核算

知识储备

产品材料费用的归集和分配是产品生产成本核算的主要内容之一。本工作任务要求能根据原材料领料原始凭证或汇总原始凭证，采用合适的分配方法，如定额耗用量比例、产品重量比例、产品产量比例、产品材料定额成本比例等方法编制材料费用分配表，准确进行材料费用分配的会计处理。

一、材料耗用汇总表的编制

材料费用是产品成本构成的重要部分。编制材料耗用汇总表，是根据原料材料领用原始凭证，即领料单，将产品生产过程中发生的材料耗费进行汇总的过程。

企业通常设置“原材料”和“周转材料”等账户对各种材料费用进行归集。其中，“原材料”账户通常核算原料和主要材料、辅助材料、外购半成品、修理用备件等材料的增加、减少及结存情况。

二、材料费用分配表的编制

材料费用的分配是指财会人员在定期根据审核后的领料和退料凭证编制材料汇总表的基础上，对那些由几种产品同时耗用且无法直接确认的材料费用，选用一种方法（定额耗用量比例法、产品重量比例分配法、产品产量比例分配法、产品材料定额成本比例分配法）进行分配，并据此编制材料费用分配表。

（一）材料费用分配方法

直接用于产品生产、构成产品实体的原料和主要材料，专门设有“原材料”（或“直接材料”）成本项目。这些原料和主要材料一般分产品领用，其费用归属于直接费用，应根据领退料凭证直接记入某种产品成本的“原材料”成本项目。原料和主要材料也有不能分产品领用的，而是几种产品共同耗用的，其费用属于间接计入费用，应采用适当的分配方法，分别记入各有关产品成本的“原材料”成本项目。

1．定额耗用量比例分配法

定额耗用量比例分配法是按各种产品原材料消耗定额比例分配材料费用的一种方法，它一般在各项材料消耗定额健全且比较准确的情况下采用。其计算公式如下：

某产品材料定额耗用量=该产品实际产量×该产品单位产品材料定额耗用量

材料定额耗用量分配率=材料实际总耗用量÷各产品材料定额耗用量之和

某产品应分配的实际材料数量=该产品材料定额耗用量×材料定额耗用量分配率

某产品应分配的材料费用=该产品应分配的实际材料数量×材料单价

2. 产品重量比例分配法

产品重量比例分配法是按消耗同种材料的各种产品重量的比例来分配材料费用的一种方法，它适用于耗用材料费用的多少与产品的重量有直接关系的各种产品。其计算公式如下：

材料费用分配率=共同耗用的材料费用÷各产品重量之和

某产品应分配的材料费用=该产品的重量×材料费用分配率

3. 产品产量比例分配法

产品产量比例分配法是以产品的产量比例为标准分配材料费用的一种方法。在企业不具备材料消耗定额和材料定额成本的情况下，如果产品的产量与其所耗用的材料有密切联系，可采用这种方法分配材料费用。其计算公式如下：

材料费用分配率=共同耗用的材料费用÷各产品产量之和

某产品应分配的材料费用=该产品的产量×材料费用分配率

4. 产品材料定额成本比例分配法

产品材料定额成本比例法是以各种产品原材料消耗定额为标准分配材料费用的一种方法，一般在各项材料消耗定额比较健全且比较准确的情况下采用。其计算公式如下：

某产品材料定额成本=该产品实际产量×单位产品材料定额成本

材料定额成本分配率=各产品实际耗用材料费用÷各产品材料定额成本之和

某产品应分配的材料费用=该产品材料定额成本×材料定额成本分配率

（二）编制材料费用分配表

（1）编制材料费用分配表的程序一般分以下 5 步。

① 确定材料费用受益对象（成本计算对象或受益部门）的分配标准；

② 确定被分配费用的金额；

③ 计算费用分配率；

④ 计算每个受益对象应负担的费用金额；

⑤ 根据分配结果，编制材料费用分配表。

（2）材料费用分配表（见表 4-1）的填制方法如下所述。

①“受益对象”栏填列成本计算对象或受益部门（如“××产品”）；

②“分配标准”栏填列材料费用受益对象参与分配费用的分配标准，分配标准的合计数应与分配率计算公式中的分母相同；

③“分配率”栏填列分配率的计算结果；

④“分配金额”栏填列各受益对象应负担的材料费用，分配金额的合计数应当与被分配费用额相同。

表 4-1　材料费用分配表

年　　月　　日　　　　　　　　　　金额单位：元

受益对象	分配标准	分配率	分配金额
A 产品			
B 产品			
合计			

制单：

三、材料费用分配的会计处理

材料费用按照材料的用途进行归类，将其中用于产品生产的材料费用记入“生产成本”“制造费用”等科目；将用于产品销售及组织和管理生产经营活动的材料费用记入“销售费用”“管理费用”科目；将用于建造固定资产的材料费用记入“在建工程”等科目。

借：生产成本

　　制造费用

　　管理费用

　　销售费用

　　在建工程

　　贷：原材料

实践操练

材料费用核算的流程如图 4-1 所示。

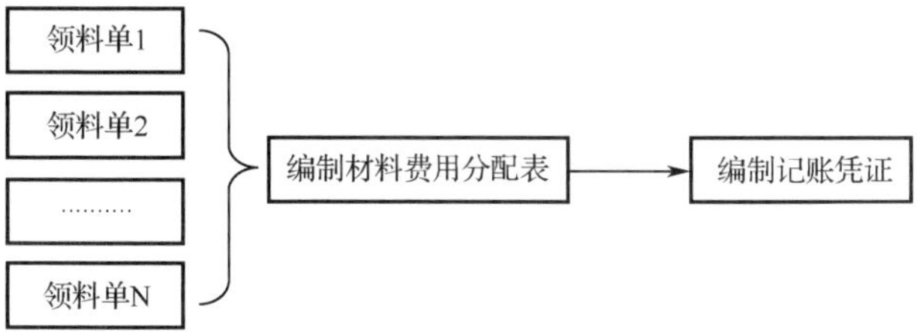

图 4-1　材料费用核算流程

【任务 4-1-1】11 月 02 日生产车间领用一批原材料，生产普通款净水器和升级款净水器，领料单如图 4-2 和图 4-3 所示，两种产品的材料耗用定额比例为 1 : 2。

领 料 单 No:910001

领用部门：生产车间　　　日期：2020年 11 月 02 日

品名	规格	单位	数量	单价	金额	用途
外壳		台	3400	150.00	510000.00	两种产品共用
变压器		台	3400	350.00	1190000.00	
增压泵		套	3400	400.00	1360000.00	
滤芯		个	6800	40.00	272000.00	
总计：叁佰叁拾叁万贰仟零佰零拾零元零角零分					¥3,332,000.00	

第一联存根（白）第二联领料（红）第三联会计（黄）

主管 明亿福　记账 贺秀珊　发料 王大鹏　领料 孟辉

图 4-2　领料单

领 料 单 No:910002

领用部门：生产车间　　　日期：2020年 11 月 02 日

品名	规格	单位	数量	单价	金额	用途
外壳		台	50	150.00	7500.00	车间领用
变压器		台	50	350.00	17500.00	
增压泵		套	50	400.00	20000.00	
滤芯		个	100	40.00	4000.00	
总计：⊗佰⊗拾肆万玖仟零佰零拾零元零角零分					¥49000.00	

第一联存根（白）第二联领料（红）第三联会计（黄）

主管 明亿福　记账 贺秀珊　发料 王大鹏　领料 孟辉

图 4-3　领料单

要求：

（1）根据领料单编制材料耗用汇总表。

（2）采用定额耗用量比例分配法编制材料费用分配表。

（3）根据材料费用分配表编制记账凭证。

解析：

（1）根据领料单编制材料耗用汇总表，如表 4-2 所示。

表 4-2　材料耗用汇总表

单位名称：湖南金源净水有限公司　　2020 年 11 月 02 日　　单位：元

应借科目	应贷科目				
	原材料——外壳	原材料——变压器	原材料——增压泵	原材料——滤芯	合　计
基本生产成本	51 0000.00	1 190 000.00	1 360 000.00	272 000.00	3 332 000.00
制造费用	7 500.00	17 500.00	20 000.00	4 000.00	49 000.00
合　计	517 500.00	1 207 500.00	1 380 000.00	276 000.00	3 381 000.00

制表人：贺秀珊

（2）采用定额耗用量比例分配法编制材料费用分配表，如表 4-3 所示。

表 4-3 材料费用分配表

产品名称	定额耗用比例	分配率	分配金额/元
普通款净水器	1	1 110 666.67	1 110 666.67
升级款净水器	2		2 221 333.33
合计			3 332 000.00

注：分配率及金额保留两位小数。　　　　制表人：贺秀珊

（3）根据材料费用分配表编制记账凭证，如图 4-4 所示。

记账凭证

2020 年 11 月 02 日　　　　第 ** 号

摘要	会计科目		借方科目										贷方科目										记账（签章）
	总账科目	明细科目	千	百	十	万	千	百	十	元	角	分	千	百	十	万	千	百	十	元	角	分	
领用原材料	生产成本	基本生产成本—普通款净水器—直接材料		1	1	1	0	6	6	6	6	7											
	生产成本	基本生产成本—升级款净水器—直接材料		2	2	2	1	3	3	3	3	3											
	制造费用	材料费				4	9	0	0	0	0	0											
	原材料	外壳													5	1	7	5	0	0	0	0	
	原材料	变压器												1	2	0	7	5	0	0	0	0	
	原材料	增压泵												1	3	8	0	0	0	0	0	0	
	原材料	滤芯													2	7	6	0	0	0	0	0	
合计				3	3	8	1	0	0	0	0	0		3	3	8	1	0	0	0	0	0	

附件 * 张

会计主管：罗小玛　　出纳　　审核：张珏　　制单：王宇

图 4-4

工作任务二　人工成本核算

人工费用的归集和分配是产品生产成本核算的主要内容之一。本工作任务要求能根据考勤表、产量记录表等原始凭证，按实际情况选取计时工资或计件工资等方法准确进行薪资分配，正确编制人工费用分配表，及时进行人工费用分配的会计处理。

知识储备

一、人工费用汇总表的编制

人工费用是产品成本构成的主要内容之一，为了正确地计算和分配人工费用，应做好人工费用核算的各项基础工作，其中编制人工费用汇总表是进行人工费用核算的基础。企业应根据自身的特点和管理的要求，确定人工费用核算所需原始凭证，如考勤表和产

量记录表等原始凭证的种类、格式、登记方法及传递程序。根据考勤表、产量记录表等原始凭证编制人工费用汇总表。

（一）考勤记录表

考勤记录表是关于职工出勤和缺勤情况的记录。企业的考勤记录表一般按车间、班组、科室分别进行编制。考勤工作应由兼职人员担任，考勤记录表应由考勤人员根据职工出勤和缺勤情况进行逐日登记。考勤记录表经人事部门审核后，作为计算计时工资的依据。

（二）产量记录表

产量记录表是反映工人或班组在出勤时间内生产产品的产量和耗用生产工时的记录。产量记录表不仅是计算计件工资的依据，同时，也是统计产量和生产工时的依据。所以，产量记录表应体现合格品产量、废品产量、工时等资料信息。

二、人工费用分配表的编制

依据考勤记录表和产量记录表等人工费用记录原始凭证，编制人工费用汇总表，然后根据企业实际生产情况选取计时工资或者计件工资等方法分配生产工人人工费用，编制人工费用分配表并进行会计处理。

（一）计时工资的计算

计时工资是指按计时工资标准和实际劳动时间支付给职工的劳动报酬。企业在计算职工计时工资时，可采用月薪制和日薪制两种方法。

1. 月薪制

月薪制是指按职工固定的月标准工资扣除缺勤工资来计算其工资的一种方法。采用月薪制时只要职工出满勤，不论该月份多少天，职工都可以得到固定的月标准工资。如果出现缺勤，则应从月标准工资中将缺勤工资予以扣除。其计算公式如下：

应付计时工资=月标准工资-缺勤天数×日工资

采用月薪制计算职工应付计时工资时，由于是采用缺勤扣款的方式进行的，所以，当职工出满勤时，就可以得到全额月标准工资。对企业来说，出满勤的职工人数较多，因此，使用该方法计算职工工资比较简便。

2. 日薪制

日薪制是指按职工实际出勤日数和日工资来计算其应付工资的一种方法。其计算公式如下：

应付计时工资=出勤日数×日工资

采用日薪制计算职工应付计时工资，有利于正确计算生产工人的工资成本。但是由于每个月份实际天数不同、职工出勤天数不同，所以，每个月份都需要进行计算，工作量较大。

（二）计件工资的计算

计件工资是指根据规定的计件单价和完成合格品数量计算支付的工资。在计算计件工资时，对于由于材料缺陷等客观原因产生的废品，即料废，应照付劳动报酬；对于由于工人加工过失等原因而产生的废品，即工废，则不支付劳动报酬。计件工资按照支付对象的不同，可分为个人计件工资与集体计件工资两种。

1. 个人计件工资的计算

当职工所从事的工作能分清每个人的经济责任时，可采取个人计件工资的方式。如果工人在月份内仅生产一种产品，其计件工资可按下式计算：

应付计件工资=（合格品数量+料废数量）×计件单价

如果工人在月份内生产多种产品，且各种产品计件单价不同，则计件工资按下式计算：

应付计件工资=Σ[（某种产品合格品数量+该种产品料废数量）×该种产品计件单价]

上式中的计件单价可按下式计算：

计件单价（按产量定额计算）=某等级工人的工资标准（按日或小时计算）÷产量定额（按日或小时计算）

或，计件单价（按定额工时计算）=制造某种产品所需定额工时×制造该种产品所需某种等级工人的小时工资率

2. 集体计件工资的计算

当工人集体从事某项工作且不易分清每个职工的经济责任时，可采取集体计件工资的方式。采用集体计件工资的方式时，应先以集体完成合格品数量乘以计件单价，计算出集体计件工资总额，然后，再采用一定的方法，将集体计件工资总额在集体成员内部进行分配。分配的主要方法有如下两种。

（1）按计件工资和计时工资的比例分配。按计件工资和计时工资的比例分配集体计件工资是指在计算计件工资分配率的基础上，按职工计时工资的比例分配计件工资的方法。它主要适用于集体从事的工作对技术条件要求比较高，并且集体内职工工资等级差别较大的情况。其计算公式如下：

某职工应付计件工资=该职工应付计时工资×计件工资分配率

某职工应付计时工资=该职工实际工资小时数×小时工资率

计划工资分配率=集体应付计件工资总额÷集体职工应付计时工资之和

集体应付计件工资总额=集体完成工作量总和×计件单价

（2）按实际工作天数计算分配。按实际工作天数计算分配集体计件工资是将集体计

件工资在集体内部平均分配的一种方法。它适用于集体所从事的工作对技术条件要求不高且集体内部职工工资等级差别不大的情况。其计算公式如下：

每人每天应付计件工资=集体计件工资总额÷集体职工实际工作天数之和

某职工应付计件工资=该职工实际工作天数×每人每天应付计件工资

（三）编制人工费用分配表

（1）编制人工费用分配表的程序一般分以下5步。

① 确定人工费用受益对象（成本计算对象或受益部门）的分配标准；

② 确定被分配费用的金额；

③ 计算费用分配率；

④ 计算每个受益对象应负担的费用金额；

⑤ 根据分配结果，编制人工费用分配表。

（2）人工费用分配表（见表4-4）的填制方法如下所述。

①“受益对象”栏填列成本计算对象或受益部门（如“××产品”）；

②“分配标准”栏填列人工费用受益对象参与分配费用的分配标准（如“生产工时”），分配标准的合计数应与分配率计算公式中的分母相同；

③“分配率”栏填列分配率的计算结果；

④“分配金额”栏填列各受益对象应负担的人工费用，分配金额的合计数应当与被分配费用额相同。

表4-4 生产车间工人薪酬分配表

2020年11月30日　　金额单位：元

受益对象	分配标准	分配率	分配金额
A产品			
B产品			
合计			

制表人：×××

三、人工费用分配的会计处理

人工费用应按其发生的地点和用途进行分配。对于生产车间直接从事产品生产的生产工人工资，应记入“生产成本”科目中的“直接人工”成本项目；生产车间管理人员的工资，应记入“制造费用”科目；行政管理人员的工资应记入“管理费用”科目；固定资产修理等工程人员的工资，应记入“在建工程”科目；专设销售机构人员的工资，则应记入“销售费用”科目。

实践操练

人工费用核算流程如图 4-5 所示。

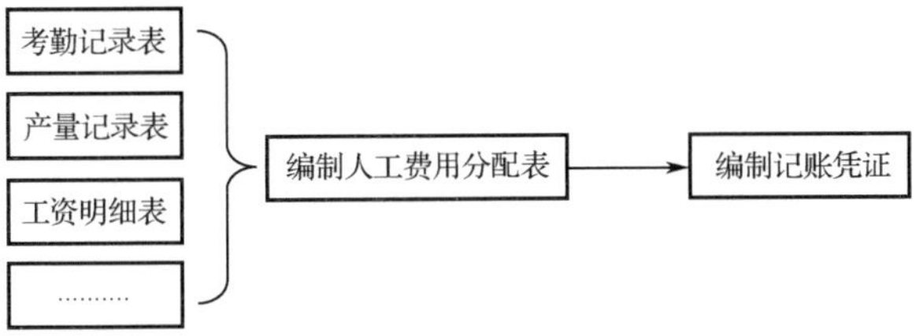

图 4-5 人工费用核算流程

【任务 4-2-1】2020 年 11 月湖南金源净水有限公司职工考勤和工资情况如图 4-6 和图 4-7 所示。

要求：

（1）编制人工费用汇总表。

（2）编制人工费用分配表。

（3）根据人工费用分配表编制记账凭证。

湖南金源净水有限公司__11__月考勤明细表

序号	部门	职务	姓名	入职时间	日	一	二	三	四	五	六	日	一	二	三	四	五	六	日	一	二	三	四	五	六	日	一	二	三	四	五	六	日	一	统计区域				
					1	2	3	4	5	6	7	8	9	10	11	12	13	14	15	16	17	18	19	20	21	22	23	24	25	26	27	28	29	30	加班	事假	病假	旷工	出勤天数
1	总经理		王琦		休	√	√	√	√	√	休	休	√	√	√	√	√	休	休	√	√	√	√	√	休	休	√	√	√	√	√	休	休	√					21
2	副总经理		明亿涵		休	√	√	√	√	√	休	休	√	√	√	√	√	休	休	√	√	√	√	√	休	休	√	√	√	√	√	休	休	√					21
3	行政部	行政主管	明子棋		休	√	√	√	√	√	休	休	√	√	√	√	√	休	休	√	√	√	√	√	休	休	√	√	√	√	√	休	休	√					21
4		人事专员	王莉		休	√	√	事	√	√	休	休	√	√	√	√	√	休	休	√	√	√	√	√	休	休	√	√	√	√	√	休	休	√		1			20
5		文员	赵思娜		休	√	√	√	√	√	休	休	√	√	√	√	√	休	休	√	√	√	√	√	休	休	√	√	√	√	√	休	休	√					21
6	财务部	会计主管	罗小玛		休	√	√	√	√	√	休	休	√	√	√	√	√	休	休	√	√	√	√	√	休	休	√	√	√	√	√	休	休	√					21
7		业务会计	王宇		休	√	√	√	√	√	休	休	√	√	√	√	√	休	休	√	√	√	√	√	休	休	√	√	√	√	√	休	休	√					21
8		审核会计	张珏		休	√	√	√	√	√	休	休	√	√	√	√	√	休	休	√	√	√	√	√	休	休	√	√	√	√	√	休	休	√					21
9		成本会计	贺秀珊		休	√	√	事	√	√	休	休	√	√	√	√	√	休	休	√	√	√	√	√	休	休	√	√	√	√	√	休	休	√		1			20
10		税务会计	李嘉怡		休	√	√	√	√	√	休	休	√	√	√	√	√	休	休	√	√	√	√	√	休	休	√	√	√	√	√	休	休	√					21
11		出纳	贾馨玲		休	√	√	√	√	√	休	休	√	√	√	√	√	休	休	√	√	√	√	√	休	休	√	√	√	√	√	休	休	√					21
12	采购部	采购主管	甄婉淳		休	√	√	√	√	√	休	休	√	√	√	√	√	休	休	√	√	√	√	√	休	休	√	√	√	√	√	休	休	√					21
13		采购员	曲海程		休	√	√	√	√	√	休	休	√	√	√	√	事	休	休	√	√	√	√	事	休	休	√	√	√	√	√	休	休	√		2			19
14		采购员	马兴		休	√	√	√	√	√	休	休	√	√	√	√	√	休	休	√	√	√	√	√	休	休	√	√	√	√	√	休	休	√					21
15	仓管部	仓库主管	梁田		休	√	√	√	√	√	休	休	√	√	√	√	√	休	休	√	√	√	√	√	休	休	√	√	√	√	√	休	休	√					21
16		仓管员	谈俊谦		休	√	√	√	√	√	休	休	√	√	√	√	√	休	休	√	√	√	√	√	休	休	√	√	√	√	√	休	休	√					21
17		仓管员	王大鹏		休	√	√	√	√	√	休	休	√	√	√	√	√	休	休	√	√	√	√	√	休	休	√	√	√	√	√	休	休	√					21
18	市场部	销售主管	李新虎		休	√	√	√	√	√	休	休	√	√	√	√	√	休	休	√	√	√	√	√	休	休	√	√	√	√	√	休	休	√					21
19		销售员	赵娇丽		休	√	√	事	√	√	休	休	√	√	√	√	√	休	休	√	√	√	√	√	休	休	√	√	√	√	√	休	休	√		1			20
20		销售员	李乔		休	√	√	√	√	√	休	休	√	√	√	√	√	休	休	√	√	√	√	√	休	休	√	√	√	√	√	休	休	√					21
21		销售员	胡君		休	√	√	√	√	√	休	休	√	√	√	√	√	休	休	√	√	√	√	√	休	休	√	√	√	√	√	休	休	√					21
22		销售员	黄纯晨		休	√	√	√	√	√	休	休	√	√	√	√	√	休	休	√	√	√	√	√	休	休	√	√	√	√	√	休	休	√					21
23		销售员	李凌		休	√	√	√	√	√	休	休	√	√	√	√	事	休	休	√	√	√	√	事	休	休	√	√	√	√	√	休	休	√		2			19
24		销售员	王淑云		休	√	√	√	√	√	休	休	√	√	√	√	√	休	休	√	√	√	√	√	休	休	√	√	√	√	√	休	休	√					21
25		销售员	徐幽雅		休	√	√	√	√	√	休	休	√	√	√	√	√	休	休	√	√	√	√	√	休	休	√	√	√	√	√	休	休	√					21
26		销售员	李盛钦		休	√	√	√	√	√	休	休	√	√	√	√	√	休	休	√	√	√	√	√	休	休	√	√	√	√	√	休	休	√					21
27		销售员	明穗雯		休	√	√	√	√	√	休	休	√	√	√	√	√	休	休	√	√	√	√	√	休	休	√	√	√	√	√	休	休	√					21
28	基本生产车间	主管	许瑞		休	√	√	√	√	√	休	休	√	√	√	√	√	休	休	√	√	√	√	√	休	休	√	√	√	√	√	休	休	√					21
29		工人	金静		休	√	√	√	√	√	休	休	√	√	√	√	√	休	休	√	√	√	√	√	休	休	√	√	√	√	√	休	休	√					21
30		工人	孟辉		休	√	√	√	√	√	休	休	√	√	√	√	事	休	休	√	√	√	√	事	休	休	√	√	√	√	√	休	休	√		2			19
31		工人	李卉		休	√	√	√	√	√	休	休	√	√	√	√	√	休	休	√	√	√	√	√	休	休	√	√	√	√	√	休	休	√					21
32		工人	洪炜殷		休	√	√	√	√	√	休	休	√	√	√	√	√	休	休	√	√	√	√	√	休	休	√	√	√	√	√	休	休	√					21
33		工人	伍汉民		休	√	√	√	√	√	休	休	√	√	√	√	√	休	休	√	√	√	√	√	休	休	√	√	√	√	√	休	休	√					21
34		工人	李计展		休	√	√	√	√	√	休	休	√	√	√	√	√	休	休	√	√	√	√	√	休	休	√	√	√	√	√	休	休	√					21
35		工人	洪瑗琰		休	√	√	√	√	√	休	休	√	√	√	√	√	休	休	√	√	√	√	√	休	休	√	√	√	√	√	休	休	√					21
36		工人	甄鹏		休	√	√	事	√	√	休	休	√	√	√	√	√	休	休	√	√	√	√	√	休	休	√	√	√	√	√	休	休	√		1			20
37		工人	兰余义		休	√	√	√	√	√	休	休	√	√	√	√	√	休	休	√	√	√	√	√	休	休	√	√	√	√	√	休	休	√					21
38		工人	陆扬洋		休	√	√	√	√	√	休	休	√	√	√	√	√	休	休	√	√	√	√	√	休	休	√	√	√	√	√	休	休	√					21
39	供水车间	工人	洪珂		休	√	√	√	√	√	休	休	√	√	√	√	√	休	休	√	√	√	√	√	休	休	√	√	√	√	√	休	休	√					21
40		工人	苏明成		休	√	√	√	√	√	休	休	√	√	√	√	事	休	休	√	√	√	√	事	休	休	√	√	√	√	√	休	休	√		2			19
41		工人	谭安鸣		休	√	√	√	√	√	休	休	√	√	√	√	√	休	休	√	√	√	√	√	休	休	√	√	√	√	√	休	休	√					21
42		工人	孟学森		休	√	√	√	√	√	休	休	√	√	√	√	√	休	休	√	√	√	√	√	休	休	√	√	√	√	√	休	休	√					21
43		工人	王若岚		休	√	√	√	√	√	休	休	√	√	√	√	√	休	休	√	√	√	√	√	休	休	√	√	√	√	√	休	休	√					21
44	供电车间	工人	李隼		休	√	√	√	√	√	休	休	√	√	√	√	√	休	休	√	√	√	√	√	休	休	√	√	√	√	√	休	休	√					21
45		工人	何锦宁		休	√	√	√	√	√	休	休	√	√	√	√	√	休	休	√	√	√	√	√	休	休	√	√	√	√	√	休	休	√					21
46		工人	田宣辉		休	√	√	事	√	√	休	休	√	√	√	√	√	休	休	√	√	√	√	√	休	休	√	√	√	√	√	休	休	√		1			20
47		工人	孙旭景		休	√	√	√	√	√	休	休	√	√	√	√	√	休	休	√	√	√	√	√	休	休	√	√	√	√	√	休	休	√					21
48		工人	何佳顺		休	√	√	√	√	√	休	休	√	√	√	√	√	休	休	√	√	√	√	√	休	休	√	√	√	√	√	休	休	√					21

图 4-6 湖南金源净水有限公司 11 月考勤明细表

湖南金源净水有限公司工资明细表

2020年11月30日　元

序号	部门	职务	姓名	基本工资	绩效工资	请假扣款	应发工资
1	总经理		王琦	8,000.00			8,000.00
2	副总经理		明亿涵	7,000.00			7,000.00
3	行政部	行政主管	明子棋	6,000.00			6,000.00
4		人事专员	王莉	4,500.00		150.00	4,350.00
5		文员	赵思娜	4,500.00			4,500.00
6	财务部	会计主管	罗小玛	6,000.00			6,000.00
7		业务会计	王宇	5,000.00			5,000.00
8		审核会计	张珏	5,000.00			5,000.00
9		成本会计	贺秀珊	5,000.00		166.00	4,834.00
10		税务会计	李嘉怡	5,000.00			5,000.00
11		出纳	贾馨玲	4,000.00			4,000.00
12	采购部	采购主管	甄婉淳	5,000.00			5,000.00
13		采购员	曲海程	4,000.00		266.00	3,734.00
14		采购员	马兴	4,000.00			4,000.00
15	仓管部	仓库主管	梁田	5,000.00			5,000.00
16		仓管员	谈俊谦	4,000.00			4,000.00
17		仓管员	王大鹏	4,000.00			4,000.00
18	市场部	销售主管	李新虎	5,000.00	1,200.00		6,200.00
19		销售员	赵娇丽	3,500.00	800.00	116.00	4,184.00
20		销售员	李乔	3,500.00	1,000.00		4,500.00
21		销售员	胡君	3,500.00	600.00		4,100.00
22		销售员	黄纯晨	3,500.00	800.00		4,300.00
23		销售员	李凌	3,500.00	1,000.00	233.00	4,267.00
24		销售员	王淑云	3,500.00	500.00		4,000.00
25		销售员	徐幽雅	3,500.00	400.00		3,900.00
26		销售员	李盛钦	3,500.00	600.00		4,100.00
27		销售员	明穗雯	3,500.00	500.00		4,000.00
28	基本生产车间	主管	许瑞	5,000.00			5,000.00
29		工人	金静	4,000.00			4,000.00
30		工人	孟辉	4,000.00		266.00	3,734.00
31		工人	李卉	4,000.00			4,000.00
32		工人	洪炜殷	4,000.00			4,000.00
33		工人	伍汉民	4,000.00			4,000.00
34		工人	李计展	4,000.00			4,000.00
35		工人	洪瑗琰	4,000.00			4,000.00
36		工人	甄鹏	4,000.00		133.00	3,867.00
37		工人	兰余义	4,000.00			4,000.00
38		工人	陆扬洋	4,000.00			4,000.00
39	供水车间	工人	洪珂	4,000.00			4,000.00
40		工人	苏明成	4,000.00		266.00	3,734.00
41		工人	谭安鸣	4,000.00			4,000.00
42		工人	孟学森	4,000.00			4,000.00
43		工人	王若岚	4,000.00			4,000.00
44	供电车间	工人	李隼	4,000.00			4,000.00
45		工人	何锦宁	4,000.00			4,000.00
46		工人	田宣辉	4,000.00		133.00	3,867.00
47		工人	孙旭景	4,000.00			4,000.00
48		工人	何佳顺	4,000.00			4,000.00
合计				207,500.00	7,400.00	1,729.00	213,171.00

制表人：赵思娜

图 4-7　湖南金源净水有限公司 11 月工资明细表

解析：

（1）编制人工费用汇总表，如表 4-5 所示。

表 4-5　湖南金源净水有限公司人工费用汇总表

2020 年 11 月　　　　单位：元

序　　号	部　　门	基 本 工 资
1	管理部门	85 418.00
2	市场部	43 551.00
3	生产车间——主管	5 000.00
4	生产车间——工人	39 601.00
5	供水车间	19 734.00
6	供电车间	19 867.00
合　　计		213 171.00

（2）编制人工费用分配表，如表 4-6 所示。

表 4-6　人工费用分配表

2020 年 11 月　　　　单位：元

应 借 账 户	二级明细账户		生 产 工 时	分　配　率	人工费用合计
生产成本	基本生产成本	普通款净水器	1 500	12.0 003	18 000.45
		升级款净水器	1 800		21 600.55
		小计	3 300		39 601.00
	辅助生产成本	供水车间			19 734.00
		供电车间			19 867.00
制造费用					5 000.00
销售费用					43 551.00
管理费用					85 418.00
合　　计					213 171.00

注：分配率四舍五入保留 4 位小数，金额四舍五入保留两位小数；
　　小数尾差计入升级款净水器。

（3）根据人工费用分配表编制记账凭证，如图 4-8 所示。

记 账 凭 证

2020 年 11 月 30 日　　　　第 ** 号

摘　要	会计科目：总账科目	会计科目：明细科目	借方科目（千百十万千百十元角分）	贷方科目（千百十万千百十元角分）	记　账（签章）
计提工资	生产成本	基本生产成本—普通款净水器—直接人工	1800045		
	生产成本	基本生产成本—升级款净水器—直接人工	2160055		
	生产成本	辅助生产成本—供水车间—工资	1973400		
	生产成本	辅助生产成本—供电车间—工资	1986700		
	制造费用	工资	500000		
	销售费用	工资	4355100		
	管理费用	工资	8541800		
	应付职工薪酬	工资		21317100	
合　　计			21317100	21317100	

附件 * 张

会计主管：罗小玛　　出纳　　审核：张珏　　制单：王宇

图 4-8

工作任务三　其他费用核算

其他费用包括燃料及动力费用和折旧费用等。本工作任务要求能采用机器工时等计算方法，准确编制燃料及动力费用分配表；能采用会计准则规定的折旧方法，正确计算折旧金额，准确编制固定资产折旧费用分配表，并准确进行会计处理。

知识储备

一、燃料及动力费用汇总表的编制

除材料费用、人工费用外，产品生产过程中还会产生燃料及动力费用。根据产品生产方式的不同，燃料及动力费用的消耗方式也不同，动力费用是指外购动力，如电力等，燃料费用的消耗取决于产品生产特点。通常根据燃料领料单和外购动力相关原始凭证，编制燃料及动力费用汇总表。

二、燃料及动力费用分配表的编制

财务部门根据燃料及动力费用汇总表编制“燃料及动力费用分配表”分配燃料及动力费用。如果使用外购动力的各部门都有仪器仪表计量则外购动力费用应根据仪器仪表记录的各部门耗用量进行分配。若使用动力的部门没有仪器仪表计量，可按机器工作时数等标准进行分配。

（一）基本生产车间用于产品生产燃料及动力费用的分配

基本生产车间生产产品用的动力，如电解用电力、烘干用蒸汽、炼钢用氧气，以及可以按产品确定消耗定额的动力用电等，应以“燃料及动力”成本项目记入基本生产成本明细账和产品成本计算单。对于几种产品共同耗用的动力费用，一般按各种产品定额工时或实际工时消耗量的比例进行分配。

下面以外购电力为例，介绍外购动力费用的分配。在一般情况下，对于各车间、部门耗用的电力，都有电表等计量器具加以计量。因此，各车间、部门应分配的电费应按下式计算：

每度电费分配率=支付的外购电费总额÷各车间、部门耗用的外购电力度数总和

某车间、部门应分配的电费=该车间、部门用电度数×每度电费分配率

对于生产车间用于产品生产的外购电力，由于不能按产品分装电表计量其耗用的数量，因此，一般采用工时（实际工时或定额工时）的比例进行分配，其计算公式如下：

某车间产品用电费用分配率=生产产品用电度数×每度电费分配率÷该车间产品的生产工时之和

某产品应分配的电费=该产品的生产工时×该车间产品用电费用分配率

（二）基本生产车间一般耗用燃料及动力费用的分配

基本生产车间照明、取暖等耗用的燃料及动力费用，应根据其耗用的数量和动力费用分配率，计算出应分配的费用数额，记入制造费用明细账的有关成本项目。

（三）辅助生产车间耗用燃料及动力费用的分配

辅助生产车间耗用的燃料及动力费用，应根据其耗用的数量和动力费用分配率、计算出应分配的费用数额，记入辅助生产成本明细账的有关成本项目。

（四）管理部门耗用燃料及动力费用的分配

管理部门耗用的燃料及动力费用，应根据其耗用的数量和动力费用分配率，计算出应分配的费用数额，记入管理费用明细账的有关成本项目。

（五）编制燃料及动力费用分配表

编制燃料及动力费用分配表的程序一般分以下 5 步。

① 确定燃料及动力费用受益对象（成本计算对象或受益部门）的分配标准；

② 确定被分配费用的金额；

③ 计算费用分配率；

④ 计算每个受益对象应负担的费用金额；

⑤ 根据分配结果，编制燃料及动力费用分配表。

燃料及动力费用分配表（见表 4-7）的填制方法如下所述。

①“分配标准”栏填列燃料及动力费用受益对象参与分配费用的分配标准（如“生产工时”），分配标准的合计数应与分配率计算公式中的分母相同；

②“分配率”栏填列分配率的计算结果；

③“分配金额”栏填列各受益对象应负担的燃料及动力费用，分配金额的合计数应当与被分配费用额相同。

表 4-7　燃料及动力费用分配表

年　月　日　　　　　　　　　　　　单位：元

应借科目		成本费用项目	直接计入费用	分配计入费用			费用合计
总账科目	明细科目			分配标准	分配率	分配金额	
生产成本——基本生产成本	A 产品	燃料及动力					
	B 产品	燃料及动力					
	小计						
制造费用		水电费					
生产成本——辅助生产成本	供水车间	燃料及动力					
	供电车间	燃料及动力					
	小计						
销售费用		水电费					
管理费用		水电费					
合　计							

注：分配率及金额均保留两位小数。　　　　　　　　编制人：

三、燃料及动力费用分配的会计处理

根据燃料及动力费用分配表，及时准确进行会计处理。燃料及动力费用应按其发生的地点和用途进行分配。对于生产车间用于产品生产的燃料及动力费，应记入“生产成本”科目的“燃料及动力”成本项目；生产车间的燃料及动力费用，应记入“制造费用”科目；行政管理部门的燃料及动力费用应记入“管理费用”科目；固定资产修理等工程发生的燃料及动力费用，应记入“在建工程”科目；专设销售机构发生的燃料及动力费用，则应记入“销售费用”科目。

四、编制固定资产折旧费用分配表

企业固定资产折旧费用的汇总通常是采用固定资产折旧计算表的形式进行的。各车间、部门根据月初计提折旧固定资产的有关资料和上月固定资产增减的具体份额，按照确定的折旧计算方法，计算并编制固定资产折旧费用分配表。

固定资产的折旧方法可以采用平均年限法、工作量法、双倍余额递减法、年数总和法等，后两种又被称为加速折旧法。各车间、部门每月计提的折旧额可按下列公式计算：

$$\text{某车间本月折旧额} = \text{该车间上月折旧额} + \text{该车间上月增加固定资产应计提折旧额} - \text{该车间上月减少固定资产应计提折旧额}$$

五、固定资产折旧费用分配的会计处理

固定资产应当按月计提折旧，计提的折旧应当记入“累计折旧”科目，并根据用途计入相关资产的成本或当期损益，其会计处理为：

借：制造费用

　　管理费用

　　销售费用等

　　贷：累计折旧

实践操练

其他费用的核算流程如图4-9所示。

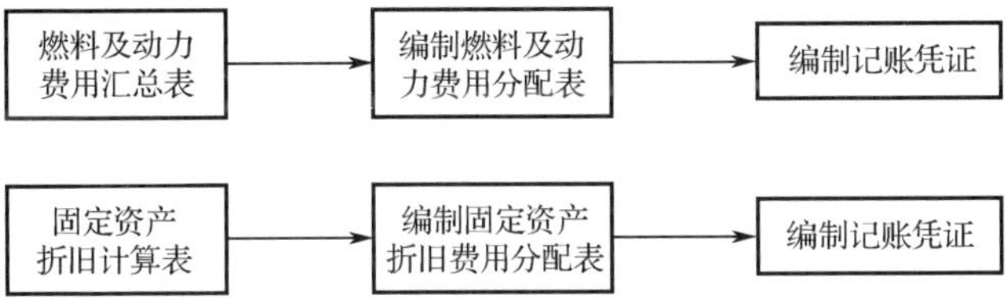

图4-9　其他费用核算流程

【任务4-3-1】2020年11月湖南金源净水有限公司外购动力费用相关原始凭证如图4-10、图4-11和图4-12所示。对于两种产品共同耗用的动力费用，采用机器工时比例法进行分配，普通款净水器耗用工时为1 300小时，升级款净水器耗用工时为1 700小时。

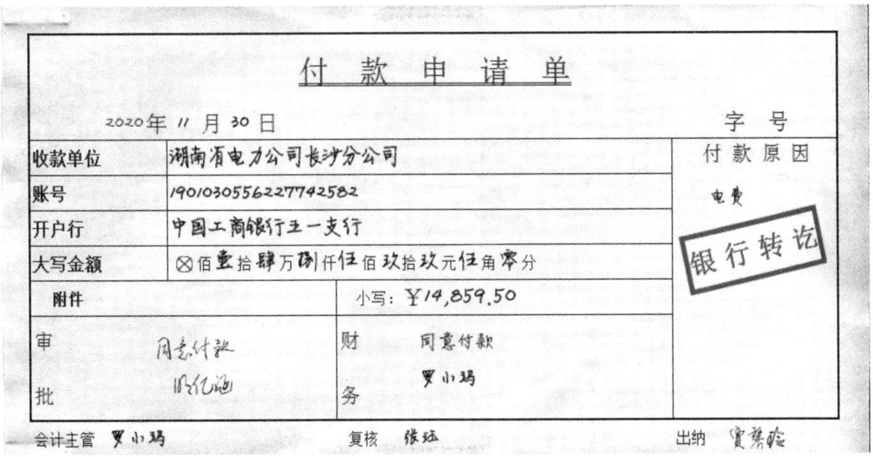

付款申请单

2020年11月30日　　字　号

收款单位	湖南省电力公司长沙分公司	付款原因
账号	19010305562277742582	电费
开户行	中国工商银行王一支行	银行转讫
大写金额	⊗佰壹拾肆万肆仟伍佰玖拾玖元伍角零分	
附件	小写：¥14,859.50	
审批　同意付款　邓亿涵	财务　同意付款　罗小玛	

会计主管　罗小玛　　复核　张琼　　出纳　黄紫玲

图4-10　付款申请单

中国银行 BANK OF CHINA　1912-2012

国内支付业务付款回单

客户号：151887651	日期：2020年11月30日
付款人账号：600985012654	收款人账号：1901030556227742582
付款人名称：湖南金源净水有限公司	收款人名称：湖南省电力公司长沙分公司
付款人开户行：中国银行开福区支行	收款人开户行：中国工商银行五一支行

金额：CNY14,859.50

人民币壹万肆仟捌佰伍拾玖元伍角整

业务种类：借记业务　业务编号：18508956　凭证号码：015498

用途：电费

备注：

附言：

自助打印，请避免重复

交易机构：　交易渠道：　交易流水号：15974896593

回单编号：　验证码：

打印时间：2020-11-21 15:37:40　打印次数：1

中国银行开福区支行 业务专用章 (02)

图 4-11　银行回单

湖南增值税专用发票　4300174130　№00850021　4300174130 00850021

发票联

机器编码：889902615321

开票日期：2020年11月30日

购买方	名　称：湖南金源净水有限公司 纳税人识别号：9143019510365412021 地 址、电 话：湖南省长沙市开福区伍家岭路98号　0731-8876888 开户行及账号：中国银行开福区支行　600985012654	密码区：03-874-2392-42>->-34*31<066> 92289>2217*>/29262735*25*83- +16985--99>7>1671*7*/2<66-93 2<-*264/5-018-6/0/4<+>+/+3+2

货物或应税劳务、服务名称	规格型号	单位	数 量	单 价	金 额	税率	税 额
*供电*售电		度	13150	1.00	13150.00	13%	1709.50
合　计					¥13150.00		¥1709.50
价税合计（大写）	⊗壹万肆仟捌佰伍拾玖元伍角整				（小写）¥14859.50		

销售方	名　称：湖南省电力公司长沙分公司 纳税人识别号：914304235120569872 地 址、电 话：长沙市天心区五一大道524号　0731-85623598 开户行及账号：中国工商银行五一支行1901030556227742582	备注：校验码 58656 59890 26320 62606

收款人：李茂　复核：王清　开票人：杨理　销售方：（章）

湖南省电力公司长沙分公司 914304235120569872 发票专用章

税总函〔2017〕212号海南华森实业公司

第三联：发票联 购买方记账凭证

图 4-12　增值税专用发票

要求：

（1）编制燃料及动力费用汇总表。

（2）编制燃料及动力费用分配表。

（3）根据燃料及动力费用分配表编制记账凭证。

解析：

（1）根据相关原始凭证，编制燃料及动力费用汇总表，如表 4-8 所示。

表 4-8　燃料及动力费用汇总表

编制单位：湖南金源净水有限公司

<table>
<tr><th>分 配 对 象</th><th>成本或费用项目</th><th>耗电量/度</th><th>单位成本/元</th><th>分配金额/元</th></tr>
<tr><td rowspan="2">基本生产车间</td><td>燃料及动力</td><td>7 650</td><td></td><td>7 650</td></tr>
<tr><td>电费</td><td>320</td><td></td><td>320</td></tr>
<tr><td>供水车间</td><td>燃料及动力</td><td>1 125</td><td></td><td>1 125</td></tr>
<tr><td>供电车间</td><td>燃料及动力</td><td>3 725</td><td></td><td>3 725</td></tr>
<tr><td>销售部门</td><td>电费</td><td>115</td><td></td><td>115</td></tr>
<tr><td>管理部门</td><td>电费</td><td>215</td><td></td><td>215</td></tr>
<tr><td>合　　计</td><td></td><td>13 150</td><td></td><td>13 150</td></tr>
</table>

编制人：贺秀珊

（2）根据燃料及动力费用汇总表，编制燃料及动力费用分配表，如表 4-9 所示。

表 4-9　燃料及动力费用分配表

2020 年 11 月　　单位：元

<table>
<tr><th colspan="2">应借科目</th><th rowspan="2">成本费用项目</th><th rowspan="2">直接计入费用</th><th colspan="3">分配计入费用</th><th rowspan="2">费用合计</th></tr>
<tr><th>总账科目</th><th>明细科目</th><th>机器工时</th><th>分配率</th><th>分配额</th></tr>
<tr><td rowspan="3">生产成本——基本生产成本</td><td>普通款净水器</td><td>燃料及动力</td><td></td><td>1 300</td><td rowspan="2">2.55</td><td>3 315</td><td>3 315</td></tr>
<tr><td>升级款净水器</td><td>燃料及动力</td><td></td><td>1 700</td><td>4 335</td><td>4 335</td></tr>
<tr><td>小计</td><td></td><td></td><td>3 000</td><td></td><td>7 650</td><td>7 650</td></tr>
<tr><td colspan="2">制造费用</td><td>电费</td><td>320</td><td></td><td></td><td></td><td>320</td></tr>
<tr><td rowspan="3">生产成本——辅助生产成本</td><td>供水车间</td><td>燃料及动力</td><td>1 125</td><td></td><td></td><td></td><td>1 125</td></tr>
<tr><td>供电车间</td><td>燃料及动力</td><td>3 725</td><td></td><td></td><td></td><td>3 725</td></tr>
<tr><td>小计</td><td></td><td>4 850</td><td></td><td></td><td></td><td>4 850</td></tr>
<tr><td colspan="2">销售费用</td><td>电费</td><td>115</td><td></td><td></td><td></td><td>115</td></tr>
<tr><td colspan="2">管理费用</td><td>电费</td><td>215</td><td></td><td></td><td></td><td>215</td></tr>
<tr><td colspan="2">合　　计</td><td></td><td>5 500</td><td>/</td><td>/</td><td>7 650</td><td>13 150</td></tr>
</table>

注：分配率及金额均保留两位小数。　　编制人：贺秀珊

（3）根据燃料及动力费用分配表，编制记账凭证，如图 4-13 所示。

记 账 凭 证

2020 年 11 月 30 日　　　　第 ** 号

摘要	会计科目		借方科目	贷方科目	记账（签章）
	总账科目	明细科目	千百十万千百十元角分	千百十万千百十元角分	
分配燃料动力	生产成本	基本生产成本—普通款净水器—燃料动力	331500		
	生产成本	基本生产成本—升级款净水器—燃料动力	433500		
	生产成本	辅助生产成本—供水车间—燃料动力	112500		
	生产成本	辅助生产成本—供电车间—燃料动力	372500		
	制造费用	水电费	32000		
	销售费用	水电费	11500		
	管理费用	水电费	21500		
	应交税费	应交增值税（进项税额）	170950		
	银行存款			1485950	
合　计			1485950	1485950	

附件 * 张

会计主管：罗小玛　　出纳　　审核：张珏　　制单：王宇

图 4-13

【任务 4-3-2】2020 年 11 月湖南金源净水有限公司固定资产明细如表 4-10 所示，请采用直线法计算折旧费用。

表 4-10　固定资产明细表

2020 年 11 月 30 日　　　　单位：元

序号	名称	部门	资产分类	使用日期	摊销年限	原值
1	厂房	生产部门	房屋、建筑物	2018 年 2 月	20	900 000.00
2	生产线		生产线	2018 年 2 月	15	500 000.00
3	自动化焊接设备		机器设备	2018 年 2 月	5	250 000.00
4	自动报警器		机器设备	2018 年 2 月	3	50 000.00
5	空气净化器		机器设备	2018 年 2 月	3	40 000.00
小　计						**1 740 000.00**
6	办公楼	管理部门	房屋、建筑物	2018 年 2 月	20	850 000.00
7	商务车		运输设备	2018 年 2 月	10	500 000.00
8	投影仪		办公设备	2018 年 2 月	3	30 000.00
9	计算机		办公设备	2018 年 2 月	3	80 000.00
10	打印机		办公设备	2018 年 2 月	3	30 000.00
11	空调		办公设备	2018 年 2 月	3	40 000.00
小　计						**1 530 000.00**
12	计算机	销售部门	办公设备	2018 年 2 月	3	40 000.00
13	空调		办公设备	2018 年 2 月	3	30 000.00
14	打印机		办公设备	2018 年 2 月	3	10 000.00
小　计						**80 000.00**
固定资产总计						**3 350 000.00**

制表人：贺秀珊

解析：

（1）根据直线法计算折旧，并编制固定资产折旧费用分配表，如表 4-11 所示。

表 4-11 固定资产折旧费用分配表

2020 年 11 月 30 日 单位：元

序号	名称	部门	资产分类	使用日期	摊销年限	原值	残值率	本期折旧额
1	厂房	生产部门	房屋、建筑物	2018 年 2 月	20	900 000.00	5%	3 562.50
2	生产线		生产线	2018 年 2 月	15	500 000.00	5%	2 638.89
3	自动化焊接设备		机器设备	2018 年 2 月	5	250 000.00	5%	3 958.33
4	自动报警器		机器设备	2018 年 2 月	3	50 000.00	5%	1 319.44
5	空气净化器		机器设备	2018 年 2 月	3	40 000.00	5%	1 055.56
小　计						**1 740 000.00**		**12 534.72**
6	办公楼	管理部门	房屋、建筑物	2018 年 2 月	20	850 000.00	5%	3 364.58
7	商务车		运输设备	2018 年 2 月	10	500 000.00	5%	3 958.33
8	投影仪		办公设备	2018 年 2 月	3	30 000.00	5%	791.67
9	电脑		办公设备	2018 年 2 月	3	80 000.00	5%	2 111.11
10	打印机		办公设备	2018 年 2 月	3	30 000.00	5%	791.67
11	空调		办公设备	2018 年 2 月	3	40 000.00	5%	1 055.56
小　计						**1 530 000.00**		**12 072.92**
12	电脑	销售部门	办公设备	2018 年 2 月	3	40 000.00	5%	1 055.56
13	空调		办公设备	2018 年 2 月	3	30 000.00	5%	791.67
14	打印机		办公设备	2018 年 2 月	3	10 000.00	5%	263.89
小　计						**80 000.00**	5%	**2 111.12**
固定资产总计						**3 350 000.00**		**26 718.76**

制表人：贺秀珊

（2）根据折旧费用分配表，编制记账凭证，如图 4-14 所示。

记 账 凭 证

2020 年 11 月 30 日 第 ** 号

摘要	会计科目		借方科目										贷方科目										记账（签章）
	总账科目	明细科目	千	百	十	万	千	百	十	元	角	分	千	百	十	万	千	百	十	元	角	分	
计提固定资产折旧	制造费用	折旧费				1	2	5	3	4	7	2											
	销售费用	折旧费					2	1	1	1	1	2											
	管理费用	折旧费				1	2	0	7	2	9	2											
	累计折旧															2	6	7	1	8	7	6	
合　计						2	6	7	1	8	7	6				2	6	7	1	8	7	6	

附件 * 张

会计主管：罗小玛　出纳　审核：张珏　制单：王宇

图 4-14

工作任务四　辅助生产成本核算

知识储备

在设有辅助生产车间的单位，辅助生产费用的核算也是产品核算的一项重要内容。本工作任务要求能根据辅助生产车间的原始费用单据，准确编制辅助生产费用汇总表，采用交互分配法、直接分配法和计划成本法等，准确进行辅助生产费用分配，并准确编制辅助生产费用分配表，及时准确进行会计处理。

一、辅助生产费用汇总表的编制

辅助生产是指为基本生产和行政管理部门服务而进行的产品生产或劳务供应。从事辅助生产活动的车间称为辅助生产车间，一般包括供电、供水、供汽、供风、机修、运输和工具模具生产等车间。

辅助生产车间在生产过程中发生的材料费用、动力费用、人工费用、制造费用等，就是辅助生产费用汇总的内容。根据辅助生产车间的原始费用单据编制辅助生产费用汇总表是辅助生产费用分配的依据。

二、辅助生产费用分配表的编制

以辅助生产费用汇总表为基础，采用直接分配法、交互分配法、计划成本分配法等对辅助生产费用进行分配，并编制辅助生产费用分配表。

（一）直接分配法

直接分配法是指直接将各辅助生产车间发生的费用分配给辅助生产以外的各个受益单位或产品的一种分配方法。

直接分配法的基本内容如表 4-12 所示。

表 4-12　直接分配法的基本内容

特点	不考虑各辅助生产车间之间相互提供劳务或产品的情况，直接将各辅助生产车间发生的费用分配给辅助生产以外的各受益单位
计算公式	辅助生产的单位成本=辅助生产费用总额÷辅助生产的产品或劳务总量（不包括对各辅助生产车间之间提供的产品或劳务量） 各受益车间、产品或各部门应分配的费用=辅助生产的单位成本×该辅助生产车间之外的车间、产品或部门的耗用量

续表

优缺点	采用此方法，各辅助生产费用只进行对外分配，且只分配一次，计算简便，但分配结果不够准确
适用范围	此方法适用于辅助生产内部相互提供产品和劳务不多、不进行费用的交互分配、对辅助生产成本和企业产品成本影响不大的情况
图示	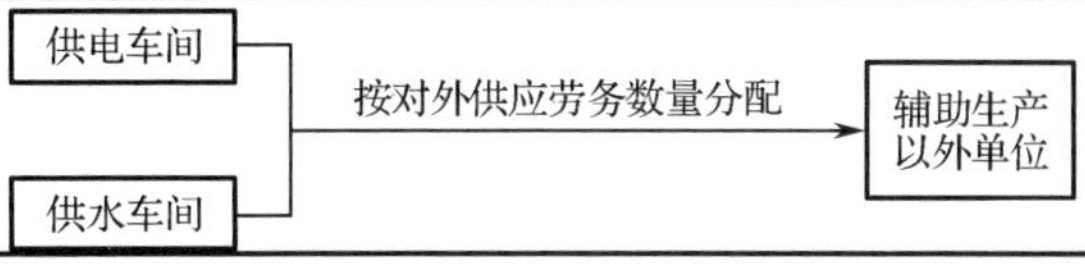

（二）交互分配法

交互分配法是指在企业各辅助生产车间之间有相互服务的情况下，首先将各辅助生产车间直接发生的费用进行一次交互分配，然后再进行一次直接追加分配的一种分配方法。

交互分配法的基本内容如表 4-13 所示。

表 4-13　交互分配法的基本内容

特点	进行两次分配。首先，在各辅助生产车间之间进行一次交互分配；然后将各辅助生产车间交互分配后的实际费用在辅助生产车间以外的各受益单位进行分配
计算公式	对内交互分配率=辅助生产费用总额÷辅助生产车间提供的总产品或劳务总量； 对外分配率=（交互分配前的成本费用+交互分配转入的成本费用-交互分配转出的成本费用）÷对辅助生产车间以外的其他部门提供的产品或劳务总量
优缺点	提高了分配的正确性，但同时加大了分配的工作量
图示	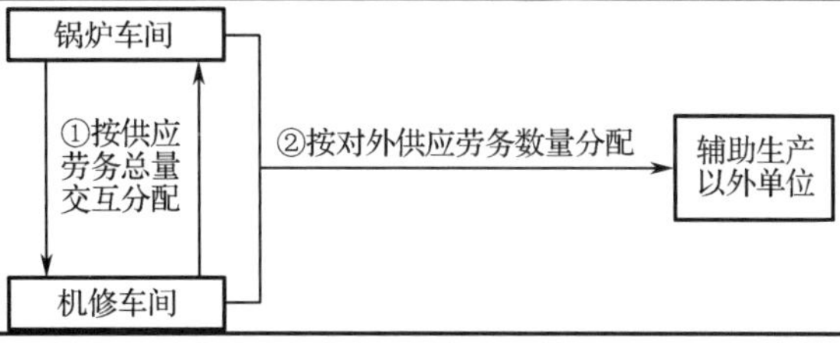

（三）计划成本分配法

计划成本分配法是按辅助生产车间提供的产品或劳务的计划单位成本和各受益对象所耗用的产品或劳务数量进行分配，然后再将计划成本分配额与实际费用之间的差额（即辅助生产成本差异）进行调整分配的方法。

计划成本分配法的基本内容如表 4-14 所示。

表 4-14　计划成本分配法的基本内容

特点	辅助生产为各受益单位提供的劳务或产品，都按劳务或产品的计划单位成本进行分配，辅助生产车间实际发生的费用与按计划单位成本分配转出的费用之间的差额采用简化计算方法全部计入管理费用
计算公式	成本差异=实际成本-按计划分配率分配转出的费用
优缺点	简化和加速了计算工作，便于考核和分析各受益单位的成本经济责任，但成本分配不够准确

续表

<table>
<tr><td>适用范围</td><td>适用于辅助生产劳务或产品计划单位成本比较准确的企业</td></tr>
<tr><td>图示</td><td>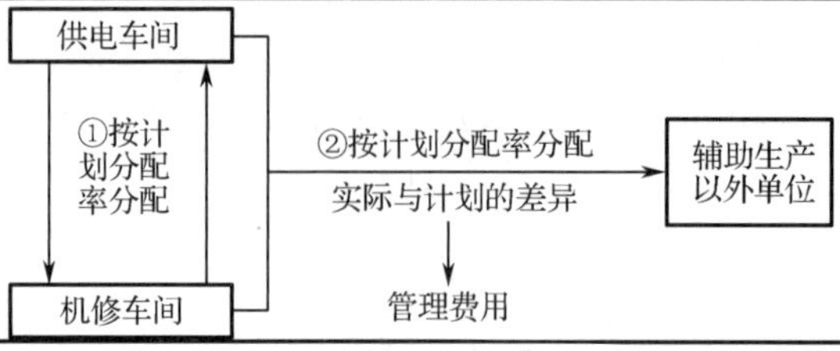
</td></tr>
</table>

（四）编制辅助生产费用分配表

辅助生产费用分配表（见表 4-15）的填制方法如下所述。

②“数量”栏填列该受益对象接受的劳务数量，数量的合计数应与分配率计算公式中的分母相同；

③“分配率”栏填列分配率的计算结果；

④“分配金额”栏填列各受益对象应负担的辅助生产费用，分配金额的合计数应当与被分配费用额相同。

表 4-15　辅助生产费用分配表

2020 年 11 月 30 日

<table>
<tr><td colspan="2" rowspan="2">项　　目</td><td colspan="3">供水车间</td><td colspan="3">供电车间</td><td rowspan="2">合　　计</td></tr>
<tr><td>数量/立方米</td><td>分配率</td><td>分配金额</td><td>数量/度</td><td>分配率</td><td>分配金额</td></tr>
<tr><td colspan="2">待分配辅助生产费用</td><td></td><td></td><td></td><td></td><td></td><td></td><td></td></tr>
<tr><td rowspan="2">交互分配</td><td>供水车间</td><td></td><td></td><td></td><td></td><td></td><td></td><td></td></tr>
<tr><td>供电车间</td><td></td><td></td><td></td><td></td><td></td><td></td><td></td></tr>
<tr><td colspan="2">对外分配辅助生产费用</td><td></td><td></td><td></td><td></td><td></td><td></td><td></td></tr>
<tr><td rowspan="3">对外分配</td><td>基本生产车间</td><td></td><td></td><td></td><td></td><td></td><td></td><td></td></tr>
<tr><td>行政等管理部门</td><td></td><td></td><td></td><td></td><td></td><td></td><td></td></tr>
<tr><td>销售部门</td><td></td><td></td><td></td><td></td><td></td><td></td><td></td></tr>
</table>

制表人：×××

三、辅助生产费用分配的会计处理

（一）直接分配法下辅助生产费用分配的账务处理

借：制造费用——×××车间

　　　　　　——×××车间

　　贷：辅助生产成本——×××车间
　　　　　　　　　——×××车间

（二）交互分配法下辅助生产费用分配的账务处理

1. 交互分配

借：辅助生产成本——×××车间
　　　　　　　——×××车间
　　贷：辅助生产成本——×××车间
　　　　　　　　　——×××车间

2. 对外分配

借：制造费用
　　管理费用
　　贷：辅助生产成本——×××车间
　　　　　　　　　——×××车间

（三）计划成本分配法下辅助生产费用分配的账务处理

借：辅助生产成本——×××车间
　　　　　　　——×××车间
　　制造费用
　　管理费用
　　贷：辅助生产成本——×××车间
　　　　　　　　　——×××车间

调整辅助生产费用差异的账务处理：

借：管理费用
　　贷：辅助生产成本——×××车间
　　　　　　　　　——×××车间

实践操练

辅助生产费用的核算流程如图 4-15 所示。

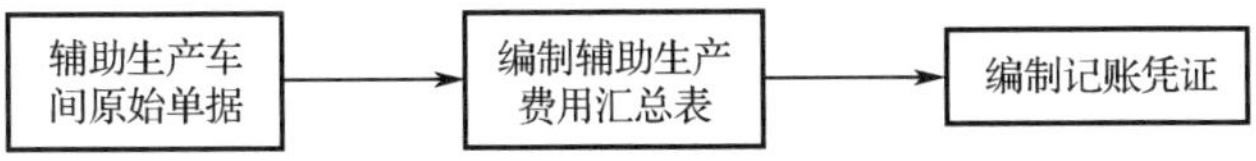

图 4-15　辅助生产费用核算流程

【任务 4-4-1】2020 年 11 月湖南金源净水有限公司供水和供电辅助生产车间明提供劳务数量如表 4-16 所示。采用交互分配法进行辅助生产费用的分配。

表 4-16 辅助生产车间提供劳务数量汇总表

2020 年 11 月

受益单位	耗水量/立方米	耗电量/度
供水车间		575
供电车间	80	
基本生产车间	2 250	7 650
行政等管理部门	65	445
销售部门	25	85
	2 420	8 755

制表人：贺秀珊

解析：

（1）根据任务 4-1-1 至任务 4-3-2 中归集的辅助生产费用编制辅助生产费用汇总表，如表 4-17 所示。

表 4-17 辅助生产费用汇总表

2020 年 11 月　　单位：元

项　目	人 工 费 用	燃料及动力	合　计
供水车间	19 734.00	1 125.00	20 859.00
供电车间	19 867.00	3 725.00	23 592.00
合　计	39 601.00	4 850.00	44 451.00

（2）根据辅助生产费用汇总表，编制辅助生产费用分配表，如表 4-18 所示。

表 4-18 辅助生产费用分配表

2020 年 11 月　　单位：元

项　目		供 水 车 间			供 电 车 间			合　计
		数量/立方米	分配率	分配金额	数量/度	分配率	分配金额	
待分配辅助生产费用		2 420.00	8.62	20 859.00	8 755.00	2.69	23 592.00	44 451.00
交互分配	供水车间				575.00		1 546.75	1 546.75
	供电车间	80.00		689.60				689.60
对外分配辅助生产费用		2 340	9.28	21 716.15	8 180	2.78	22 734.85	44 451.00

续表

项目		供水车间			供电车间			合计
		数量/立方米	分配率	分配金额	数量/度	分配率	分配金额	
对外分配	基本生产车间	2 250		20 880.00	7 650		21 267.00	42 147.00
	行政等管理部门	65		603.20	445		1 237.10	1 840.30
	销售部门	25		232.95	85		230.75	463.70

注：分配率及金额均保留 2 位小数，计算尾差计入销售部门。　　制表人：贺秀珊

（3）根据辅助生产费用分配表，编制记账凭证如图 4-16 和图 4-17 所示。

记账凭证

2020 年 11 月 30 日　　第 ** 号

摘要	会计科目		借方科目										贷方科目										记账（签章）
	总账科目	明细科目	千	百	十	万	千	百	十	元	角	分	千	百	十	万	千	百	十	元	角	分	
对内分配辅助费用	生产成本	辅助生产成本—供水车间—水电费					1	5	4	6	7	5											
	生产成本	辅助生产成本—供电车间—水电费						6	8	9	6	0											
	生产成本	辅助生产成本—供水车间—水电费																6	8	9	6	0	
	生产成本	辅助生产成本—供电车间—水电费															1	5	4	6	7	5	
	合计						2	2	3	6	3	5					2	2	3	6	3	5	

附件 * 张

会计主管：罗小玛　　出纳　　审核：张珏　　制单：王宇

图 4-16

记账凭证

2020 年 11 月 30 日　　第 ** 号

摘要	会计科目		借方科目										贷方科目										记账（签章）
	总账科目	明细科目	千	百	十	万	千	百	十	元	角	分	千	百	十	万	千	百	十	元	角	分	
对外分配辅助费用	制造费用	水电费				4	2	1	4	7	0	0											
	销售费用	水电费						4	6	3	7	0											
	管理费用	水电费					1	8	4	0	3	0											
	生产成本	辅助生产成本—供水车间—工资														1	9	7	3	4	0	0	
	生产成本	辅助生产成本—供电车间—工资														1	9	8	6	7	0	0	
	生产成本	辅助生产成本—供水车间—燃料及动力															1	1	2	5	0	0	
	生产成本	辅助生产成本—供电车间—燃料及动力															3	7	2	5	0	0	
	合计					4	4	4	5	1	0	0				4	4	4	5	1	0	0	

附件 * 张

会计主管：罗小玛　　出纳　　审核：张珏　　制单：王宇

图 4-17

工作任务五　制造费用核算

制造费用是指企业的生产单位为组织和管理生产而发生的各项费用，制造费用是产品成本的重要组成部分。本工作任务要求能根据制造费用的原始单据，准确编制制造费用汇总表，采用生产工时比例法、机器工时比例法、生产工人工资比例法和年度计划分

配率法等方法，准确对制造费用进行分配，并准确编制制造费用分配表，及时准确进行会计处理。

知识储备

一、制造费用汇总表的编制

制造费用是指生产车间在生产产品的过程中，除产品中直接耗用各种材料、人工等费用外，还会发生与产品制造相关的其他各种间接费用，如车间管理人员工资、生产车间的房屋和设备折旧、机物料消耗、车间办公费、差旅费等。这些费用因产品生产而发生，也是产品成本的重要组成部分，但不能直接计入生产成本，要通过“制造费用”账户进行归集与分配。

根据各种付款凭证及要素费用分配表和辅助生产费用分配表，登记制造费用明细账，归集制造费用，编制制造费用汇总表。

二、制造费用分配表的编制

在基本生产车间只生产一种产品的情况下，归集的制造费用应直接转入该种产品的成本；在基本生产车间生产多种产品的情况下，归集的制造费用应采用适当的方法分配计入各种产品的成本。分配制造费用，通常采用的方法有：生产工时比例法、生产工人工资比例法、机器工时比例法和年度计划分配率法等。

（一）生产工时比例法

生产工时比例法是指按照各种产品所用生产工人实际工时的比例分配制造费用的一种方法。其计算公式如下：

某车间制造费用分配率=该车间制造费用总额÷各种产品生产工时总额

某种产品应分配的制造费用=该种产品的生产工时×该车间制造费用分配率

（二）生产工人工资比例法

生产工人工资比例法是指按照计入各种产品成本的生产工人的工资的比例分配制造费用的一种方法。其计算公式如下：

某车间制造费用分配率=该车间制造费用总额÷各种产品生产工人工资总额

某种产品应分配的制造费用=该种产品生产工人工资×该车间制造费用分配率

（三）机器工时比例法

机器工时比例法是指按照各种产品所用机器设备运转时间的比例分配制造费用的一种方法。其计算公式如下：

某车间制造费用分配率=该车间制造费用总额÷该车间机器工时总额

某种产品应分配的制造费用=该产品机器工时×该车间制造费用分配率

（四）年度计划分配率法

年度计划分配率法是按照年初确定的计划分配率分配制造费用的一种方法。采用这种方法，不管各月实际发生的制造费用是多少，每月各种产品中的制造费用都按照年度计划分配率进行分配。该方法以定额工时为分配标准，其计算公式如下：

制造费用年度计划分配率=年度制造费用计划总额÷年度各种产品计划产量的定额工时之和

某月某种产品应分配的制造费用=该月该种产品实际产量的定额工时数×年度计划分配率

（五）编制制造费用分配表

（1）编制制造费用分配表的程序一般分以下 5 步。

① 确定制造费用受益对象（成本计算对象）的分配标准；

② 确定被分配费用的金额；

③ 计算费用分配率；

④ 计算每个受益对象应负担的费用金额；

⑤ 根据分配结果，编制制造费用分配表。

（2）制造费用分配表（见表 4-19）的填制方法如下所述。

①“受益对象”栏填列成本计算对象（如“××产品”）；

②“分配标准”栏填列制造费用受益对象参与费用分配的分配标准（如“生产工时”），分配标准的合计数应与分配率计算公式中的分母相同；

③“分配率”栏填列分配率的计算结果；

④“分配金额”栏填列各受益对象应负担的制造费用，分配金额的合计数应当与被分配费用额相同。

表 4-19　制造费用分配表

20××年××月××日　　　　金额单位：元

受益对象	生产工时	分配率	分配金额
A 产品			

续表

受益对象	生产工时	分配率	分配金额
B产品			
合计			

制表人：×××

实践操练

制造费用核算的流程图如图4-18所示。

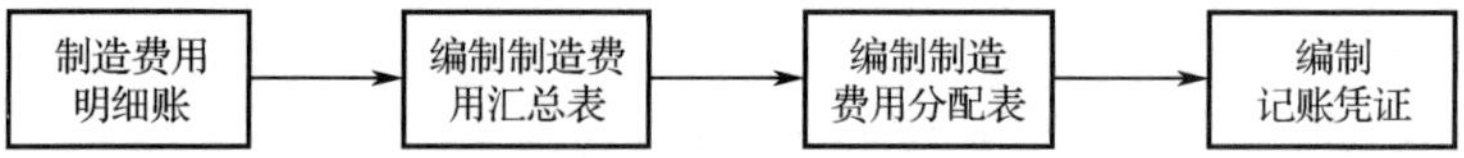

图4-18　制造费用核算流程

【任务4-5-1】2020年11月湖南金源净水有限公司制造费用明细账如图4-19所示。要求：采用生产工时比例法编制制造费用分配表。

制造费用明细账

2020年11月　　打印　　导出

科目：5101 制造费用

日期	凭证字号	科目	摘要	借方	贷方	方向	余额
2020/11/01		5101制造费用	期初余额			平	0.00
2020/11/2	记-02	510106 制造费用一材料费	领用原材料	49000.00		借	49000.00
2020/11/30	记-45	510101 制造费用一工资	计提工资	5000.00		借	54000.00
2020/11/30	记-50	510102 制造费用一水电费	分配燃料及动力	320.00		借	54320.00
2020/11/30	记-51	510103 制造费用一折旧费	计提固定资产折旧	12534.72		借	66854.72
2020/11/30	记-53	510104 制造费用一水电费	对外分配辅助费用	42147.00		借	109001.72
2020/11/30		5101制造费用	本期合计	109001.72	-	借	109001.72

图4-19

解析：

（1）根据制造费用明细账，编制制造费用汇总表，如表4-20所示。

表4-20　制造费用汇总表

编制部门：生产车间　　日期：2020年11月　　单位：元

序号	费用项目	全月合计
1	材料费	49 000.00
2	工资	5 000.00
3	水电费	42 467.00
4	折旧费	12 534.72
合计		109 001.72

制表人：贺秀珊

（2）根据制造费用汇总表，编制制造费用分配表，如表 4-21 所示。

表 4-21　制造费用分配表

2020 年 11 月 30 日　　　　单位：元

受益对象	生产工时/小时	分配率	金额
普通款净水器	1 500	33.030 8	49 546.20
升级款净水器	1 800		59 455.52
合计	3 300		109 001.72

注：分配率四舍五入保留 4 位小数，金额四舍五入保留两位小数。　　　　制表人：贺秀珊

（3）根据制造费用分配表，编制记账凭证，如图 4-20 所示。

记 账 凭 证

2020 年 11 月 30 日　　　　第 ** 号

摘要	会计科目		借方科目										贷方科目										记账（签章）
	总账科目	明细科目	千	百	十	万	千	百	十	元	角	分	千	百	十	万	千	百	十	元	角	分	
结转制造费用	生产成本	基本生产成本—普通款净水器—制造费用				4	9	5	4	6	2	0											
	生产成本	基本生产成本—升级款净水器—制造费用				5	9	4	5	5	5	2											
	制造费用	材料费														4	9	0	0	0	0	0	
	制造费用	工资															5	0	0	0	0	0	
	制造费用	水电费														4	2	4	6	7	0	0	
	制造费用	折旧费														1	2	5	3	4	7	2	
合计					1	0	9	0	0	1	7	2			1	0	9	0	0	1	7	2	

附件 * 张

会计主管：罗小玛　　出纳　　审核：张瑶　　制单：王宇

图 4-20

工作任务六　在产品和产成品成本核算

将产品生产费用在产成品和在产品之间分配是计算完工产品成本的重要步骤。本工作任务要求能根据产品成本明细账，采用约当产量法等方法，准确编制完工产品成本计算单，及时准确进行会计处理。

知识储备

一、产品成本计算表的编制

生产费用在完工产品和在产品之间的分配，是产品成本计算工作的重要环节。企业产品生产过程中所发生的各种费用，经过分配后，都集中在生产成本明细账及其所属的

产品成本计算表中，如果所生产产品在月度内存在部分完工、部分未完工的情况，则要将生产成本明细账中汇总的各项生产费用，采用约当产量法在完工产品与在产品之间进行分配，编制产品成本计算表。

将在产品数量按照完工程度折算为相当于完工产品的数量，即约当产量。约当产量比例法就是按照完工产品数量与在产品的约当产量的比例，计算分配完工产品成本和月末在产品成本的方法。

约当产量比例法的特点是先把月末在产品数量按照投料程度或完工程度折合成完工产品数量，再将归集的生产费用在完工产品产量和月末在产品约当产量之间进行分配，分别确定其成本。

这种方法适用于期末在产品数量较多、各月月末在产品数量变化较大产品中各个成本项目所占比重相差不大的产品。

运用约当产量比例法分配生产费用，计算产品成本的公式如下所述。

（1）计算在产品约当产量：

在产品约当产量=月末在产品数量×月末在产品完工程度（或投料程度）

（2）计算约当总产量：

约当总产量=本月完工产品数量+月末在产品约当产量

（3）计算费用分配率：

某项费用分配率=该项费用总额÷约当总产量

（4）计算本期完工产品应负担的生产费用：

完工产品该项费用=完工产品数量×该项费用分配率

（5）计算本期完工产品总成本：

本期完工产品总成本=$\sum$（本期完工产品应负担的各项生产费用）

（6）计算本期完工产品单位成本：

本期完工产品单位成本=本期完工的该产品总成本÷本期完工的该产品产量

（7）计算月末在产品应负担的该项费用：

在产品该项费用=在产品约当产量×该项费用分配率

产品成本计算表格式如表 4-22 所示。

表 4-22　A 产品成本计算表

产品名称：A 产品　　20××年××月××日　　单位：元

项　目	直接材料	直接人工			制造费用	成本合计
		工　资	社　保	公积金		
月初在产品成本						
本月投产费用						
生产成本累计						

续表

项目	直接材料	直接人工			制造费用	成本合计
		工资	社保	公积金		
分配率						
产成品成本						
月末在产品成本						

制表人：×××

二、完工产品成本计算单的编制

将生产费用在完工产品和在产品之间分配后，应将完工产品成本从有关产品成本计算表中转出，并根据从产品成本计算表中转出的完工产品成本编制完工产品成本计算单。

完工产品成本计算单格式如表 4-23 所示。

表 4-23 完工产品成本计算单

20××年××月××日 单位：元

成本项目	A 产品		B 产品	
	总成本	单位成本	总成本	单位成本
燃料及动力				
直接材料				
直接人工				
制造费用				
合计				

制表人：×××

三、完工产品成本分配的会计处理

根据完工产品成本计算表编制完工产品入库会计分录：

借：库存商品——×××商品

　　　　　　——×××商品

　　贷：生产成本——×××商品

　　　　　　　　——×××商品

实践操练

产品成本的核算流程，如图 4-21 所示。

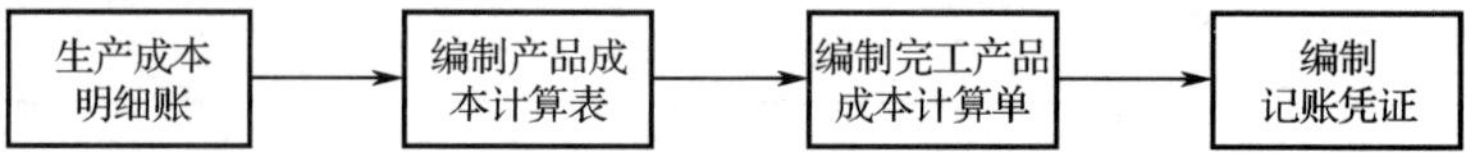

图 4-21 产品成本核算流程

【任务 4-6-1】2020 年 11 月 30 日，湖南金源净水有限公司产品生产成本明细账如图 4-22 所示。本期月末在产品约当产量计算表如表 4-24 所示。

要求：采用约当产量法编制完工产品成本计算单。

2020年11月　　打印　　导出

科目：5001 生产成本

科目编码	科目名称	期初余额		本期发生额		期末余额	
		借方	贷方	借方	贷方	借方	贷方
5001	生产成本	2,567,036.15		3,488,252.72		6,055,288.87	
500101	基本生产成本	2,567,036.15		3,488,252.72		6,055,288.87	
50010101	普通款净水器	989,747.00		1,181,528.32		2,171,275.32	
5001010101	燃料及动力	576.00		3,315.00		3,891.00	
5001010102	直接材料	976,200.00		1,110,666.67		2,086,866.67	
5001010103	直接人工	6,014.00		18,000.45		24,014.45	
5001010104	制造费用	6,957.00		49,546.20		56,503.20	
50010102	升级款款净水器	1,577,289.15		2,306,724.40		3,884,013.55	
5001010201	燃料及动力	356.00		4,335.00		4,691.00	
5001010202	直接材料	1,570,026.15		2,221,333.33		3,791,359.48	
5001010203	直接人工	1,957.00		21,600.55		23,557.55	
5001010204	制造费用	4,950.00		59,455.52		64,405.52	

图 4-22 产品生产成本明细账

表 4-24 月末在产品约当产量计算表

单位：台

品名 \ 项目		原材料			加工支出	
		数量	投料率	约当产量	完工率	约当产量
1	普通款净水器	150	100%	150	50%	75
2	升级款净水器	220	100%	220	50%	110

说明：1. 原材料约当产量=在产品数量×投料率

2. 加工支出约当产量=在产品数量×完工率

解析：

（1）根据本期产品生产成本明细账和月末在产品约当产量计算表，采用约当产量法编制产品成本计算表，如表 4-25 和表 4-26 所示。

表 4-25 产品成本计算表（普通款净水器）

产品名称：普通款净水器

完工数量：1050　　2020 年 11 月 30 日　　单位：元

成本项目	直接材料	燃料及动力	直接人工	制造费用	合计
月初在产品成本	976 200.00	576.00	6 014.00	6 957.00	989 747.00

续表

成本项目	直接材料	燃料及动力	直接人工	制造费用	合　计
本期生产费用	1 110 666.67	3 315.00	18 000.45	49 546.20	1 181 528.32
合计	2 086 866.67	3 891.00	24 014.45	56 503.20	2 171 275.32
本月完工数量/台	1 050.00	1 050.00	1 050.00	1 050.00	/
月末在产品约当产量/台	150.00	75.00	75.00	75.00	/
总约当产量/台	1 200.00	1 125.00	1 125.00	1 125.00	/
约当产量单位成本（分配率）	1 739.06	3.46	21.35	50.23	/
完工产品总成本	1 826 013.00	3 633.00	22 417.50	52 741.50	1 904 805.00
月末在产品成本	260 853.67	258.00	1 596.95	3 761.70	266 470.32

注：分配率及金额保留两位小数。　制单：贺秀珊

表 4-26　产品成本计算表（升级款净水器）

产品名称：升级款净水器

完工数量：1150　2020 年 11 月 30 日　单位：元

成本项目	直接材料	燃料及动力	直接人工	制造费用	合　计
月初在产品成本	1 570 026.15	356.00	1 957.00	4 950.00	1 577 289.15
本期生产费用	2 221 333.33	4 335.00	21 600.55	59 455.52	2 306 724.40
合计	3 791 359.48	4 691.00	23 557.55	64 405.52	3 884 013.55
本月完工数量/台	1 150.00	1 150.00	1 150.00	1 150.00	/
月末在产品约当产量/台	220.00	110.00	110.00	110.00	/
总约当产量/台	1 370.00	1 260.00	1 260.00	1 260.00	/
约当产量单位成本（分配率）	2 767.42	3.72	18.70	51.12	/
完工产品总成本	3 182 533.00	4 278.00	21 505.00	58 788.00	3 267 104.00
月末在产品成本	608 826.48	413.00	2 052.55	5 617.52	616 909.55

注：分配率及金额保留两位小数。　制单：贺秀珊

（2）根据产品成本计算表编制完工产品成本计算单，如表 4-27 所示。

表 4-27　完工产品成本计算单

2020 年 11 月　单位：元

成本项目	普通款净水器（1050 台）		升级款净水器（1150 台）	
	总成本	单位成本	总成本	单位成本
燃料及动力	3 633.00	3.46	4 278.00	3.72
直接材料	1 826 013.00	1 739.06	3 182 533.00	2 767.42
直接人工	22 417.50	21.35	21 505.00	18.70
制造费用	52 741.50	50.23	58 788.00	51.12
合　计	1 904 805.00	1 814.10	3 267 104.00	2 840.96

（3）根据完工产品成本计算单，编制完工产品入库记账凭证，如图 4-23 所示。

记 账 凭 证

2020 年 11 月 30 日　　　　第 ** 号

摘要	会计科目		借方科目										贷方科目										记账（签章）
	总账科目	明细科目	千	百	十	万	千	百	十	元	角	分	千	百	十	万	千	百	十	元	角	分	
完工产品入库	库存商品	普通款净水器		1	9	0	4	8	0	5	0	0											
	库存商品	升级款净水器		3	2	6	7	1	0	4	0	0											
	生产成本	基本生产成本—普通款净水器—燃料及动力															3	6	3	3	0	0	
	生产成本	基本生产成本—升级款净水器—燃料及动力															4	2	7	8	0	0	
	生产成本	基本生产成本—普通款净水器—直接材料												1	8	2	6	0	1	3	0	0	
	生产成本	基本生产成本—升级款净水器—直接材料												3	1	8	2	5	3	3	0	0	
	生产成本	基本生产成本—普通款净水器—直接人工														2	2	4	1	7	5	0	
	生产成本	基本生产成本—升级款净水器—直接人工														2	1	5	0	5	0	0	
	生产成本	基本生产成本—普通款净水器—制造费用														5	2	7	4	1	5	0	
	生产成本	基本生产成本—升级款净水器—制造费用														5	8	7	8	8	0	0	
	合计			5	1	7	1	9	0	9	0	0		5	1	7	1	9	0	9	0	0	

附件 * 张

会计主管：罗小玛　　出纳　　审核：张珏　　制单：王宇

图 4-23

工作任务七　产品成本计算方法应用

不同产品生产工艺和组织生产的方式不同，将会采用不同的成本核算组织形式。常用的三种成本计算方法分别是品种法、分批法和分步法。本工作任务要求能根据企业产品生产成本计算组织方式需要，合理选择成本计算方法，准确计算产品成本，及时进行会计处理。

知识储备

一、品种法下产品成本的核算

品种法，是指以产品品种作为成本核算对象，归集和分配生产成本，计算产品成本的一种方法。这种方法一般适用于单步骤、大量生产的企业（如发电、采掘等企业）。

品种法计算产品成本的主要特点：一是成本核算对象是产品品种。如果企业只生产一种产品，全部生产成本都是直接成本，可直接记入该产品生产成本明细账的有关成本项目中，不存在在各种成本核算对象之间分配成本的问题。如果生产多种产品，间接生产成本则要采用适当的方法，在各成本核算对象之间进行分配。二是品种法下一般定期（每月月末）计算产品成本。三是月末一般不存在在产品，所以一般不需要将生产费用在完工产品与在产品之间进行分配，产成品生产成本明细账中按成本项目归集的生产费用，就是该产品的总成本；如果企业月末有在产品，就需要将生产成本在完工产品和在产品之间进行分配。

二、分批法下产品成本的核算

分批法是按产品的批别汇总生产费用，计算产品成本的一种方法。产品批别在成批组织产品生产的企业或车间中，是按照一定品种、一定批量产品划分的。因此，分批法也就是计算一定品种、一定批量的产品成本的方法。实际工作中，产品的品种和每批产品的批量往往是根据客户订单确定的。因而，按照产品批别计算产品成本，往往也是按照订单计算产品成本，所以分批法也称订单法。分批法计算产品成本，由于成本计算期与产品的生产周期一致，因而在月末计算产品成本时，一般不存在在完工产品与在产品之间分配费用的问题。

分批法的特点：一是分批法的成本计算对象是产品的批次或订单。当一份订单中只有一种产品且要求同时交货时，就将该订单作为成本计算对象；如果一份订单中有几种产品或虽有一种产品但数量较多而且要求分批交货时，就要由企业生产计划部门按批别开立内部订单，以此组织生产，并作为成本计算对象；如果不同的订单订购同一种产品时，也可以合并订单为一个批号设置生产成本明细账，组织生产。二是分批法以生产周期作为产品成本的计算期。为了保证各批产品成本计算的正确性，各批产品成本明细账的设立和结算，应与生产任务通知单的签发和结束密切配合，协调一致。三是分批法计算产品成本，由于成本计算期与产品的生产周期一致，因而在月末计算产品成本时，一般不存在生产成本在完工产品与在产品之间分配的问题。

三、分步法下产品成本的核算

产品成本计算的分步法是按照产品的生产步骤归集生产费用，计算产品成本的一种方法。它主要适用于大量大批多步骤生产的企业，如冶金、纺织、机械制造等企业。为了加强对各生产步骤的成本管理，不但要求按产品的周期计算成本，还要按产品的生产步骤计算各步骤耗费的成本，以便考核完工产品及其所经过的生产步骤的成本计划的执行情况。分步法的特点：一是分步法以各种产品及其所经过的生产步骤作为成本计算对象。在多步骤生产企业中，前面步骤通常生产半成品，到最后步骤才生产完工产品。但就每个生产步骤而言，该步骤生产的半成品，就是该步骤的完工产品。由此可见，分步法实际上是多个品种法在企业中的连续使用。二是分步法以会计报告期作为成本计算期。在大量大批多步骤生产的企业里，连续不断地投入原材料，连续不断地向下一生产步骤移交各生产步骤的半成品，直至产成品完工验收入库。三是由于大量大批多步骤生产的产品往往跨月完工，月末各步骤经常有未完工的在产品，这就需要将产品成本计算单中的各项费用，采用适当的分配方法在完工产品和月末在产品之间进行分配，计算各生产步骤的完工产品成本和月末在产品成本。四是由于产品生产是分步骤进行的，上一生产步骤的半成品往往是下一生产步骤的加工对象。因此，在计算完工产品及各生产步骤半成品成本时，还需按照产品品种，结转各生产步骤半成品成本，这是分步法一个重要的特点。分步法包括逐步结转分步法和平行结转分步法。

1. 逐步结转分步法

逐步结转分步法也称步骤结转分步法，它按照产品连续加工的先后顺序，根据生产步骤所汇集的成本、费用和产量记录，计算自制半成品成本，自制半成品成本随着半成品在各加工步骤之间移动而顺序结转。在逐步结转分步法下，各步骤半成品成本是随着半成品的转移而结转的。一般来说，先计算第一步骤半成品成本，然后将第一步骤半成品成本转至第二步骤，再加上第二步骤耗用的材料及加工费，计算出第二步骤半成品成本，依次类推，直到最后一个加工步骤计算出产成品成本。在逐步结转分步法下，各步骤成本明细账上反映的是正在本步骤加工的半成品成本，成本流转与实物计算出来的产成品成本含有“自制半成品”成本项目，为了真实反映产成品成本构成，还需对产品成本中的自制半成品成本进行成本还原。

2. 平行结转分步法

平行结转分步法也称不计算半成品成本分步法，它是在计算各步骤成本时，不计算各步骤所产半成品的成本，也不计算各步骤所耗上一步骤的半成品成本，而只计算本步骤发生的各项其他成本，以及这些成本中应计入产成品的份额，将相同产品的各步骤成本明细账中的这些份额平行结转、汇总来计算产成品成本的一种方法。在平行结转分步法下，实际上是第一步只算第一步的成本，第二步只算第二步的成本，第 N 步只算第 N 步的成本。因此到最后，在平行结转分步法下，要单独将每步成本累加起来，才能形成一个产品的总成本。也就是说虽然各步骤所生产的半成品实物按步骤顺序转移继续加工生产，但其半成品成本并不随着加工步骤结转，各步骤只计算本步骤所发生的生产成本，并按最后完工产品的数量计算出应计入产成品成本的份额，平行地计入最终完工的产成品成本中，产成品成本也就是最终完工产成品所应承担的各步骤生产成本之和。采用平行结转法时，各步骤可以同时平行地进行本步骤的成本计算，半成品成本并不随半成品实物转移而结转，所结转的只是最终完工的产成品所应负担的本步骤生产成本，因此各步骤的在产成品成本不是按其实物所在地来反映的。在平行结转分步法下，各步骤产品成本明细账中反映的月末在产品成本，不仅包括正在本步骤加工生产的在产品在本步骤发生的生产成本，还包括已在本步骤加工生产完工，转移到以后各步骤但尚未最后制成产成品的那些半成品在本步骤发生的成本。

实践操练

品种法下产品成本核算流程如图 4-24 所示。

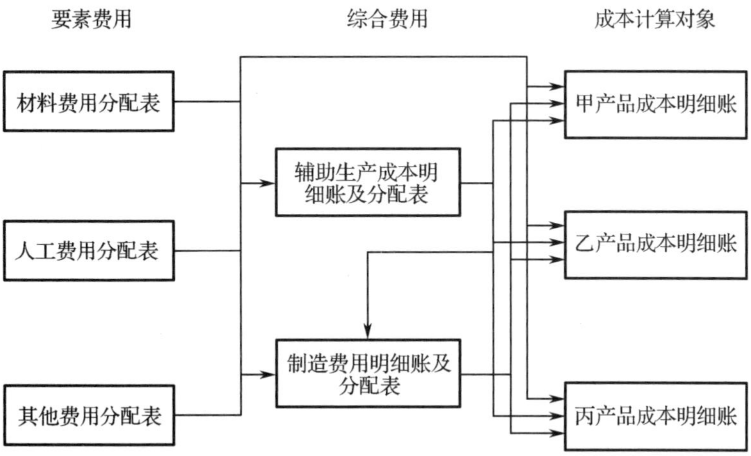

图 4-24　品种法下产品成本核算流程

分批法下产品成本核算流程如图 4-25 所示。

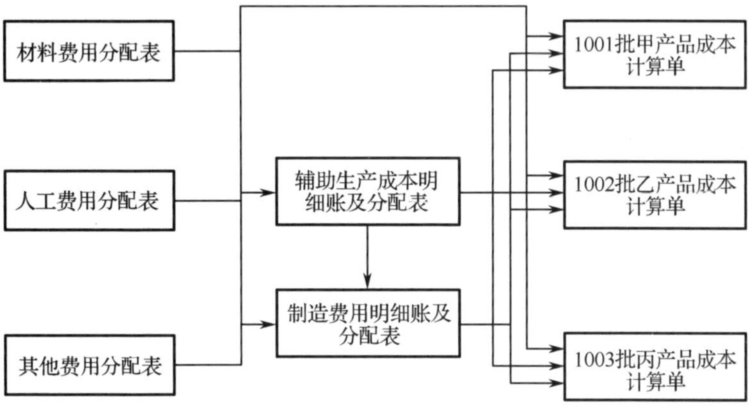

图 4-25　分批法下产品成本核算流程

逐步结转分步法下产品成本核算流程如图 4-26 所示。

平行结转分步法下产品成本核算流程如图 4-27 所示。

第一步骤成本计算单			
项目	直接材料	加工费用	合计
月初在产品	500	260	760
本月投产	4 500	3 140	7 640
本月完工	4 200	3 200	7 400
月末在产品	800	200	1 000

第二步骤成本计算单			
项目	直接材料	加工费用	合计
月初在产品	1 200	180	1 380
本月投产	7 400	1 820	9 220
本月完工	7 980	1 910	9 890
月末在产品	620	90	710

第三步骤成本计算单			
项目	直接材料	加工费用	合计
月初在产品	1 410	700	2 110
本月投产	9 890	2 400	12 290
本月完工	9 780	2 860	12 640
月末在产品	1 520	240	1 760

产品成本计算单			
项目	直接材料	加工费用	合计
总成本	9 780	2 860	12 640
单位成本	91.12	11.44	50.56

单位：元。

图 4-26　逐步结转分步法下产品成本核算流程

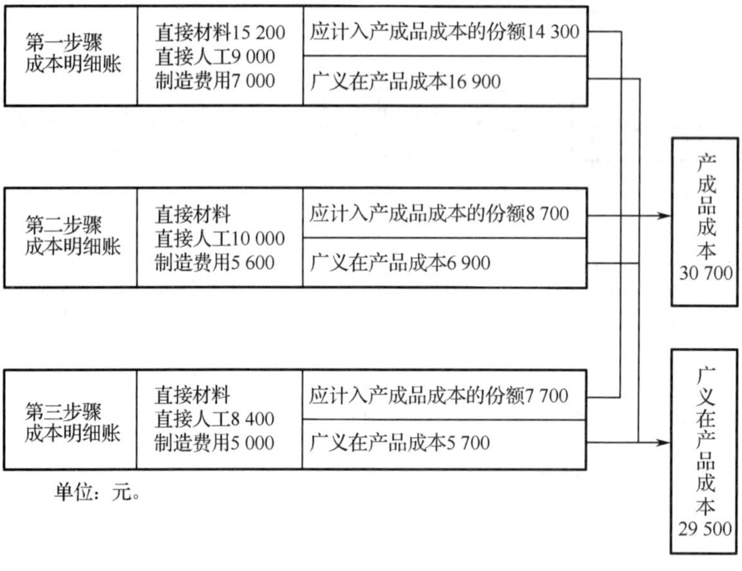

图 4-27　平行结转分步法下产品成本核算流程

【任务 4-7-1】湖南吉美机械制造有限公司大量大批生产卷笔刀、钢笔两种产品，根据生产特点和管理要求，该公司采用品种法计算产品成本。各产品所耗材料均在开工时一次投入，直接人工费用及制造费用随加工程度均匀发生，月末在产品成本按定额成本计算。不可修复乙产品的废品损失全部由本月完工乙产品成本负担。

11 月份有关资料如下所述。

（1）产量记录如表 4-28 所示。

表 4-28　20××年 11 月产量记录表

项　目	卷　笔　刀	钢　笔
本月完工产品数量	2 000/件	1 000/件
月末在产品数量	500/件	200/件
月末在产品消耗工时合计	3 000/工时	1 000/工时

（2）单位产品定额成本资料如表 4-29 所示。

表 4-29　20××年 11 月单位产品定额成本资料表

产 品 名 称	直接材料 单件定额成本/元	单位工时 人工费用定额/元	单位工时 制造费用定额/元
卷笔刀	10	8	2
钢笔	20	10	2

（3）有关废品损失资料如表 4-30 所示。

表 4-30　20××年 11 月废品损失表

项　目	直接材料/元	直接人工/元	制造费用/元
钢笔（不可修复）	1 000	1 400	600

要求：运用品种法进行产品成本计算并编制产品成本计算表，编制记账凭证。

解析：

（1）运用品种法进行产品成本计算，编制产品成本计算表，如表 4-31 和表 4-32 所示。

表 4-31　产品成本计算表（卷笔刀）

产品名称：卷笔刀　　　　单位：元

摘　要	直 接 材 料	直 接 人 工	制 造 费 用	合　计
月初在产品成本	6 000.00	32 000.00	8 000.00	46 000.00
本月生产费用	14 000.00	12 000.00	3 000.00	29 000.00
生产费用合计	20 000.00	44 000.00	11 000.00	75 000.00
月末在产品定额成本	10×500=5 000	8×3 000=24 000	2×3 000=6 000	35 000.00
完工产品成本	15 000.00	20 000.00	5 000.00	40 000.00
完工产品单位成本	7.50	10.00	2.50	20.00

表 4-32　产品成本计算表（钢笔）

产品名称：钢笔　　　　　　　　　　　　　　　　　　　　　　　　　单位：元

摘　　要	直接材料	直接人工	制造费用	废品损失	合　　计
本月生产费用	25 000.00	18 400.00	6 600.00	—	50 000.00
转出不可修复废品成本	1 000.00	1 400.00	600.00	—	3 000.00
转入废品净损失	—	—	—	3 000.00	3 000.00
本月生产费用净额	24 000.00	17 000.00	6 000.00	3 000.00	50 000.00
月末在产品定额成本	20×200=4 000	10 000.00	2 000.00	—	16 000.00
完工产品成本	20 000.00	7 000.00	4 000.00	3 000.00	34 000.00
完工产品单位成本	20.00	7.00	4.00	3.00	34.00

（2）根据产品成本计算表编制完工产品计算单，如表 4-33 所示。

表 4-33　完工产品成本计算单

2020 年 11 月　　　　　　　　　　　　　　　　单位：元

成本项目	卷笔刀（2000 台）		钢笔（1000 台）	
	总成本	单位成本	总成本	单位成本
直接材料	15 000.00	7.50	20 000.00	20.00
直接人工	20 000.00	10.00	7 000.00	7.00
制造费用	5 000.00	2.50	4 000.00	4.00
废品损失	0.00	0.00	3 000.00	3.00
合　计	40 000.00	20.00	34 000.00	34.00

（3）根据完工产品成本计算单，编制完工产品入库记账凭证，如图 4-28 所示。

记 账 凭 证

2020 年 11 月 30 日　　　　　　　　第　　号

摘　要	会计科目		借方科目	贷方科目	记账（签章）
	总账科目	明细科目	千百十万千百十元角分	千百十万千百十元角分	
完工产品入库	库存商品	卷笔刀	4000000		
	库存商品	钢笔	3400000		
	生产成本	基本生产成本—卷笔刀		4000000	
	生产成本	基本生产成本—钢笔		3400000	
合　计			7400000	7400000	

附件　张

会计主管　　　出纳　　　审核　　　制单

图 4-28

【任务 4-7-2】湖南精准仪器有限公司进行产品生产，原材料是在生产开始时一次性投料，在产品完工程度为 50%，月末采用约当产量法在完工产品与在产品之间分配成本。该企业 2020 年 11 月份发生有关成本费用及相关成本资料如下所述。

11 月份生产情况如表 4-34 所示。

表 4-34　2020 年 11 月份生产情况表

产品名称	批　号	计划产量	投产日期	完工日期	完工数量	在产品数量
经纬仪	202	30 台	11 月 25 日	12 月 25 日	30 台	
水准仪	301	20 台	11 月 1 日	12 月 15 日	15 台	5 台
测距仪	302	15 台	11 月 20 日	2021 年 1 月 20 日		15 台

11 月份月初在产品成本如表 4-35 所示。

表 4-35　2020 年 11 月初在产品成本明细表

单位：元

产品名称	批　号	直接材料	直接人工	制造费用	合　计
经纬仪	202	31 500	3 600	900	36 000

11 月份发生成本费用如表 4-36 所示。

表 4-36　2020 年 11 月生产成本表

单位：元

产品名称	批　号	直接材料	直接人工	制造费用	合　计
经纬仪	202		18 000	9 000	27 000
水准仪	301	39 000	15 050	7 350	61 400
测距仪	302	25 000	8 000	4 000	37 000
合　计		64 000	41 050	20 350	125 400

要求：采用分批法进行产品成本计算，并编制产品成本计算表。

解析：

（1）根据表 4-34～表 4-36 所给出的资料，采用分批法进行产品成本计算，编制产品成本计算表，如表 4-37～表 4-39 所示。

表 4-37　产品成本计算表（经纬仪）

批号：202　　投产日期：11 月 25 日

产品名称：经纬仪　　批量：30 台　　单位：元　　完工日期：12 月 25 日

摘　要	直接材料	直接人工	制造费用	合　计
月初在产品成本	31 500.00	3 600.00	900.00	36 000.00
本月生产费用		18 000.00	9 000.00	27 000.00
生产费用累计	31 500.00	21 600.00	9 900.00	63 000.00
完工产品总成本	31 500.00	21 600.00	9 900.00	63 000.00
完工产品单位成本	1 050.00	720.00	330.00	2 100.00
月末在产品成本				

表 4-38 产品成本计算表（水准仪）

批号：301　　　　　　　　　　　　　　　　　　　投产日期：11 月 1 日

产品名称：水准仪　　　　批量：20 台　　　　单位：元　　　　完工日期：12 月 15 日

摘　　要	直接材料	直接人工	制造费用	合　　计
本月生产费用	39 000.00	15 050.00	7 350.00	61 400.00
约当总产量	20.00	17.50	17.50	
单位成本	1 950.00	860.00	420.00	3 230.00
完工产品总成本	29 250.00	12 900.00	6 300.00	48 450.00
月末在产品成本	9 750.00	2 150.00	1 050.00	12 950.00

表 4-39 产品成本计算表（测距仪）

批号：302　　　　　　　　　　　　　　　　　　　投产日期：11 月 20 日

产品名称：测距仪　　　　批量：15 台　　　　单位：元　　　　完工日期：2021 年 1 月 20 日

摘　　要	直接材料	直接人工	制造费用	合　　计
本月生产费用	25 000.00	8 000.00	4 000.00	37 000.00
生产费用累计	25 000.00	8 000.00	4 000.00	37 000.00
月末在产品成本	25 000.00	8 000.00	4 000.00	37 000.00

（2）根据产品成本计算表编制完工产品成本计算单，如表 4-40 所示。

表 4-40 完工产品成本计算单（经纬仪、水准仪）

2020 年 11 月　　　　　　　　　　　　　　　　　　单位：元

成本项目	经纬仪（30 台）		水准仪（15 台）	
	总成本	单位成本	总成本	单位成本
直接材料	31 500.00	1 050.00	29 250.00	1 950.00
直接人工	21 600.00	720.00	12 900.00	860.00
制造费用	990.00	330.00	6 300.00	420.00
合　计	63 000.00	2 100.00	48 450.00	3 230.00

（3）根据完工产品成本计算单编制记账凭证，如图 4-29 所示。

记 账 凭 证

2020 年 11 月 30 日　　　　　　　　　　　　第　　号

摘　要	会计科目		借方科目	贷方科目	记账（签章）
	总账科目	明细科目	千百十万千百十元角分	千百十万千百十元角分	
完工产品入库	库存商品	经纬仪	6300000		
	库存商品	水准仪	4845000		
	生产成本	基本生产成本—202批号		6300000	
	生产成本	基本生产成本—301批号		4845000	
合　　计			11145000	11145000	

附件　张

会计主管　　　　出纳　　　　审核　　　　制单

图 4-29

【任务 4-7-3】湖南立德机器制造有限公司生产扫地机器人，该产品经过三个车间加工制成。原材料均于生产开始时一次投入，各车间月末在产品完工率均为50%。各车间生产费用在完工产品和在产品之间的分配采用约当产量法。该企业 2020 年 11 月份有关资料如表 4-41 和表 4-42 所示。

表 4-41　本月投产及完工产量

项　　目	计量单位	第一车间	第二车间	第三车间
月初在产品数量	台	80	150	70
本月投产数量或转入	台	770	750	580
本月完工产品数量	台	750	850	600
月末在产品数量	台	100	50	50

表 4-42　各车间生产费用资料

单位：元

项　　目		直接材料	直接人工	制造费用	合　　计
第一车间	月初在产品成本	3 600.00	5 200.00	4 900.00	13 700.00
	本月生产费用	114 000.00	68 000.00	50 000.00	232 000.00
第二车间	月初在产品成本	20 000.00	14 500.00	13 125.00	47 625.00
	本月生产费用	71 000.00	80 000.00	30 750.00	181 750.00
第三车间	月初在产品成本	-	12 500.00	10 250.00	22 750.00
	本月生产费用	-	70 000.00	64 000.00	134 000.00

要求：采用平行结转分步法进行产品成本计算，编制产品成本计算表。

解析：

（1）根据表 4-41 和表 4-42 所给出的资料，采用平行结转分步法进行产品成本计算，编制产品成本计算表，如表 4-43～表 4-45 所示。

表 4-43　产品成本计算表（第一车间）

单位：元

项　　目	直接材料	直接人工	制造费用	合　　计
月初在产品成本	3 600.00	5 200.00	4 900.00	13 700.00
本月生产费用	114 000.00	68 000.00	50 000.00	232 000.00
生产费用合计	117 600.00	73 200.00	54 900.00	245 700.00
约当产量/台	800.00	750.00	750.00	
单位成本	147.00	97.60	73.20	317.80
应计入完工产品成本份额	88 200.00	58 560.00	43 920.00	190 680.00
月末在产品成本	29 400.00	14 640.00	10 980.00	55 020.00

表 4-44　产品成本计算表（第二车间）

单位：元

项　目	直接材料	直接人工	制造费用	合　计
月初在产品成本	20 000.00	14 500.00	13 125.00	47 625.00
本月生产费用	71 000.00	80 000.00	30 750.00	181 750.00
生产费用合计	91 000.00	94 500.00	43 875.00	229 375.00
约当产量/台	700.00	675.00	675.00	
单位成本	130.00	140.00	65.00	335.00
应计入完工产品成本份额	78 000.00	84 000.00	39 000.00	201 000.00
月末在产品成本	13 000.00	10 500.00	4 875.00	28 375.00

表 4-45　产品成本计算表（第三车间）

单位：元

项　目	直接材料	直接人工	制造费用	合　计
月初在产品成本	-	12 500.00	10 250.00	22 750.00
本月生产费用	-	70 000.00	64 000.00	134 000.00
生产费用合计	-	82 500.00	74 250.00	156 750.00
约当产量/台	-	625.00	625.00	
单位成本	-	132.00	118.80	250.80
应计入完工产品成本份额	-	79 200.00	71 280.00	150 480.00
月末在产品成本	-	3 300.00	2 970.00	6 270.00

（2）根据产品成本计算表编制完工产品成本计算单，如表 4-46 所示。

表 4-46　完工产品成本计算单

项　目	直接材料	直接人工	制造费用	合　计
第一车间应计入成本份额	88 200.00	58 560.00	43 920.00	190 680.00
第二车间应计入成本份额	78 000.00	84 000.00	39 000.00	201 000.00
第三车间应计入成本份额	-	79 200.00	71 280.00	150 480.00
完工产品总成本	166 200.00	221 760.00	154 200.00	542 160.00
产品单位成本	277.00	369.60	257.00	903.60

（3）根据完工产品成本计算单编制记账凭证，如图 4-30 所示。

记 账 凭 证

2020 年 11 月 30 日　　　　　　　　　　第　　号

摘　要	会计科目		借方科目										贷方科目										记　账（签章）
	总账科目	明细科目	千	百	十	万	千	百	十	元	角	分	千	百	十	万	千	百	十	元	角	分	
完工产品入库	库存商品	扫地机器人			5	4	2	1	6	0	0	0											
	生产成本	基本生产成本—扫地机器人													5	4	2	1	6	0	0	0	
合　计					5	4	2	1	6	0	0	0			5	4	2	1	6	0	0	0	

附件　　张

会计主管　　　　出纳　　　　审核　　　　制单

图 4-30

工作领域五
销售业务核算

工作岗位要求：

1. 熟悉销售业务工作流程，初步具备业财税融合成本管控思维；

2. 能及时收集和了解客户最新信用信息，准确编制客户信用汇总表，并及时对客户信用等级进行评估，参与赊销策略的制定；

3. 能根据市场价格变动情况，收集商品的最新信息，准确编制商品价格汇总表，结合企业生产、库存和销售市场环境，参与销售价格的制定，准确为业务部门提供销售价格指导建议；

4. 能根据合同内容审核收款金额、收款方式和客户信息，及时准确地进行收款结算和开具发票及回款，计提坏账准备，并进行会计处理；

5. 能根据业务部门提供的相关资料，运用先进先出法、个别计价法和加权平均法等，准确计算销售成本，编制商品（产品）销售成本单，并及时准确地进行会计处理；

6. 能遵守法律法规，具有良好的职业素养，具备依法合规办理业务的能力。

工作任务一　客户信用调研

知识储备

在市场竞争激烈、产品销售疲软、库存积压等情况下，随着商业信用的广泛推行，赊销成为一种重要的促销手段，但是在现代商业、市场经济社会中，越来越多的企业都面临“销售难，收款更难”的双重困境，一方面，为争取客户订单，企业越来越多地需要赊销；另一方面，客户拖欠账款，占压企业大量流动资金，使企业面临巨大的经营风险。因此，企业需要在赊销前对客户进行资信调查和信用等级评估，确定是否赊销及赊销额度的多少、期限的长短；赊销后对应收账款采用科学方法进行日常的管理，协助并监督销售人员的催收工作；对逾期的应收账款分清情况分别采用不同的处理办法，力求实现销售最优化，将坏账控制在企业可接受的范围内，降低赊销带来的坏账损失。

客户信用调研，是指通过对客户的基本情况进行全面深入的调查了解，在按公司信用评价指标进行评分的基础上确定客户的信用等级，从而对客户的违约风险进行客观分析，为防范坏账提供决策依据。

赊销业务量大、坏账损失风险大的公司需要设置专门的客户信用管理部门或专职的信用评审员，规模小或赊销业务少的公司建议设置兼职的信用管理小组或兼职信用评审员，评审员可以由营销或财务岗位人员兼任，负责客户的信用等级评定及后续管理。企业一般采取两种方式设立信用管理部门，一种是财务总监领导下的信用管理部门，另一种是销售总监领导下的信用管理部门。

一、客户信息资料的收集

信用评审员根据公司的信用评价标准，通过直接收集法、公共渠道法和专业机构调查法等多种方式收集客户的基本信息、财务状况、经营状况、行业地位、信用历史及与本企业的合作情况等信用评价标准等级评定所需要的信息。收集客户信息资料渠道主要有如下几种。

（1）登录国家企业信用信息公示系统，收集客户按规定公开的注册资金、注册时间等基础信息和行政处罚信息等。

（2）走访客户，实地查看经营场所和经营设施状况，调查了解客户经营管理情况和财务情况。

（3）通过权威数据库，收集客户的财务状况和经营状况等重要财务信息。

（4）登录行业专业网站，根据行业权威发布的统计和分析数据，收集客户产品的市场信息和其行业地位情况。

此外，还可以通过网络上的企业网站、新闻报告和行业评论等搜集企业相关信息。

湖南金源净水有限公司目前执行的信用等级评定标准和赊销政策如图 5-1 所示。

信用等级评定标准

序号	评定项目	评定内容	2分	6分	10分
1	企业状况	注册资本	＜50万元	50～100万元	≥100万元
2		年营业额	＜500万元	500～1000万元	≥1000万元
3	经营状况	客户满意度	低	中	高
4		经营机制	死板	一般	灵活
5	行业地位	当地排名	排名较后	排名前十	排名前三
6	业务关系	持续期间	＜1年	1～2年	≥2年
7	关系强度	供货频次	偶尔购货	以本公司为次供货商	以本公司为主供货商
8	诉讼记录		有诉讼记录，败诉	有诉讼记录，胜诉	无诉讼记录
9	合作诚意		态度差	态度一般	态度好
10	信用历史	拖欠金额	≥8万	3～8万	＜3万

A级：评分85分（含）以上，准予赊销30%。
B级：评分60分（含）～85分（不含），准予赊销10%。
C级：评分低于60分，需现款结算。

图 5-1　信用等级评定标准和赊销政策

二、客户信用信息表的填制

信用评审员将收集的客户信息进行分类归集，认真填写公司客户信用信息表，表格样式可参照表 5-1。

此表是重要客户档案资料，应由专人（或系统）管理，并按要求及时更新。

表 5-1　湖南金源净水有限公司客户信用信息表

年　月　日

客户基础信息			
公司名称		统一社会信用代码	
注册日期		法定代表人	
注册资本		注册地址	
财务信息			
资产总额		负债总额	
主营业务收入		净利润	
利润总额		现金流量净额	
合作信息			
合作时长/年		合作诚意	

续表

拖欠货款次数及金额		供货频率	
其他信息			
近 3 年的诉讼原因和结果			
客户满意度			
经营管理机制			
目前在行业中的地位			

信用评审员：　　　　　　　　　　　　　　　　　　审批人：

财务总监提示

在填制客户信用信息表时，需注意以下事项。

（1）准确填写公司名称、统一社会信用代码、注册资本等基础信息。

（2）财务信息根据客户上年度的财务报表以万元为单位填写，此数据应及时更新。

（3）根据公司与客户的合作情况填写合作信息，如有需要补充的可添加。

（4）其他信息：如有其他对企业信用评价有影响的可添加。

三、进行信用等级评估

（1）信用评审员依据评价内容和标准将客户的相关信息予以量化，赋予相关分值，填写客户信用等级评定表，表格样式可参照表 5-2。

表 5-2　湖南金源净水有限公司客户信用等级评定表

客户名称：　　　　　　　　　　　年　月　日

序　号	评 定 项 目	评 定 内 容	评　分
1	企业状况	注册资本	
2		年营业额	
3	经营状况	客户满意度	
4		经营机制	
5	行业地位	当地排名	
6	业务关系	持续期间	
7	关系强度	供货频次	
8	诉讼记录		
9	合作诚意		

续表

序　　号	评 定 项 目	评 定 内 容	评　　分
10	信用历史	拖欠金额	
总　　分			
信用等级			

信用评审员：　　　　　　　　　　　　　　　　　　　　　　审批人：

（2）信用评审员根据客户的总分按照公司的信用等级评定标准确定客户的初始信用等级。

（3）将初始信用等级评定表及相关资料提交给信用评审小组会审讨论，再将讨论结果请相关领导审批签字。

（4）如与客户继续合作，此表数据也应适时更新。

四、赊销政策的实施

根据客户的信用等级对客户提交的赊销申请进行审批，正确实施企业的赊销政策。

客户的订单只有在符合企业内部的授权标准时才能被接受，销售管理部门应根据信用部门客户动态管理系统提供的信息决定是否批准销售。在批准赊销阶段，信用管理部门的职员在收到销售单后，将销售单与该客户已被授权的赊销信用额度及至今尚欠的账款余额加以比较并对每个新客户进行信用调查，建立客户动态资源系统。根据调查的客户资信状况和其他相关信息，信用管理部门决定是否批准该客户的赊销，并在销售单上签署明确的意见。在记录销售和收回资金过程中，财务部门应将销售数据和资金收回数据及时反馈给信用管理部门，更新客户动态资源系统。财务部门应定期对应收账款的回收情况、账龄等进行分析，在分析中应利用比率、比较、趋势、结构等分析方法，分析逾期债权的坏账风险及对财务状况的影响，以便确定坏账处理、当前赊销策略。

实践操练

客户信用调研流程如图 5-2 所示。

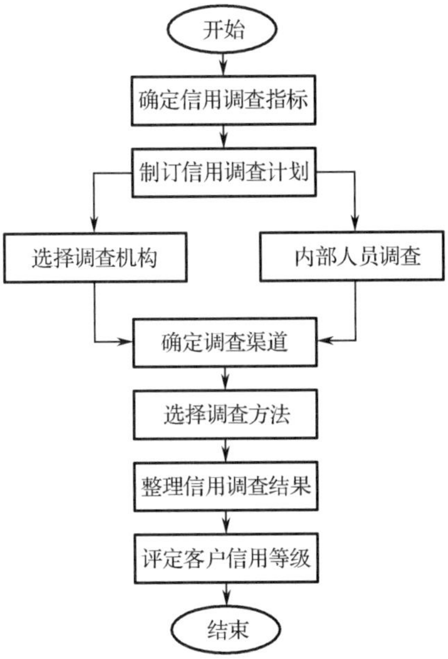

图 5-2　客户信用调研流程

【任务 5-1-1】请先以信用评审员的身份利用多种渠道收集江苏新北电器销售有限公司的基础信息和财务信息，用于对该公司进行信用评价。2020 年 11 月，江苏新北电器销售有限公司欲向我司（湖南金源净水有限公司）采购商品一批，在谈判中希望赊销 15%货款，公司能否同意客户的赊销请求？

解析：

（1）以信用评审员的身份根据收集的资料填写江苏新北电器销售有限公司客户的信息，如表 5-3 所示。

表 5-3　湖南金源净水有限公司客户信用信息表

年　月　日

客户基础信息			
公司名称	江苏新北电器销售有限公司	统一社会信用代码	913205946617779330
注册日期	2018 年 02 月 16 日	法定代表人	刘建强
注册资本	1 000 万元	注册地址	苏州工业园区星湖街 218 号
财务信息			
资产总额	2 800 万元	负债总额	1 500 万元
主营业务收入	1 860 万元	净利润	180 万元
利润总额	240 万元	现金流量净额	55 万元
合作信息			
合作时长/年	0.5	合作诚意	诚恳、态度好

续表

拖欠货款次数及金额	无	供货频率	偶尔购货，共 2 次
其他信用信息			
诉讼记录及结果	无	客户满意度	较高
经营管理机制	灵活	在行业中的地位	年轻企业排名较后

（2）以信用评审员的身份根据江苏新北电器销售有限公司的信息填写客户信用等级评定表，如表 5-4 所示，确定客户的信用等级。

表 5-4　湖南金源净水有限公司客户信用等级评定表

客户名称：江苏新北电器销售有限公司　　　　　　　　年　月　日

序　　号	评 定 项 目	评 定 内 容	评分/分
1	企业状况	注册资本	10
2		年营业额	10
3	经营状况	客户满意度	10
4		经营机制	10
5	行业地位	当地排名	2
6	业务关系	持续期间	2
7	关系强度	供货频次	2
8	诉讼记录		10
9	合作诚意		10
10	信用历史	拖欠金额	10
合　　计			76
信用等级			B 级

（3）评定结论：不同意赊销 15%货款。

原因：按公司信用评价标准确定客户江苏新北电器销售有限公司的信用等级为 B 级，按公司目前的赊销政策——B 级客户给予的赊销额不能超过货款的 10%，故不同意该客户赊销 15%货款的申请。

工作任务二　商品价格确定

知识储备

商品价格是商品价值的货币表现。商品价格如果定得太高，就会卖不出去，但如果定得太低又赚不到钱。那么，怎样才能既把商品卖出去又能赚到钱呢？通常在给商品定价的时候，应该考虑以下几个因素。

（1）成本。商品价格不能比成本还低。

（2）市场因素。产品市场需求大且稳定，即需求弹性小，可以考虑高定价；如果产品需求弹性比较大，则考虑低定价。

（3）竞争因素。在有很多竞争者的时候，你比人家贵得多了肯定不好卖；如果竞争者很少，则可以等于或高于市场平均价格。

（4）政府政策文件。虽然是企业自己的产品，但是产品定价也要符合国家的规定。如果产品涉及出口，则还要考虑各种税，如关税等。

一、收集商品价格信息，编制商品价格汇总表

（一）如何把握对企业定价有用的信息

价格信息是指一切反映产品或服务的价格形成及其发展变化的数据、情报、消息等的总称，主要包括如下内容。

1. 价格构成信息

（1）直接构成产品价格的各种要素的信息，包括原材料价格、设备价格、交通运输价格、劳动力价格和税收等。

（2）引起上述要素变化的信息，如生产工艺的改进，新产品、新材料、新技术的开发与应用，工资水平的变化，税收政策的变化等。

2. 供求状况信息

从供应方面看，要了解产品的市场供应能力和供应结构等。

从需要方面看，要了解市场购买力、消费者行为偏好、购买习惯、收入水平等。

3. 竞争对手信息

知己知彼、百战不殆。企业要充分了解竞争对手产品的价格水平、定价策略、产品成本、价格变动等情况，这些是企业定价决策的重要参考信息。

4. 价格政策信息

价格政策信息主要包括国家制定的价格管理制度，如价格审批制度、价格监督和协调程序、重要商品的定价原则与方法，以及某些特殊商品的最高限价或最低限价等，此外还包括国家财政政策、税收政策和信贷政策等宏观经济政策等。

5. 差价和比价信息

差价是指同种商品因质量或流通过程因素而导致的价格差异。差价的形式主要有质量差价、地区差价、季节差价、购销差价和批零差价等。

比价是指在同一条件下不同商品价格的比例，它由不同商品之间价格的比值和不同

商品的供求状况所决定。

企业在制定价格策略时应尽量多地收集与价格有关的信息，从而制定出正确、有效的价格策略。

（二）如何收集有效的价格信息

价格信息的来源很广泛，企业要想快速有效地收集到高质量的价格信息，必须遵循一定的原则和方法。

1. 价格信息收集原则

（1）价格信息的收集要有目的性和针对性，要服从一定的决策而进行有目的的收集，尽量避免无效劳动。

（2）收集的价格信息要绝对真实可靠。原始信息一定要“准”，这是最基本的要求。要做到这一点，在选择信息源及配备信息员时就应严格把关。对把握不大的信息应再三核定，做到数字要准确，文字表达要明确。

（3）价格信息的收集要全面。价格信息的分布呈非均匀状态，不同的地区、不同的经济部门、经济活动的不同环节，价格信息的形式、种类、信息量是不同的。因此，既要对经济活动中的价格变动进行直接的调查，也要通过一些间接的方法，从各种文件、资料中捕捉所需要的价格信息。

（4）价格信息的收集要确定重点。对一个部门和企业来说，价格信息收集的重点应是本部门或本企业生产、经营的商品信息，以及与本部门、本企业生产、经营范围相关的商品信息。从地区来说，应根据本地区经济发展的情况，收集能够左右本地区经济形势的重点行业和有地区特色的产品价格信息。

2. 价格信息收集方法

企业可以从很多渠道获得价格信息，主要利用普查、重点调查、典型调查和抽样调查几种方法。从近几年国内价格信息收集工作的实践看，收集信息一般采用以下几种方法。

（1）直接调查，指企业通过抽样调查、问卷调查和面谈等形式直接获得所需信息的方法。这是收集信息的最基本方法，采用这种方法通常可以获得准确可靠的第一手信息，但是需要投入很多时间和精力。

（2）定点收集。这种方法可使我们在信息人员少的情况下，取得更多的第一手资料。

（3）参加会议。通过参加会议，可以比较集中地了解各方面的变化情况，既能获得大量的原始价格信息，又能从会议的研究讨论中得到再生的价格信息。

（4）网络交流。为了扩大信息收集范围，增加必要的信息收集量，建立信息网络是一个重要的方法。

除此之外，报刊摘录、建立台账、研究文件、与领导对话、参加业务活动等也是收集价格信息的好方法。

企业可以选择一种或几种合适的方法来收集价格信息，以使收集到的信息更加全面和准确。

3. 信息的提炼与分析

将所收集到的企业内外部信息进行加工整理，提炼出对产品定价最有影响的主观和客观因素，为定价目标的制定提供参考。

二、处理所收集的商品价格信息

企业收集到的原始信息通常是一些零散的、没有条理的资料，必须经过一系列的加工处理，使其成为系统的、符合标准的资料，能够为企业所用。

价格信息处理过程如图 5-3 所示。

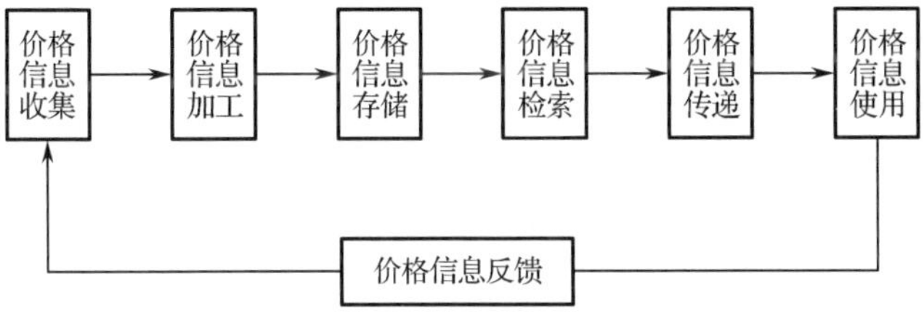

图 5-3　价格信息处理过程

（一）如何进行价格信息加工

价格信息加工指将收集到的原始价格信息资料按照一定的程序和方法进行整理、分析，使之成为符合决策需要的信息资料，以便使用和存储。价格信息加工一般经过整理、计算、分析研究和信息编写 4 个过程。

1. 整理

根据加工的目的，运用专门的方法，对调查收集到原始价格资料进行登记核实、筛选、分类和综合。首先，对原始信息登记后进行核检，以确定原始信息的置信度；其次，要进行筛选，对原始资料进行必要的取舍、归并和修改；再次，进行分类和综合，即从一定的角度对无序杂乱的原始资料合理地分类，并将同一类别的资料综合到一个系列中。分类与综合是原始价格信息加工整理的重要内容，分类的关键在于分类体系的选择。分类体系的建立，依据不同的目的和决策者使用角度不同，可以有多种选择。目前，我国物价系统对价格信息资料的分类基本是按物价部门的业务特点和产品性质来划分的。

2. 计算

计算即对数据状态的原始价格信息采取一定的方法进行加工运算，从而得出所需的新的数据，这是对价格信息的定量分析。在价格信息中，数据状态的信息占有很大的比重。有些信息可以直接使用，有些则需要进行一定的加工运算后才能使用。

3. 分析研究

分析研究即从定性的角度对原始价格信息进行分析研究，可分为鉴别判断和相关分析两个方面。鉴别判断是对原始价格信息准确性的判断，如确定所采集的价格信息是否适应价格决策的需要，是否需要进行新的补充收集等；相关分析是用推理、判断、分析、归纳等方法对定性的信息进行加工，从而取得一个新的综合性信息。

4. 信息编写

信息编写即对经过加工处理的价格信息用文字或表格的形式系统、规范地记载下来，以反映对原始价格信息加工处理的结果。

（二）价格信息存储

价格信息存储是指将收集和整理后的价格信息记录、储藏起来，以便在今后的经营决策中使用。按照储藏方式的不同，价格信息的存储可以分为手工存储和计算机存储两种方式。手工存储是指用简单的台账、档案等方式保存价格信息。一般来说，为方便存储和检索，企业通常采用计算机存储，通过计算机建立价格信息资料库，如基本价格信息资料库和相关价格信息资料库等。

（三）价格信息检索

价格信息检索是指从按一定的方式存储起来的资料库中查找出符合某种特定需要的价格资料的过程。

（四）价格信息传递

价格信息必须要传递给信息使用者才能发挥其作用。价格信息质量的好坏，直接影响到价格信息的使用效果。如果在传递过程中信息扭曲、失真或是延误，将会导致价格决策的失误，因此价格信息的传递要求做到全面、准确和及时。

（五）价格信息反馈

使用者在使用价格信息过程中，如果发现问题应及时反馈给信息收集者，如信息有遗漏需要补充收集，或市场情况发生变化需要重新收集新信息，及时的反馈可以使信息收集工作更加明确，并利于提高信息的使用价值。

三、确定商品销售价格

商品销售价格由两大要素组成：生产成本和利润。

商品的生产成本包括生产商品所消耗的原材料、能源、设备折旧及劳动力费用等；商品的利润则是劳动者为社会所创造的价值的货币表现。

（一）成本加成定价法

成本加成定价法是以产品单位成本加上一定比例的利润制定产品价格的方法，也就是在产品成本上增加一部分盈利来制定商品销售价格，其公式如下：

销售价格=单位成本+单位成本×成本利润率=单位成本×（1+成本利润率）

大多数企业是按成本利润率来确定所加利润的大小的，以全部成本作为定价基础：

第一步：估计单位产品的变动成本（如直接材料费、直接人工费等）；

第二步：估计固定费用，然后按照预期产量分摊到单位产品，再加上单位变动成本，求出全部成本；

第三步：在全部成本基础上加上按目标利润率计算的利润额，即得出商品销售价格。

【例 5-2-1】湖南金源净水有限公司本月生产升级款净水器 1 000 台，预计单位变动成本为 800 元，企业本月的固定成本为 2 000 000 元，公司的成本利润率为 20%，按成本加成定价法确定升级款净水器的销售价格。

解析：单位成本=（总固定成本+总变动成本）÷产品总量

=（2 200 000+1 000×800）÷1 000=3 000（元）。

销售价格=单位成本+单位成本×成本利润率=单位成本×（1+成本利润率）

=3 000× (1+20%)= 3 600（元）。

（二）需求定价法

需求定价法又称需求导向定价法，是指根据国内外市场需求强度和消费者对产品价值的理解来制定产品销售价格。这种定价方法主要考虑顾客可以接受的价格及在这一价格水平上的需求数量，而不是产品的成本。按照这种方法，同一产品只要需求大小不一样，就制定不同的销售价格。

虽说供给与需求的关系并非价格的决定因素，但供求关系的确会对商品价格产生重要影响。当供给大于需求时，商品价格会下降；当供给小于需求时，商品价格会上涨。因此，生产经营者应参考商品的供求状况来确定商品的市场价格。

采用这种方法定价，一般是以该产品的历史定价为基础的，根据市场需求变化的具体情况，在一定幅度内变动价格。这种方法的具体实施通常有以下四种方式。

第一种：基于顾客差异的差别定价。这是根据不同消费者消费性质、消费水平和消费习惯等差异，制定不同的价格。如会员制下的会员与非会员的价格差别，学生、教师、军人与其他顾客的价格差别，新老顾客的价格差别，国外消费者与国内消费者的价格差别等；可以根据不同消费群的购买能力、购买目的、购买用途的不同，制定不同的价格。

第二种：基于不同地理位置的差别定价。由于地区间的差异，同一产品在不同地区销售时，可以制定不同的价格。例如，班机与轮船上由于舱位对消费者的效用不同而价格不一样；电影院、戏剧院或赛场由于观看的效果不同而价格不一样。

第三种：基于产品差异的差别定价。质量和规格相同的同种产品，虽然成本不同，但企业在定价时，并不根据成本不同按比例定价，而是按外观和样式不同来定价。这里定价所考虑的真正因素是不同外观和样式对消费者的吸引程度。例如，营养保健品中的礼品装、普通装及特惠装 3 种不同的包装，虽然产品和质量一样，但价格往往相差很大。

第四种：基于时间差异的差别定价。同一产品在不同时间段里的效用是完全不同的，顾客的需求强度也是不同的。在需求旺季，商品需求弹性小，可以提高价格，在需求淡季，商品需求弹性大，可以采取降低价格的方法吸引更多顾客。

（三）竞争定价法

竞争定价法，是指根据市场上同类商品竞争结果的可销零售价格，反向计算确定出厂价格的方法，其公式如下所示：

$$\text{产品出厂价格}=\text{市场可销零售价格}-\text{零批差价}-\text{批进差价}$$

$$=\left(\begin{matrix}\text{同类产品}\\\text{市场基准零售价格}\end{matrix}\pm\begin{matrix}\text{产品质量}\\\text{或规定差价}\end{matrix}\right)\times(1-\text{零批差率})\times(1-\text{批进差率})$$

企业根据商品的生产成本、利润和市场供求状况拟定的价格，只是主观的价格，现实的市场价格必须通过市场竞争才能形成（专利保护产品除外）。竞争者的多少和强弱，都会对商品价格的确定产生重要影响。生产者往往是依据自己的利益来制定商品价格的，但其竞争对手则会根据自身的利益对这种价格做出反应，从而采取相应的价格决策，原价格拟定者又会调整其价格决策。同时，消费者也会对生产者拟定的价格做出反应，并采取相应的行为对策。因此，生产经营者在制定商品价格时，需要考虑商品的市场竞争环境和条件。

【例 5-2-2】湖南金源净水有限公司升级款净水器比市场上同类产品在某方面性能上明显优越，可以上浮 5%差价，同类产品市场零售价格为 4 000 元，零批差率为 10%，批进差率为 5%，试问该新产品出厂价格应该定为多少？

解析：

产品出厂价格=4 000×(1+5%)×(1−10%)×(1−5%)=3 591（元）

实践操练

产品定价流程如图 5-4 所示。

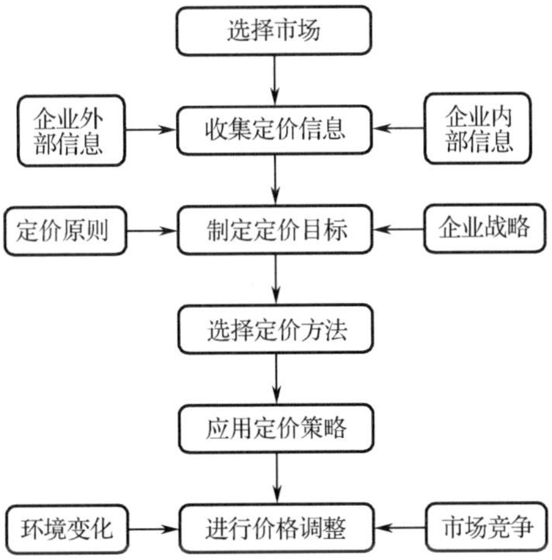

图 5-4 产品定价流程

【任务 5-2-1】湖南金源净水有限公司本月生产升级款净水器 1 200 台，总固定成本为 2 880 000 元，总变动成本为 720 000 元，预期成本利润率为 20%，按成本加成定价法确定其单位销售价格。

解析：

单位成本=（总固定成本+总变动成本）/产品总量=(2 880 000+720 000)÷1 200=3 000（元）

销售价格=单位成本+单位成本×成本利润率=单位成本×（1+成本利润率）=3 000×(1+20%)= 3 600（元）

【任务 5-2-2】湖南金源净水有限公司生产普通款净水器的生产能力达 1 000 台，已高于市场需求量，趋于饱和，生产普通款净水器单位变动成本为 1 200 元/台，固定成本总额为 800 000 元，公司要求保证该批商品利润不低于 450 000 元。

（1）现以下定价合理的是（　　）。

A．2 250 元　　B．2 450 元　　C．2 650 元

（2）现湖南梦远商贸有限公司欲给予 1 980 元/台的价格采购 800 台普通款净水器，是否接受？

解析：

（1）总成本=总变动成本+总固定成本=1 200×1 000+800 000=2 000 000（元）。

单位成本=总成本/产品数量=2 000 000÷1 000=2 000 元/台。

单位售价=（总成本+利润）/产品数量=(2 000 000+450 000)÷1 000=2 450（元）。

如果要保证 450 000 元的利润，则定价为 2 450 元/台，答案为 C。

（2）1 980 元/台<2 450 元/台，且其单位成本为 2 000 元/台，如果按 1 980 元/台出售，则会亏损，所以不接受。

工作任务三　销售收入核算

知识储备

销售收入是指企业通过产品销售或提供劳务所获得的货币收入，以及形成的应收账款，也称营业收入或经营收入。营业收入按收入比重和业务的主次可分为主营业务收入和其他业务收入。

企业应当在履行合同中的履约义务即在客户取得相关商品控制权时确认收入。取得相关商品控制权是指能够主导该商品的使用并从中获得几乎全部的经济利益。

一、开具增值税发票收取货款

（1）会计人员收到业务员交来的销售合同后，仔细核对客户的基本信息及收款方式，审核合同金额与明细清单是否一致。

（2）会计人员根据审核后的合同条款，按照合同约定开具增值税专用发票，增值税专用发票一式三联，其中第二联和第三联需要加盖公司发票专用章；或者开具增值税普通发票，增值税普通发票一式两联，其中第二联需要加盖公司发票专用章。

增值税专用发票第一联（记账联）如图 5-5 所示。

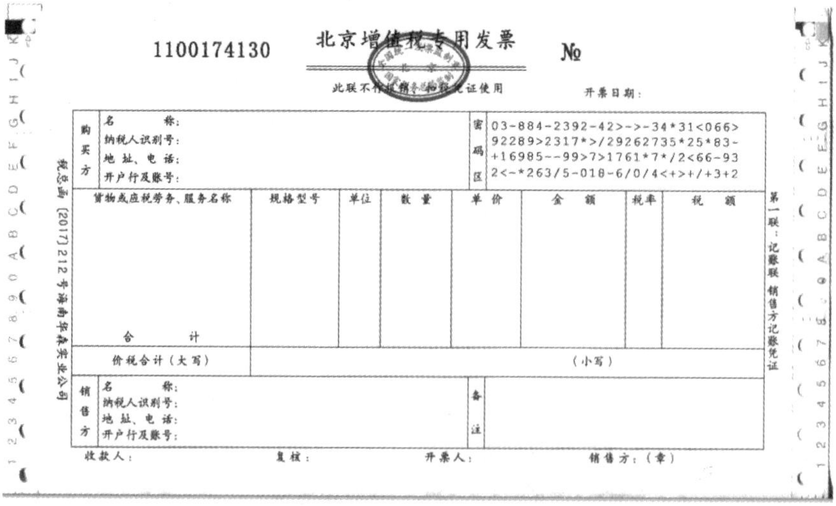
1100174130　北京增值税专用发票　№

此联不作报销、扣税凭证使用　开票日期：

购买方	名　　称： 纳税人识别号： 地 址、电 话： 开户行及账号：	密码区	03-884-2392-42>->-34*31<066> 92289>2317*>/29262735*25*83- +16985--99>7>1761*7*/2<66-93 2<-*263/5-018-6/0/4<+>+/+3+2

货物或应税劳务、服务名称	规格型号	单位	数量	单价	金额	税率	税额
合　计							
价税合计（大写）					（小写）		

销售方	名　　称： 纳税人识别号： 地 址、电 话： 开户行及账号：	备注	

收款人：　复核：　开票人：　销售方：（章）

税总函［2017］212 号海南华森实业公司

第一联：记账联　销售方记账凭证

图 5-5　增值税专用发票记账联

增值税普通发票第一联（记账联）如图 5-6 所示。

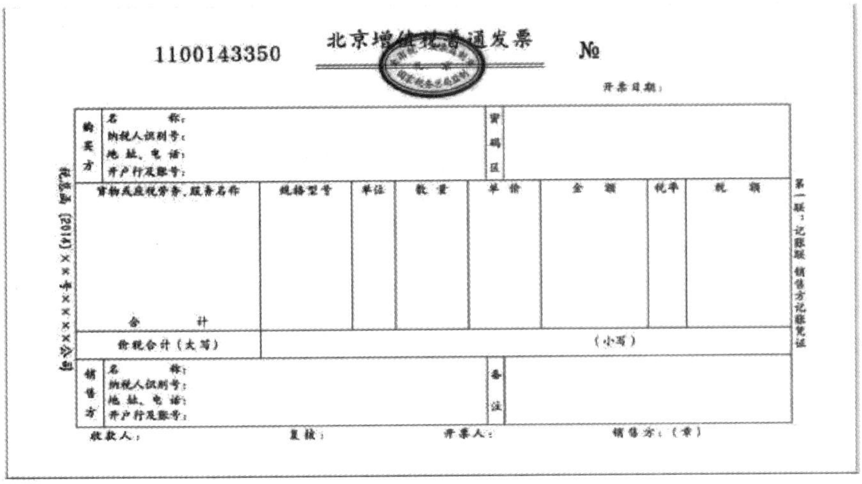
1100143350 北京增值税普通发票 №

开票日期：

购买方	名称： 纳税人识别号： 地址、电话： 开户行及账号：	密码区					
货物或应税劳务、服务名称	规格型号	单位	数量	单价	金额	税率	税额
合计							
价税合计（大写）					（小写）		
销售方	名称： 纳税人识别号： 地址、电话： 开户行及账号：	备注					

收款人： 复核： 开票人： 销售方：（章）

第一联：记账联 销售方记账凭证

图 5-6 增值税普通发票记账联

（3）将增值税专用发票按各联次的作用和归属转交给相关部门人员作为凭证：

第一联：记账联，财务自己留存，作为销售收入的原始凭证入账；

第二联：抵扣联，由业务员交给客户，可用来抵扣增值税；

第三联：发票联，由业务员交给客户，作为采购业务的原始凭证入账。

（4）及时到银行取得货款到账单据。

二、根据原始凭证填制记账凭证

（1）会计人员将每笔销售业务的单据进行收集整理，如销售合同、发票记账联、销货清单、银行回单等单据。

（2）会计人员对上述取得的原始凭证进行审核，审核要素是否齐全、数据是否准确、签字是否规范等。

（3）会计人员将审核无误的上述凭证作为附件，整齐规范地粘贴到原始凭证粘贴单上，并据此填制记账凭证。

（4）会计主管审核会计凭证并签字。

三、不同情形销售收入的会计处理

（1）现款现货：货物交给客户就开具发票，同时已经收到货款时确认收入。会计人员依据增值税发票记账联、销售货物清单、银行进账回单等单据进行以下会计处理。

借：银行存款　　　　　　　　　　　　　　　　　发票的价税合计

　　贷：主营业务收入　　　　　　　　　　　　　　　发票的金额合计

　　　　应交税费——应交增值税（销项税额）　　　发票的税额合计

（2）先收款后发货：依据合同先收到客户的预付款或定金时不能确认销售收入，只作为预收款入账。会计人员根据合同、银行进账回单等单据进行以下会计处理。

借：银行存款　　　　　　　　　　　　　　　　　银行回单金额

　　贷：预收账款　　　　　　　　　　　　　　　　　银行回单金额

按合同交付货物并开具发票时再确认销售收入，会计人员根据增值税发票记账联、银行回单等单据进行以下会计处理。

借：预收账款　　　　　　　　　　　　　　　　　已收到的定金

　　银行存款　　　　　　　　　　　　　　　　　银行回单金额

　　贷：主营业务收入　　　　　　　　　　　　　　发票的金额合计

　　　　应交税费——应交增值税（销项税额）　　发票的税额合计

（3）先发货后收款：依据合同先把货物发给客户，未收款时就要确认销售收入，同时作应收款入账。会计人员根据合同、增值税发票记账联和销售清单等单据进行以下会计处理。

借：应收账款

　　贷：应交税费——应交增值税（销项税额）

　　　　主营业务收入

按合同收到货款时，会计人员根据银行回单等单据进行以下会计处理。

借：银行存款

　　贷：应收账款

四、销货退回的会计处理

客户若因产品质量问题要求退货，协商后同意全额退还客户货款时，会计人员应根据业务员开具的销售退货单、仓库交来的产品入库单开具增值税红字发票（也称负数发票），并做冲销销售收入的会计处理。

借：应收账款或银行存款

　　贷：应交税费——应交增值税（销项税额）

　　　　主营业务收入

五、计提坏账准备的会计处理

企业的各项应收款项，可能会因购货人拒付、破产、死亡等原因而无法收回。这类无法收回的应收款项就是坏账。企业因坏账而遭受的损失称为坏账损失或减值损失。企业应当在资产负债表日对应收款项的账面价值进行评估，应收款项发生减值的，应当将减记的金额确认为减值损失，计提坏账准备。应收款项减值有两种核算方法，即直接转销法和备抵法，我国企业会计准则规定，应收款项减值的核算应采用备抵法，不得采用直接转销法。

（一）直接转销法

采用直接转销法时，日常核算中应收款项可能发生的坏账损失不予考虑，只有在实际发生坏账时，才作为坏账损失计入当期损益，同时直接冲销应收款项，借记“信用减值损失”科目，贷记“应收账款”等科目。

（二）备抵法

备抵法是采用一定的方法按期估计坏账损失，计入当期损益，同时建立坏账准备，待坏账实际发生时，冲销已计提的坏账准备和相应的应收款项。采用这种方法，在财务报表上列示应收款项的净额，使财务报表使用者能了解企业应收款项预期可收回的金额或真实的财务情况。企业应当设置“坏账准备”科目，核算应收款项的坏账准备计提、转销等事项。“坏账准备”科目的贷方登记当期计提的坏账准备、收回转销的应收账款而恢复的坏账准备，借方登记实际发生的坏账损失金额和冲减的坏账准备金额，期末贷方余额，反映企业已计提但尚未转销的坏账准备。

1. 计提坏账准备

企业计提坏账准备时，按照应收款项应减记的金额，借记“信用减值损失——计提的坏账准备”科目，贷记“坏账准备”科目。冲减多计提的坏账准备时，借记“坏账准备”科目，贷记“信用减值损失——计提的坏账准备”科目。

2. 转销坏账

企业确实无法收回的应收款项按管理权限报经批准后作为坏账转销时，应当冲减已计提的坏账准备。企业实际发生坏账损失时，借记“坏账准备”科目，贷记“应收账款”“其他应收款”等科目。

3. 收回已确认坏账并转销应收款项

已确认并转销的应收款项以后又收回的，应当按照实际收到的金额增加坏账准备的账面余额。已确认并转销的应收款项以后又收回时，借记“应收账款”“其他应收款”等科目，贷记“坏账准备”科目；同时，借记“银行存款”科目，贷记“应收账款”“其他应收款”等科目。

实践操练

销售业务处理流程如图 5-7 所示。

【任务 5-3-1】2020 年 11 月 10 日，湖南金源净水有限公司与江苏新北电器销售有限公司签订了一份商品购销合同，如图 5-8 所示，销售产品明细如表 5-5 所示，收款方式为货到付款，银行回单如图 5-9 所示。

要求：（1）请根据相关信息开具增值税专用发票。

（2）根据该销售业务填制记账凭证。

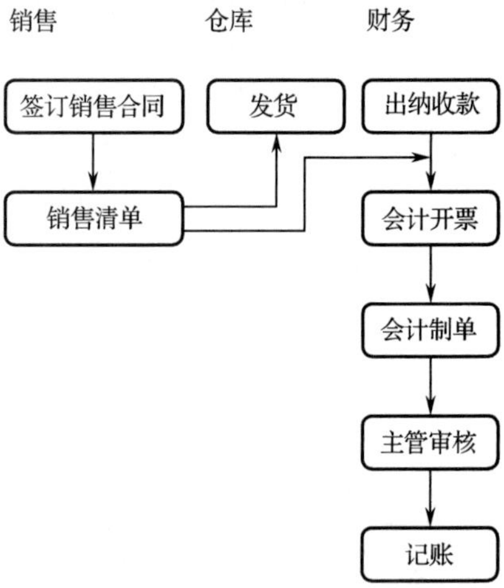

图 5-7　销售业务处理流程

商品购销合同

甲方（购货方）：江苏新北电器销售有限公司

乙方（销货方）：湖南金源净水有限公司

根据《中华人民共和国合同法》及有关法律、法规规定，甲、乙双方本着平等、自愿、公平、互惠互利和诚实守信的原则，就产品供销的有关事宜协商一致订立本合同，以便共同遵守。

一、合同价款及付款方式

不含税总价款为人民币：柒拾伍万元整（¥750000.00）。

签订合同后支付货款方式：☐A、现结　☐B、以无息商业汇票形式结算　☑C、货到付款

折扣方式：☑A、无　☐B、商业折扣 2%　☐C、商业折扣 5%。

商品于签订合同后 3 日内发出。

二、产品质量

1、乙方保证所提供的产品货真价实，来源合法，无任何法律纠纷和质量问题，如果乙方所提供产品与第三方出现了纠纷，由此引起的一切法律后果均由乙方承担。

2、购销商品明细

商品名称	单位	数量	单价（不含税）	金额（不含税）
普通款净水器	台	100	3000.00 元	300000.00 元
升级款净水器	台	100	4500.00 元	450000.00 元
合计				750000.00 元

三、违约责任

1、甲乙双方均应全面履行本合同约定，一方违约给另一方造成损失的，应当承担赔偿责任。

2、甲方未按照合同约定的期限结算的，应按照中国人民银行有关延期付款的规定，延迟一日，需支付结算货款的万分之五的违约金；延迟 10 日以上的，除支付违约金外，乙方有权解除合同。

3、甲方不得无故拒绝接货，否则应当承担由此造成的损失和运输费用。

4、合同解除后，双方应当按照本合同的约定进行对帐和结算，不得刁难。

四、其他约定事项

本合同一式两份，自双方签字之日起生效。如果出现纠纷，双方均可向有管辖权的人民法院提起诉讼。

五、其他事项

甲方：江苏新北电器销售有限公司	乙方：湖南金源净水有限公司
签约代表：	签约代表：
开户银行：中国工商银行玄武区支行	开户银行：中国银行开福区支行
账号：1900146479740148497	账号：600985012654
2020 年 11 月 10 日	2020 年 11 月 10 日

图 5-8　商品购销合同

中国银行 BANK OF CHINA　国内支付业务收款回单

客户号：102563789　日期：2020年11月10日

收款人账号：600985012654　付款人账号：1900146479740146497

收款人名称：湖南金源净水有限公司　付款人名称：江苏新北电器销售有限公司

收款人开户行：中国银行开福区支行　付款人开户行：中国工商银行玄武区支行

金额：CNY847,500.00

人民币捌拾肆万柒仟伍佰元整

报文种类：普通贷款业务报文

业务类型：普通汇兑　收支申报号：

业务标识号：2020112404589652　业务编号：

发起行行号：102560001649898　接收行行号：1045569550256

发起行名称：中国工商银行玄武区支行　接收行名称：中国银行开福区支行

入账账号：600985012654　入账户名：湖南金源净水有限公司

用途：

附言：　自助打印，请避免重复

经办：

打印时间：2020-11-10 15:36:17　打印次数：1　业务专用章 (02)

图 5-9　银行回单

表 5-5　江苏新北电器销售有限公司购货清单

统一社会信用代码：913205946617779330

序　号	产 品 名 称	数量/台	单价/元	金额/元	税　率	税额/元
1	普通款净水器	100	3 000.00	300 000.00	13%	39 000.00
2	升级款净水器	100	4 500.00	450 000.00	13%	58 500.00
合计				750 000.00	13%	97 500.00

解析：

（1）开具增值税专用发票，如图 5-10 所示。

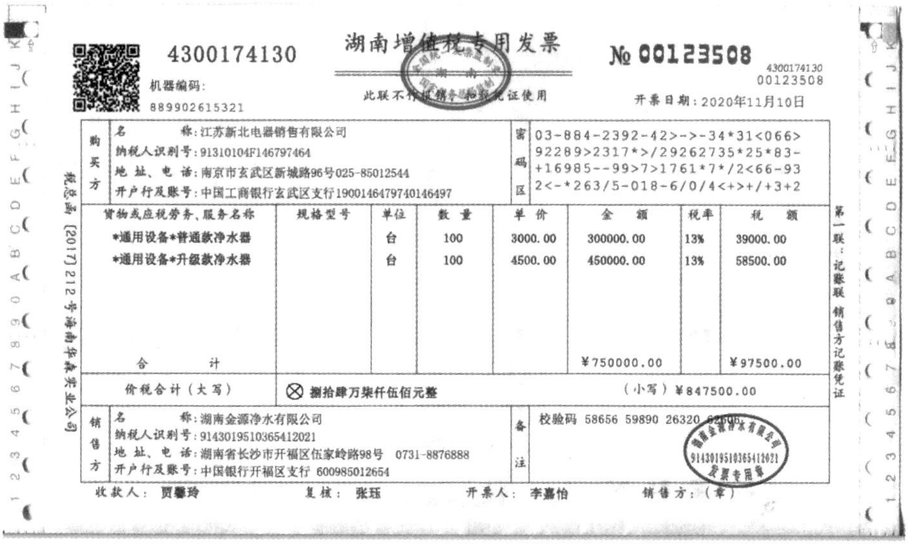

湖南增值税专用发票

4300174130　№ 00123508　4300174130 00123508

机器编码：889902615321

此联不作报销、扣税凭证使用

开票日期：2020年11月10日

购买方　名　称：江苏新北电器销售有限公司

纳税人识别号：91310104F146797464

地 址、电 话：南京市玄武区新城路96号025-85012544

开户行及账号：中国工商银行玄武区支行1900146479740146497

密码区　03-884-2392-42>->-34*31<066>
92289>2317*>/29262735*25*83-
+16985--99>7>1761*7*/2<66-93
2<-*263/5-018-6/0/4<+>+/+3+2

货物或应税劳务、服务名称	规格型号	单位	数 量	单 价	金 额	税率	税 额
*通用设备*普通款净水器		台	100	3000.00	300000.00	13%	39000.00
*通用设备*升级款净水器		台	100	4500.00	450000.00	13%	58500.00
合　计					¥750000.00		¥97500.00

价税合计（大写）　⊗捌拾肆万柒仟伍佰元整　（小写）¥847500.00

销售方　名　称：湖南金源净水有限公司

纳税人识别号：914301951036541202l

地 址、电 话：湖南省长沙市开福区伍家岭路98号　0731-8876888

开户行及账号：中国银行开福区支行 600985012654

备注　校验码 58656 59890 26320 62606

收款人：贾馨玲　复核：张珏　开票人：李嘉怡　销售方：（章）

税总函〔2017〕212号海南华森实业公司

第一联：记账联　销售方记账凭证

图 5-10　增值税专用发票

（2）填制记账凭证，如图 5-11 所示。

记 账 凭 证

2020 年 11 月 10 日　　　　第 ** 号

摘 要	会计科目		借方科目										贷方科目										记 账（签章）
	总账科目	明细科目	千	百	十	万	千	百	十	元	角	分	千	百	十	万	千	百	十	元	角	分	
销售货物	银行存款				8	4	7	0	0	0	0	0											
	主营业务收入	普通款净水器													3	0	0	0	0	0	0	0	
		升级款净水器													4	5	0	0	0	0	0	0	
	应交税费	应交增值税（销项税额）														9	7	5	0	0	0	0	
合 计					8	4	7	0	0	0	0	0			8	4	7	0	0	0	0	0	

附件 * 张

会计主管：罗小玛　出纳：贾馨玲　　审核：张珏　　制单：王宇

图 5-11

【任务 5-3-2】2020 年 12 月 31 日，湖南金源净水有限公司应收湖南骏鹏电子有限公司账款余额 100 000 元，湖南金源净水有限公司根据企业会计准则确定应计提坏账准备的金额为 10 000，坏账准备计提表格式如图 5-12 所示。

坏账准备计提表				
单位名称:湖南骏鹏电子有限公司				单位：元
科目名称	余额	账龄/年	计提比例	计提坏账准备金额
应收账款	100,000.00	2	10%	10,000.00
合计				10,000.00

图 5-12　坏账准备计提表格式

要求：根据该销售业务填制记账凭证。

解析：相关记账凭证如图 5-13 所示。

记 账 凭 证

2020 年 12 月 31 日　　　　第 ** 号

摘 要	会计科目		借方科目										贷方科目										记 账（签章）
	总账科目	明细科目	千	百	十	万	千	百	十	元	角	分	千	百	十	万	千	百	十	元	角	分	
计提坏账准备	信用减值损失	计提的坏账准备				1	0	0	0	0	0	0											
	坏账准备															1	0	0	0	0	0	0	
							1	0	0	0	0	0	0				1	0	0	0	0	0	0	

附件 * 张

会计主管：罗小玛　　出纳　　审核：张珏　　制单：王宇

图 5-13

工作任务四　销售成本核算

能根据业务部门提供的相关资料，运用先进先出法、个别计价法和加权平均法准确计算销售成本，并及时准确地进行会计处理。

知识储备

销售成本是指已销售产品的生产成本或已提供劳务的劳务成本及其他销售的业务成本，包括主营业务成本和其他业务成本两部分。

销售成本的计算：对于主营业务成本，应以产品的销售数量或提供的劳务数量和产品的单位生产成本或单位劳务成本为基础进行确认，其计算公式为：

主营业务成本=产品销售数量或提供劳务数量×产品单位生产成本或单位劳务成本

其中：产品销售数量可直接在库存商品明细账上取得；产品单位生产成本可采用多种方法进行计算确定，如先进先出法、个别计价法、加权平均法等，但企业一经选定某一种方法后，不得随意变动，这是会计核算一贯性原则的要求。

一、运用先进先出法计算产品销售成本

先进先出法，是指以先入库的产品应先发出（即用于销售或耗用） 这样一种产品实物流动假设为前提，对发出产品进行计价的方法。采用这种方法，先购入的产品成本在后购入产品成本之前转出，据此确定发出产品和期末产品的成本。

收入产品时，会计人员登记产品明细账根据产品入库单逐笔登记收到产品的数量、单价和金额。

发出产品时，会计人员登记产品明细账根据出库单逐笔登记发出产品的数量，按照先进先出的原则确定本次发出产品的单价，从而计算出产品销售成本。

二、运用个别计价法计算产品销售成本

个别计价法亦称个别认定法，是指对发出的产品分别认定其单位成本和发出产品成本的方法。采用这种方法，要求具体产品项目要具有明显的标志，而且数量不多、价值较大，如大件物品，贵重的珠宝、名画等。期末产品的各种项目，分别确定每种物品的单位成本和总成本，然后相加各种产品的成本，即为产品期末全部的成本。

以个别计价法计算发出产品的销售成本和期末产品的销售成本比较合理、准确，但

实务操作的工作量繁重，困难较大。采用这种成本计价法要求企业对每一种产品按进货批次分别堆放，在发出货物时也要逐一认定其批次。

三、运用加权平均法计算产品销售成本

（一）加权平均法

加权平均法也称月末一次加权平均法，是指本月全部进货成本加上月初产品成本，除以本月全部进货数量加上月初产品数量，计算出产品的销售单位成本，以此为基础，计算出本月发出产品的销售成本和期末产品销售成本的一种方法。

收入产品时，会计人员登记产品明细账根据产品入库单逐笔登记收到产品的数量、单价和金额。

发出产品时，会计人员登记产品明细账根据出库单只登记产品发出的数量，发出的单价因要在月末才能计算出来暂时不登记，计算产品结存的数量。

月末计算产品的单位成本，其计算公式如下所示：

$$产品单位成本=\frac{\text{月初库存产品的实际成本}+\sum\left(\text{当月各批入库的实际单位成本}\times\text{当月各批进货的数量}\right)}{\left(\text{月初库存产品数量}+\text{当月各批进货数量之和}\right)}$$

本月产品销售成本的计算，其计算公式如下所示：

当月销售成本=当月发出产品的数量×产品单位成本

当月月末库存产品成本=月末库存产品的数量×产品单位成本

考虑到计算出的加权平均单价不一定是整数，往往要小数点后四舍五入，为了保持账面数字之间的平衡关系，一般采用倒挤成本法计算产品的销售成本。

（二）移动加权平均法

移动加权平均法是指每次进货的成本加上原有库存存货的成本，除以每次进货数量与原有库存存货的数量之和，据以计算存货单位成本，作为在下次进货前计算各次发出存货成本的依据。其计算公式如下：

$$存货单位成本=\left(\text{月初库存在货的实际成本}+\text{本次进货的实际成本}\right)\div\left(\text{原有库存存货数量}+\text{本次进货数量}\right)$$

本次发出存货的成本=本次发出存货数量×本次发货前的存货单位成本

本月月末库存存货成本=月末库存存货的数量×本月月末存货单位成本

采用移动加权平均法能够使企业管理层及时了解存货成本的结存情况，计算出的存货单位成本及发出和结存的存货成本比较客观。但是，由于每次收货都要计算一次单位

成本，计算工作量较大，对收发货较频繁的企业不适用。

四、销售成本的会计处理

（一）主营业务成本会计处理

主营业务成本，是指企业销售商品、提供服务等经常性活动所发生的成本。企业一般在确认销售商品、提供服务等主营业务收入时，或在月末，将已销售商品、已提供服务的成本转入主营业务成本。企业应当设置“主营业务成本”科目，用于核算企业因销售商品、提供服务等日常活动而发生的实际成本，该科目按主营业务的种类进行明细核算。

企业结转已销售商品或提供服务成本时，借记“主营业务成本”科目，贷记“库存商品”“合同履约成本”等科目。期末，将主营业务成本的余额转入“本年利润”科目，借记“本年利润”科目，贷记“主营业务成本”科目，结转后，“主营业务成本”科目无余额。

（二）其他业务成本会计处理

其他业务成本，是指企业确认的除主营业务活动以外的其他日常经营活动所发生的支出。其他业务成本包括销售材料的成本、出租固定资产的折旧额、出租无形资产的摊销额、出租包装物的成本或摊销额等。采用成本模式计量投资性房地产的，其投资性房地产计提的折旧额或摊销额，也构成其他业务成本。

企业应当设置“其他业务成本”科目，核算企业确认的除主营业务活动以外的其他日常经营活动所发生的支出。“其他业务成本”科目按其他业务成本的种类进行明细核算。企业发生的其他业务成本，借记“其他业务成本”科目，贷记“原材料”“周转材料”“累计折旧”“累计摊销”“应付职工薪酬”“银行存款”等科目。期末，“其他业务成本”科目余额转入“本年利润”科目，结转后，“其他业务成本”科目无余额。

实践操练

【任务 5-4-1】本月产品进销存情况如表 5-6 所示，销售情况如表 5-7 所示，分别运用先进先出法、加权平均法计算产品销售成本并进行会计处理。

表 5-6　进销存汇总表

序号	物品目录		上月结存/元			本月入库/元		
	物料编号	名称	数量/台	单价	金额	数量/台	单价	金额
1	A0015	普通款净水器	260	2 000.00	520 000.00	560	1 980.00	1 108 800.00
2	A0016	升级款净水器	180	3 000.00	540 000.00	700	3 050.00	2 135 000.00

续表

序号	物品目录		上月结存/元			本月入库/元		
	物料编号	名称	数量/台	单价	金额	数量/台	单价	金额
3								
4								
5								
合计	/	/	/	/	1 060 000.00	/	/	3 243 800.00

表 5-7　2020 年 11 月销售情况统计表

2020 年 11 月 30 日

商品编号	商品名	本月销售情况	
		销量/台	销售额/元
A0015	普通款净水器	310	806 000.00
A0016	升级款净水器	420	1 596 000.00
合计			2 402 000.00

解析：

（1）运用先进先出法计算产品销售成本，并编制记账凭证，如图 5-14 所示。

普通款净水器销售成本：260×2 000+50×1 980= 520 000+99 000=619 000（元）

升级款净水器销售成本：180×3 000+240×3 050=540 000+732 000=1 272 000（元）

记账凭证

2020 年 11 月 30 日　　第 ** 号

摘要	会计科目		借方科目（千百十万千百十元角分）	贷方科目（千百十万千百十元角分）	记账（签章）
	总账科目	明细科目			
结转销售成本	主营业务成本	普通款净水器	61900000		
		升级款净水器	127200000		
	库存商品	普通款净水器		61900000	
		升级款净水器		127200000	
合计			189100000	189100000	

附件*张

会计主管：罗小玛　　出纳　　审核：张珽　　制单：王宇

图 5-14

（2）运用月末一次加权平均法计算产品销售成本，填制 2020 年 11 月产成品转销成本明细表，如表 5-8 所示，并填制记账凭证，如图 5-15 所示。

普通款净水器单位成本=(260×2 000+560×1 980)÷(260+560)=1 986.34（元）

升级款净水器单位成本=(180×3 000+700×3 050)÷(180+700)=3 039.77（元）

表 5-8　2020 年 11 月产成品转销成本明细表

单位：元

序　　号	产品名称	单　　位	数　　量	单位成本	金　　额
1	普通款净水器	台	310	1 986.34	615 765.40
2	升级款净水器	台	420	3 039.77	1 276 703.40
合计					1 892 468.80

注：单位成本及金额均四舍五入保留两位小数。　　　　　　　　　　制表人：贺秀珊

记 账 凭 证

2020 年 11 月 30 日　　　　　　　　　　　　　　第 ** 号

摘　要	会计科目 总账科目	会计科目 明细科目	借方科目（千百十万千百十元角分）	贷方科目（千百十万千百十元角分）	记账（签章）
结转销售成本	主营业务成本	普通款净水器	61576540		
		升级款净水器	127670340		
	库存商品	普通款净水器		61576540	
		升级款净水器		127670340	
合　　计			189246880	189246880	

附件 * 张

会计主管：罗小玛　　出纳　　审核：张珏　　制单：王宇

图 5-15

工作领域六 费用业务核算

工作岗位要求：

1. 熟悉费用业务工作流程，熟悉税费业务涉及的相关政策及法律法规，初步具备业财税融合成本管控思维；

2. 能根据企业对费用管理的流程及规章制度的要求，及时审核相应的原始单据，正确归集和核算销售费用、管理费用和财务费用，并进行会计处理；

3. 能根据相关税收政策要求，正确计算增值税、消费税、企业所得税、城建税、教育费附加和地方教育费附加等相关税费，并进行会计处理；

4. 能根据相关税收政策及管理要求，及时完成申报、缴纳并进行会计处理；

5. 能遵守法律法规，依法纳税意识强，具有良好的职业素养，具备依法合规办理业务的能力。

工作任务一 期间费用核算

知识储备

期间费用，是指企业日常活动发生的不能计入特定核算对象的成本，而应计入发生当期损益的费用。期间费用包括管理费用、销售费用和财务费用。

因为期间费用是企业为组织和管理整个经营活动所发生的费用，与可以确定特定成本核算对象的材料采购、产成品生产等没有直接关系，因而期间费用不计入有关核算对象的成本，而是直接计入当期损益。

一、费用报销单据的审核

（一）费用报销审核的流程

业务经办人员在业务发生取得原始凭据后，按规定的审批程序办理费用报销。费用报销应遵循业务部门审批、财务部门审核的原则，且业务部门审批在前，财务部门审核在后。

（二）业务部门负责人单据审核的重点

业务部门经办费用开支事项，其负责人应侧重于开支事项真实性的审批，主要包括以下 3 点。

（1）真实性、必要性和合理性审核。报销单据必须真实有效。

（2）合同条款完备性审核。对附有合同的报销单据，需审核合同条款是否完备、各条款内容是否具体、明确、切实可行，避免因合同条款不全和过于简单、抽象，给履行带来困难，为日后发生纠纷留下隐患。对合同不完备的，告知报销人完善合同或签订补充协议。

（3）价格合理性审核，即审核商品或服务的价格是否合理。与以往价格相比有较大变化的，需要了解其变化原因。对于价格不合理的，告知报销人对价格做出书面说明或拒绝报销。

（三）财务部门单据审核的重点

财务部门侧重于审核报销单据的合规性，主要包括以下 8 点。

（1）流程合规性审核。报销单据的审批流程是否符合公司财务开支授权审批表的规定，一笔费用需由两个及两个以上部门共同承担的，是否取得各个费用承担部门负责人的审批。

（2）单据合规性、真实性审核。报销单据能否证明经济业务真实发生，开具的发票是否真实合规有效，报销所必需的附件是否完整。对不真实的单据，不予受理；对附件不完整的，要求补足附件。

（3）报销额度或标准审核。有文件规定有报销额度或标准（如差旅费报销标准）的，需审核本次报销或累计报销是否超出规定的报销额度或报销标准，如有超过，应核减报销金额或拒绝报销。

（4）正确性审核。费用、科目填写是否正确，报销单据的摘要和数字填写是否清晰、正确，金额计算有无差错，大小写金额是否相等。报销金额不能大于批示金额，不能大于发票、合同上的金额。

（5）及时性审核。已发生的费用支出，应及时整理费用单据报销。不符合公司规定的报销时间要求、超期报销的，应依据公司制度给予处罚。

（6）预算审核。支付的款项是否已在预算内列支，是否超出预算指标。

（7）借款及预付款审核。查询报销人是否有借款，凡有借款业务的，其报销应首先用于归还借款。询问并验证报销人所报销费用是否前期已经预付过款项。

（8）粘贴规范性审核。原始单据的粘贴是否符合便于装订归档、便于审阅复核的要求。单据粘贴不规范的，退还报销人重新按规范粘贴。

二、期间费用的核算范围

（一）管理费用的核算范围

管理费用是指企业为组织和管理生产经营发生的各种费用，包括企业在筹建期间内发生的开办费、董事会和行政管理部门在企业的经营管理中发生的及应由企业统一负担的公司经费（包括行政管理部门职工薪酬、物料消耗、低值易耗品摊销、办公费和差旅费等）、行政管理部门负担的工会经费、董事会费（包括董事会成员津贴、会议费和差旅费等）、聘请中介机构费、咨询费（含顾问费）、诉讼费、业务招待费、技术转让费、研究费用等。企业生产车间（部门）和行政管理部门发生的固定资产修理费用等后续支出，也作为管理费用核算。

（二）销售费用的核算范围

销售费用是指企业销售商品和提供劳务的过程中发生的各种费用，包括企业在销售商品过程中发生的保险费、包装费、展览费和广告费、商品维修费、预计产品质量保证损失、运输费、装卸费等，以及为销售本企业商品而专设的销售机构（含销售网点、售后服务网点等）的职工薪酬、业务费、折旧费等经营费用。企业发生的与专设销售机构相关的固定资产修理费用等后续支出也属于销售费用。

销售费用是与企业销售商品活动有关的费用，但不包括销售商品本身的成本和劳务成本，这两类成本属于主营业务成本。

（三）财务费用的核算范围

财务费用是指企业为筹集生产经营所需资金等而发生的费用。财务费用具体包括：企业生产经营期间发生的利息支出（减利息收入）汇兑损益（不包括单独核算的汇兑损益）、金融机构手续费，以及企业发生的现金折扣或收到的现金折扣等。

但在企业筹建期间发生的利息支出，应计入开办费；为购建或生产满足资本化条件的资产发生的应予以资本化的借款费用，通过“在建工程”“制造费用”等科目核算，不计入财务费用。

三、期间费用的会计处理

（一）管理费用的会计处理

企业应设置“管理费用”科目核算管理费用的发生和结转情况。该科目借方登记企业发生的各项管理费用，贷方登记期末转入“本年利润”科目的管理费用，结转后该科目应无余额。该科目按管理费用的费用项目进行明细核算。

（1）平时发生管理费用（如报销差旅费、购买办公用品等）时，会计人员根据审核无误的单据进行会计处理：

借：管理费用——××费用

　　贷：银行存款或其他应收款

（2）月末，汇总本月管理费用并结转到“本年利润”科目

借：本年利润

　　贷：管理费用

（二）销售费用的会计处理

企业应设置“销售费用”科目核算销售费用的发生和结转情况，该科目借方登记企业所发生的各项销售费用，贷方登记期末转入“本年利润”科目的销售费用，结转后，“销售费用”科目应无余额。“销售费用”科目应按销售费用的费用项目进行明细核算。

（1）平时发生销售费用（如支付广告费、支付营业网点的水电费等）时，会计人员根据审核无误的单据进行会计处理：

借：销售费用——××费用

　　贷：银行存款——应付账款——其他应收款

（2）月末，汇总本月管理费用并结转到“本年利润”科目

借：本年利润

　　贷：销售费用

（三）财务费用的会计处理

企业发生的财务费用在“财务费用”科目中核算，并按费用项目设置明细账进行明细核算。企业发生的各项财务费用借记“财务费用”科目，贷记“银行存款”“应付利息”等科目；企业发生利息收入、汇兑收益时冲减借方。月终，将借方归集的财务费用全部由“财务费用”科目的贷方转入“本年利润”科目的借方，计入当期损益。结转后“财务费用”科目期末无余额。

（1）支付银行手续费和当期借款利息时，会计人员根据审核无误的单据进行会计处理：

借：财务费用——手续费或借款利息

　　贷：银行存款

（2）收到银行存款利息时，会计人员根据银行进账单回单进行会计处理：

借：银行存款

　　贷：财务费用

（3）客户在折扣期内归还货款享受现金折扣时，会计人员根据银行进账单回单进行会计处理：

借：银行存款

　　财务费用

　　贷：应收账款

（4）在折扣期内归还供应商的货款享受现金折扣时，会计人员根据银行付款单回单进行会计处理：

借：应付账款

　　贷：银行存款

　　　　财务费用

（5）月末，汇总本月财务费用并结转到“本年利润”科目：

借：本年利润

　　贷：销售费用

实践操练

费用报销流程如图 6-1 所示。

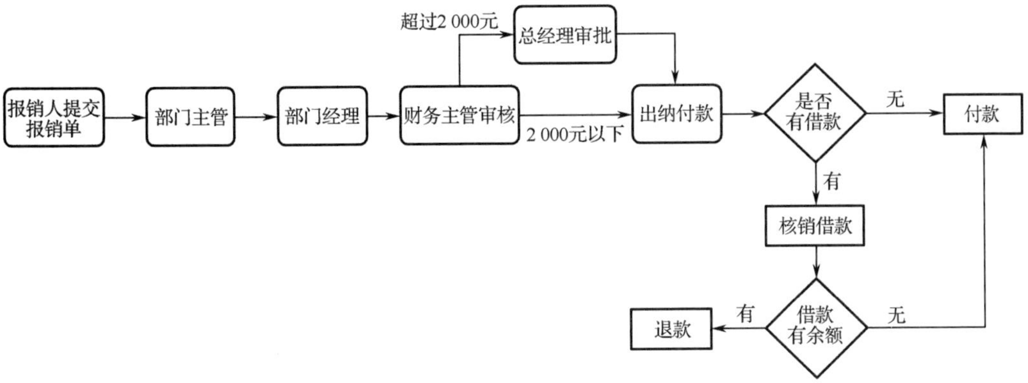

图 6-1　费用报销流程

【任务 6-1-1】市场部主管李新虎因业务拓展需要于 2020 年 11 月 5 日至 7 日到北京出差，乘坐高铁往返，提交的报销单据有：高铁二等座火车票 2 张（649 元）、住宿发票 2 天（420 元/天）、餐饮费共计 1 200 元（其中 1 000 元部分已提前向领导请示）。

要求：请根据提供的原始单据，如图 6-2～图 6-4 所示，按公司差旅费报销标准核定其可报销金额。

图 6-2　火车票（长沙至北京）

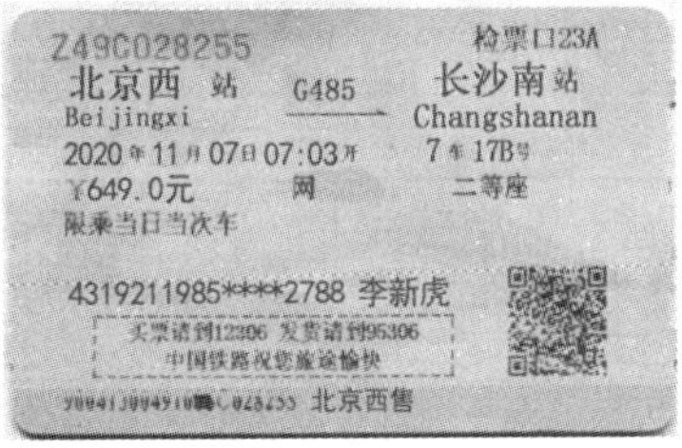

图 6-3　火车票（北京至长沙）

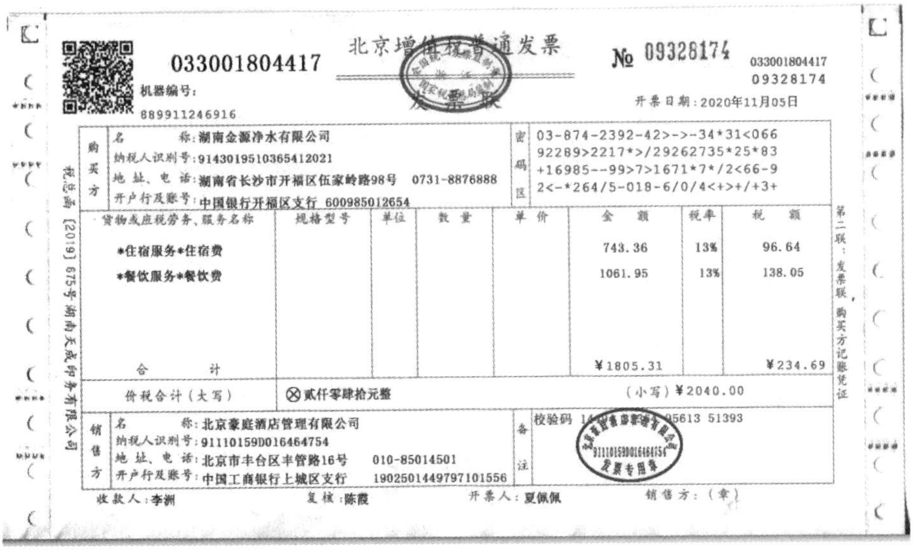

北京增值税普通发票

033001804417　№ 09328174　033001804417 09328174

机器编号：889911246916　开票日期：2020年11月05日

购买方 名称	湖南金源净水有限公司
纳税人识别号	9143019510365412021
地址、电话	湖南省长沙市开福区伍家岭路98号 0731-8876888
开户行及账号	中国银行开福区支行 600985012654
密码区	03-874-2392-42>->-34*31<066 92289>2217*>/29262735*25*83 +16985--99>7>1671*7*/2<66-9 2<-*264/5-018-6/0/4<+>+/+3+

货物或应税劳务、服务名称	规格型号	单位	数量	单价	金额	税率	税额
*住宿服务*住宿费					743.36	13%	96.64
*餐饮服务*餐饮费					1061.95	13%	138.05
合计					¥1805.31		¥234.69
价税合计（大写）	⊗贰仟零肆拾元整				（小写）¥2040.00		

销售方 名称	北京豪庭酒店管理有限公司
纳税人识别号	91110159D016464754
地址、电话	北京市丰台区丰管路16号 010-85014501
开户行及账号	中国工商银行上城区支行 1902501449797101556
备注	校验码 1[illegible]5613 51393

收款人：李洲　复核：陈霞　开票人：夏佩佩　销售方：（章）

税总函[2019]675号湖南天成印务有限公司

第二联：发票联　购买方记账凭证

图 6-4　发票

附：甲公司差旅费报销标准。

① 住宿费报销时必须提供住宿发票，依据实际出差天数结算，原则上，实际发生额未达到住宿标准金额的，不予补偿；超出住宿标准部分由员工自行承担。

② 餐费每人每天 50 元；业务往来餐费需提前向各部门负责人申请，经同意后方可执行。报销费用时需经部门相关负责人确认签字后方可向财务报销。餐费限额标准：每餐 100～200 元/人，超出部分原则上公司不予报销，特殊事由需做出情况说明，报销时需填报实际用餐人数及费用支出事由。

③ 出差人员应在回公司后 5 个工作日内办理报销事宜，根据差旅费用标准填写《差旅费报销单》，部门经理审核签字，财务部审核签字，总经理审批；原则上前款未清者不予办理新的借款。

④ 出差人员每人每天住宿费限额标准，如表 6-1 所示。

表 6-1　出差人员住宿费限额标准

职　　别	出　差　地		
	县（市）及以下地区	地级及以上城市	特殊地区（深圳、珠海、北京、广州、上海）
总经理/部门经理	300 元	400 元	500 元
部门主管	200 元	300 元	400 元
其他人员	150 元	200 元	300 元

⑤ 长途交通费标准：出差人员原则上乘坐汽车或者乘坐火车，如因时间紧急需搭乘飞机的应事先报经总经理批准，未经批准，飞机票一律不予报销。高铁一律乘坐二等座，普通火车乘坐硬座，于晚八时至次日晨七时之间，晚上乘车 6 小时以上或连续乘车 10 小时以上可购硬卧票，飞机一律乘坐经济舱，超标准乘坐的，超标准部分自理。

解析：

（1）火车票。乘坐高铁二等座符合报销标准可全额报销：2×649=1 298（元）。

（2）住宿发票。到北京出差部门主管的住宿费最高标准为 400 元/天，实际住宿费：2×420=840（元），超过部分不允许报销。可报销住宿费：2×400=800（元）。

（3）餐费发票。已提前向领导请示请客户吃饭的 1 000 元可全额报销，另一部分 200 元餐费按 50 元/天的标准限额，超标部分不允许报销。可报销的餐费：1 000+3×50=1 150（元）。

（4）结论。市场部主管李新虎本次出差可报销差旅费总额为：1 298+800+1 150=3 248（元）

【任务 6-1-2】甲公司于 2021 年 3 月在计提固定资产折旧时，应将基本生产车间安装设备的折旧费计入____费用，销售营业部的空调、电脑等固定资产的折旧费计入____费用，财务部办公室的折旧费计入____费用。

A 制造费用　　B 管理费用　　C 销售费用　　D 财务费用

答案：A；C；B。

【任务 6-1-3】2020 年 10 月甲公司为自建厂房向银行贷款，取得 2 年期借款 100 万元，年利率为 6%，按月支付借款利息，厂房于 2021 年 8 月底完工，借款本金到期归还。2021 年 8 月会计人员应将本笔借款的利息计入____，2021 年 9 月会计人员应将本笔借款的利息计入____。

A 制造费用　　B 管理费用　　C 在建工程　　　D 财务费用

答案：C；D。

【任务 6-1-4】在任务 6-1-1 中，市场部主管李新虎出差前未向公司借款，也无个人往来，出纳已将实际报账金额 3 248 元转到其工资卡，请对其报销的差旅费进行会计处理，填制记账凭证。

解析：填制记账凭证如图 6-5 所示。

记 账 凭 证

2020 年 11 月 05 日　　　　第 * 号

摘要	会计科目		借方金额（千百十万千百十元角分）	贷方金额（千百十万千百十元角分）	记账（签章）
	总账科目	明细科目			
差旅费	管理费用	差旅费	324800		
	银行存款			324800	
合计			324800	324800	

附件 * 张

会计主管：罗小玛　出纳：贾馨玲　审核：张珏　制单：王宇

图 6-5

【任务 6-1-5】2020 年 11 月 05 日，财务部李嘉怡购买一些办公用品，要报销 320 元，如图 6-6 所示，出纳用现金支付，请填制记账凭证。

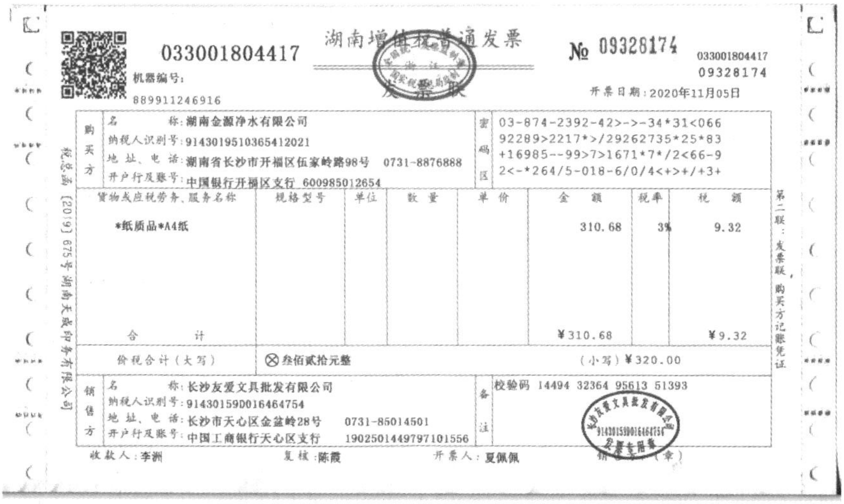
湖南增值税普通发票

033001804417　No 09328174

机器编号：889911246916

开票日期：2020年11月05日

购买方	名称：湖南金源净水有限公司 纳税人识别号：914301951036541202l 地址、电话：湖南省长沙市开福区伍家岭路98号 0731-8876888 开户行及账号：中国银行开福区支行 600985012654			密码区	03-874-2392-42>->-34*31<066 92289>2217*>/29262735*25*83 +16985--99>7>1671*7*/2<66-9 2<-*264/5-018-6/0/4<+>+/+3+		
货物或应税劳务、服务名称	规格型号	单位	数量	单价	金额	税率	税额
*纸质品*A4纸					310.68	3%	9.32
合计					¥310.68		¥9.32
价税合计（大写）	⊗叁佰贰拾元整				（小写）¥320.00		
销售方	名称：长沙友爱文具批发有限公司 纳税人识别号：91430159D016464754 地址、电话：长沙市天心区金盆岭28号 0731-85014501 开户行及账号：中国工商银行天心区支行 1902501449797101556			备注	校验码 14494 32364 95613 51393		

收款人：李洲　复核：陈霞　开票人：夏佩佩　销售方：（章）

第二联：发票联，购买方记账凭证

图 6-6　发票

解析：填制记账凭证，如图 6-7 所示。

记 账 凭 证

2020 年 11 月 05 日　　　　第 * 号

摘要	总账科目	明细科目	借方金额（千百十万千百十元角分）	贷方金额（千百十万千百十元角分）	记账（签章）
办公费	管理费用	办公费	32000		
	库存现金			32000	
合计			32000	32000	

附件 * 张

会计主管：罗小玛　出纳：贾馨玲　审核：张珏　制单：王宇

图 6-7

【任务 6-1-6】2020 年 11 月 12 日，市场部赵娇丽拿一张 50 000 元的展览发票（见图 6-8）报销公司参加 2020 中国（乌鲁木齐）百货商品贸易展览会的展台费，冲销市场部主管李新虎的借支，请填制记账凭证。

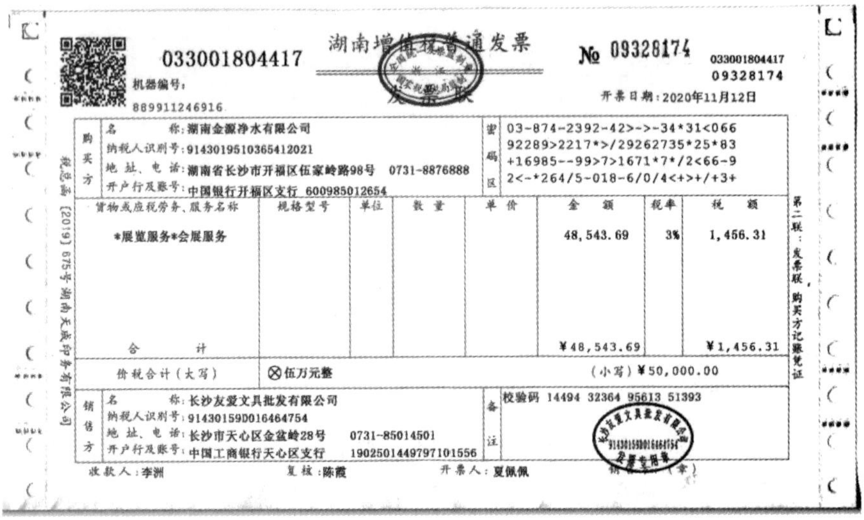
湖南增值税普通发票　No 09328174

033001804417　033001804417　09328174

机器编号：889911246916　开票日期：2020年11月12日

购买方　名称：湖南金源净水有限公司
纳税人识别号：9143019510365412021
地址、电话：湖南省长沙市开福区伍家岭路98号　0731-8876888
开户行及账号：中国银行开福区支行 600985012654

密码区：03-874-2392-42>->-34*31<066
92289>2217*>/29262735*25*83
+16985--99>7>1671*7*/2<66-9
2<-*264/5-018-6/0/4<+>+/+3+

货物或应税劳务、服务名称	规格型号	单位	数量	单价	金额	税率	税额
*展览服务*会展服务					48,543.69	3%	1,456.31
合计					¥48,543.69		¥1,456.31
价税合计（大写）	⊗伍万元整				（小写）¥50,000.00		

销售方　名称：长沙友爱文具批发有限公司
纳税人识别号：91430159D016464754
地址、电话：长沙市天心区金盆岭28号　0731-85014501
开户行及账号：中国工商银行天心区支行　1902501449797101556

备注：校验码 14494 32364 95613 51393

收款人：李洲　复核：陈霞　开票人：夏佩佩　销售方：（章）

第二联：发票联　购买方记账凭证

税总函[2019]675号湖南天成印务有限公司

图 6-8　发票

解析：填制记账凭证，如图 6-9 所示。

记 账 凭 证

2020 年 11 月 12 日　　　　第 * 号

摘要	总账科目	明细科目	借方金额（千百十万千百十元角分）	贷方金额（千百十万千百十元角分）	记账（签章）
展览费	销售费用	展览费	5000000		
	库存现金			4968000	
	其他应收款	李新虎		32000	
合计			5000000	5000000	

附件 * 张

会计主管：罗小玛　出纳：贾馨玲　审核：张珏　制单：王宇

图 6-9

【任务 6-1-7】2020 年 11 月 22 日，收到银行存款利息回单如图 6-10 所示，企业本季度的活期存款利息 256.65 元已经入账，请填制记账凭证。

中国银行 BANK OF CHINA　　国内支付业务收款回单

客户号：102563789　　日期：2020年11月22日

收款人账号：600985012654　　付款人账号
收款人名称：湖南金源净水有限公司　　付款人名称
收款人开户行：中国银行开福区支行　　付款人开户行
金额：CNY256.65
人民币贰佰伍拾陆元陆角伍分

报文种类：普通贷款业务报文
业务类型：普通汇兑　　收支申报号：
业务标识号：2016081004589652　　业务编号：
发起行行号：102560001649898　　接收行行号：1045569550256
发起行名称：中国银行开福区支行　　接收行名称：中国[illegible]开福区支行
入账账号：600025896523　　入账户名：长[illegible]公司
用途：
附言：利息收入　　自助打印，[illegible]免重复
打印时间：2020-11-22 15:36:17　　打印次数：[illegible]　　经办：

业务专用章 (03)

图 6-10　银行回单

解析：填制记账凭证，如图 6-11 所示。

记 账 凭 证

2020 年 11 月 22 日　　第 * 号

摘要	会计科目		借方科目										贷方科目										记账
	总账科目	明细科目	千	百	十	万	千	百	十	元	角	分	千	百	十	万	千	百	十	元	角	分	（签章）
利息收入	银行存款	利息收入						2	5	6	6	5											
	财务费用																	2	5	6	6	5	
合计								2	5	6	6	5						2	5	6	6	5	

附件 * 张

会计主管：罗小玛　出纳：贾馨玲　审核：张珏　制单：王宇

图 6-11

工作任务二　税费核算

知识储备

许多人只知道公司经营需要缴税纳税，但是并不知道到底要缴哪些税，缴多少，怎么缴？目前我国现行的税种主要包括 5 大类，共 18 个税种。

第一类流转税，包括增值税、消费税和关税；

第二类所得税，包括企业所得税、个人所得税；

第三类资源税，包括资源税、土地增值税、城镇土地使用税；

第四类财产和行为税，包括房产税、印花税、车船税和契税；

第五类特定目的税，包括城市维护建设税、车辆购置税、耕地占用税、船舶吨税、环保税、烟叶税。

企业要根据其经济性质和经营业务来确定应缴纳的税种和税率，依法、及时足额缴纳税款是每个纳税人的义务。

企业应通过“应交税费”科目，核算各种税费的应缴、缴纳等情况。该科目贷方登记应缴纳的各种税费等，借方登记实际缴纳的税费；期末余额一般在贷方，反映企业尚未缴纳的税费，期末余额如在借方，反映企业多缴或尚未抵扣的税费。本科目按“应交税费”项目设置明细科目进行明细核算。

企业代扣代缴的个人所得税，也通过“应交税费”科目核算，而企业缴纳的印花税、车辆购置税、耕地占用税和契税等不需要预计应缴的税金，不通过“应交税费”科目核算。

一、增值税的计算和会计处理

增值税是以商品（含应税劳务）在流转过程中产生的增值额作为计税依据而征收的一种流转税。从计税原理上说，增值税是对商品生产、流通、劳务服务中多个环节的新增价值或商品的附加值征收的一种流转税。实行价外税，也就是由消费者负担税费，有增值才征税，没增值不征税。

（一）增值税纳税人

在中华人民共和国境内销售货物或加工、修理修配劳务（简称劳务），销售服务、无形资产、不动资产及进出口货物的单位和个人，为增值税纳税人。按照经营规模的大小和会计核算健全程度不同，增值税纳税人可分为小规模纳税人和一般纳税人。

小规模纳税人为年应征增值税销售额 500 万元及以下，并且会计核算不健全，不能按规定报送有关税务资料的增值税纳税人。若小规模纳税人会计核算健全，能够提供准确税务资料的，可以向税务机关申请登记为一般纳税人。

一般纳税人是指年应征增值税销售额超过小规模纳税人标准的企业或企业性单位。一般纳税人实行登记制，已经登记为一般纳税人后不得转为小规模纳税人。

（二）增值税征税范围

增值税的征税范围包括：在中华人民共和国境内销售货物、销售劳务、销售服务、销售无形资产、销售不动产及进口货物等。

（1）销售货物，指有偿转让货物的所有权，包括电力、热力和气体等。

（2）销售劳务，指有偿提供加工、修理修配劳务。

（3）销售服务，指提供交通运输服务、邮政服务、电信服务、建筑服务、金融服务、现代服务和生活服务。

（4）销售无形资产，指转让无形资产所有权或者使用权的业务。无形资产包括商标、著作权、商誉、土地使用权、代理权等。

（5）销售不动产，指转让建筑物、构筑物等不动产所有权的业务。

（三）增值税税率和征收率

1. 增值税税率

目前我国增值税税率有 4 档。

（1）13%：纳税人销售货物、劳务、有形动产租赁服务或者进口货物，除《中华人民共和国增值税暂行条例》（简称《增值税暂行条例》）另有规定外，适用 13%的税率。

（2）9%：纳税人销售交通运输、邮政、基础电信、建筑、不动产租赁服务，销售不动产，转让土地使用权，销售或进口 5 类特定货物，适用 9%的税率。

（3）6%：纳税人销售服务、无形资产，除另有规定外，适用 6%的税率。

（4）零税率：纳税人出口货物，境内单位和个人跨境销售国务院规定范围内的服务、无形资产，纳税人向境外单位提供的完全在境外消费的服务等，适用零税率。

2. 增值税征收率

小规模纳税人及一般纳税人选择简易办法计税的，一般适用 3%的征收率，另有规定的除外。

（四）增值税应纳税额的计算

1. 简易计税方法应纳税额的计算

小规模纳税人销售货物或者应税劳务，按照销售额和征收率简易计算应纳增值税额。应纳税额计算公式为：

应纳税额=销售额×征收率

这里的销售额是指销售货物或提供应税劳务向购买方收取的全部价款和价外费用，但是不包括按 3%的税率收取的增值税额。

一般纳税人发生财政部和国家税务总局规定的特定应税行为时，可以选择简易计税方法计税，但一经选择，36 个月内不得变更。

【例 6-2-1】甲公司在 2017 年是小规模纳税人，2017 年 8 月销售净水器开具普通发票，收到货款共计 103 000 元，当月购入 100 台变压器，取得供货方开具的增值税发票价税合计 35 000 元。请以甲公司税务会计李嘉怡的身份计算当月应缴的增值税。

解析：

8 月的不含税销售收入=开票总额÷（1+税率）=103 000÷1.03=100 000（元）

8 月应缴的增值税=不含税收入×税率=100 000×3%=3 000（元）

2. 进口货物应纳税额的计算

纳税人进口货物，无论是一般纳税人还是小规模纳税人，均应按照组成计税价格和规定的税率计算应纳税额，不允许抵扣发生在境外的任何税金。其计算公式为：

应纳税额=组成计税价格×税率

组成计税价格=关税完税价格+关税+消费税

【例 6-2-2】甲公司于 2021 年 4 月进口滤芯一批，关税完税价格为 500 000 元，已知关税税率为 10%。请以甲公司税务会计李嘉怡的身份计算进口环节应纳增值税税额。

解析：

进口环节应纳关税税额=500 000×10%=50 000（元）

进口环节应纳增值税税额=(500 000+50 000)×13%=71 500（元）

3. 一般纳税人一般计税方法计算应纳增值税

对于一般纳税人销售货物、劳务、服务、无形资产、不动产，应采取一般计税方法计算应纳增值税额，其计算公式为：

应纳税额=当期销项税额-当期进项税额

当期销项税额小于当期进项税额不足抵扣时，其不足部分可以结转至下期继续抵扣。

销项税额是指纳税人销售货物者应税劳务时，按照销售额和规定的税率计算并向购买方收取的增值税额，其计算公式为：

销项税额=销售额×税率

当期进项税额是指纳税人购进货物者接受应税劳务所支付给供货方可抵扣的增值税额。

【例 6-2-3】甲公司于 2020 年 1 月由增值税小规模纳税人转变成一般纳税人，2021 年 3 月发生以下经济业务：

（1）16 日，销售 50 台普通款净水器给长沙通程电器有限公司，开具增值税专用发票，不含税出厂单价为 3 000 元，货款暂未收到。

（2）22 日，购进生产需用的增压泵 200 台，单价为 400 元，取得增值税专用发票，货款暂未支付。

（3）25 日，销售 10 台升级款净水器给个人消费者，开具普通发票，零售单价为 4 200

元，款项已扫码转账收取。

请以甲公司税务会计李嘉怡的身份计算3月应缴纳的增值税额。

解析：

16日的销售，凭销货发票记账联和出库单可以确认销项税额为19 500元；22日的进货，凭进货发票的抵扣联和发票联、入库单可以确认进项税额为10 400元；25日的销售，凭销货发票记账联和出库单可以确认销项税额为4 831.86元。

本公司3月应缴纳的增值税额=(19 500+4 831.86)−10 400=13 931.86（元）

（五）增值税的会计处理

1. 小规模纳税人和选择简易办法计税的一般纳税人增值税的会计处理

小规模纳税人和选择简易办法计税的一般纳税人对于增值税的核算只需要在“应交税费”科目下设置“应交增值税”明细科目，企业所有涉及增值税的业务均通过这个明细科目核算。企业因采用的是简易征收办法，没有进项抵扣的问题，即使取得增值税专用发票抵扣联，也不能进行进项抵扣。

实行简易征收计税的企业在销售货物或提供应税劳务时，根据增值税发票记账联或销售汇总表确认本笔销售应缴纳的增值税额时，进行如下会计处理：

借：银行存款或应收账款

　　贷：应交税费——应交增值税

　　　　主营业务收入

期末，若公司本期的销售额未超过起征点，则可免征增值税；若超过起征点，则应全额缴纳增值税。

目前，小规模纳税人的增值税一般以一个季度为纳税期，若本季度的销售额未达到起征点30万，则可享受免征增值税，季末应进行如下会计处理：

借：应交税费——应交增值税

　　贷：营业外收入

若当期享受免征增值税，则下月初申报增值税时应做“零”申报处理，不做任何会计分录。当超过起征点时，期末不做其他会计处理，下月根据申报缴纳的增值税额进行如下会计处理：

借：应交税费——应交增值税

　　贷：银行存款

【例6-2-4】甲公司在2017年是小规模纳税人，2017年8月销售净水器开具普通发票，收到货款共计103 000元，当月购入100台变压器，取得供货方开具的增值税发票价税合计35 000元，款未付。请以甲公司税务会计李嘉怡的身份对当月的购销业务进行会计处理。

解析：

（1）销售时：

不含税销售额=103 000÷1.03=100 000（元）

增值税额=100 000×3%=3 000（元）

借：银行存款　　　　103 000

　　贷：应交税费——应交增值税　　　　3 000

　　　　主营业务收入　　　　100 000

（2）购进时：

因小规模纳税人不存在进项抵扣，采购所支付的款项全部计入货物的采购成本。

借：原材料　　　　35 000

　　贷：应付账款　　　　35 000

2. 一般纳税人采用一般计税方法时增值税的会计处理

（1）增值税核算应设置的会计科目。

为了核算企业应交增值税的发生、抵扣、交纳、退税及转出等情况，增值税一般纳税人应当在“应交税费”科目下设置“应交增值税”“未交增值税”“预交增值税”“待抵扣进项税额”“待认证进项税额”“待转销项税额”“增值税留抵税额”“简易计税”“转让金融商品应交增值税”“代扣代交增值税”等明细科目。

①“应交增值税”明细科目。

此明细科目包括一般纳税人“进项税额”、“销项税额抵减”、“已交税金”、“转出未交增值税”、“减免税款”、“出口抵减内销产品应纳税额”、“销项税额”、“出口退税”、“进项税额转出”和“转出多交增值税”等专栏。其中：

“进项税额”专栏，记录一般纳税人购进货物、加工修理修配劳务、服务、无形资产或不动产而支付或负担的、准予从当期销项税额中抵扣的增值税额；

“销项税额抵减”专栏，记录一般纳税人按照现行增值税制度规定因扣减销售额而减少的销项税额；

“已交税金”专栏，记录一般纳税人当月已交纳的应交增值税额；

“转出未交增值税”和“转出多交增值税”专栏，分别记录一般纳税人月度终了转出当月应交未交或多交的增值税额；

“减免税款”专栏，记录一般纳税人按现行增值税制度规定准予减免的增值税额；

“出口抵减内销产品应纳税额”专栏，记录实行“免、抵、退”办法的一般纳税人按规定计算的出口货物的进项税抵减内销产品的应纳税额；

“销项税额”专栏，记录一般纳税人销售货物、加工修理修配劳务、服务、无形资产或不动产应收取的增值税额；

“出口退税”专栏，记录一般纳税人出口货物、加工修理修配劳务、服务、无形资产按规定退回的增值税额；

“进项税额转出”专栏，记录一般纳税人购进货物、加工修理修配劳务、服务、无形资产或不动产等发生非正常损失及其他原因而不应从销项税额中抵扣、按规定转出的进项税额；

②“未交增值税”明细科目，核算一般纳税人月度终了从“应交增值税”或“预交增值税”明细科目转入当月应交未交、多交或预缴的增值税额，以及当月交纳以前期间未交的增值税额。

③“预交增值税”明细科目，核算一般纳税人转让不动产、提供不动产经营租赁服务、提供建筑服务、采用预收款方式销售自行开发的房地产项目等，以及其他按现行增值税制度规定应预缴的增值税额。

④“待抵扣进项税额”明细科目，核算一般纳税人已取得增值税扣税凭证并经税务机关认证，按照现行增值税制度规定准予以后期间从销项税额中抵扣的进项税额。

⑤“待认证进项税额”明细科目，核算一般纳税人由于未经税务机关认证而不得从当期销项税额中抵扣的进项税额。包括：一般纳税人已取得增值税扣税凭证、按照现行增值税制度规定准予从销项税额中抵扣，但尚未经税务机关认证的进项税额；一般纳税人已申请稽核但尚未取得稽核相符结果的海关缴款书进项税额。

⑥“待转销项税额”明细科目。核算一般纳税人销售货物、加工修理修配劳务、服务、无形资产或不动产，已确认相关收入（或利得）但尚未发生增值税纳税义务而需于以后期间确认为销项税额的增值税额。

⑦“简易计税”明细科目，核算一般纳税人采用简易计税方法发生的增值税计提、扣减、预缴、缴纳等业务。

（2）取得资产、接受劳务或服务的会计处理。

① 采购等业务进项税额允许抵扣的会计处理。一般纳税人购进货物、加工修理修配劳务、服务、无形资产或者不动产，按应计入相关成本费用或资产的金额，借记“在途物资”或“原材料”、“库存商品”、“生产成本”、“无形资产”、“固定资产”、“管理费用”等科目，按当月已认证的可抵扣增值税额，借记“应交税费——应交增值税（进项税额）”科目，按当月未认证的可抵扣增值税额，借记“应交税费——待认证进项税额”科目，按应付或实际支付的金额，贷记“应付账款”“应付票据”“银行存款”等科目。发生退货的，如原增值税专用发票已做认证，应根据税务机关开具的红字增值税专用发票编制相反的会计分录，如原增值税专用发票未做认证，应将发票退回并做相反的会计分录。

【例 6-2-5】湖南金源净水有限公司于 2021 年 3 月份发生如下购销业务，请以税务会计李嘉怡的身份对每笔购销业务进行会计处理。

（1）5 日，购入原材料一批，增值税专用发票上注明的价款为 120 000 元，增值税额为 15 600 元，材料尚未到达，全部款项已用银行存款支付。

借：在途物资　　120 000
　　应交税费——应交增值税（进项税额）　　15 600
　　贷：银行存款　　135 600

（2）10 日，收到 5 日购入的原材料并验收入库，实际成本总额为 120 000 元。同日，与运输公司结清运输费用，增值税专用发票上注明的运输费用为 5 000 元，增值税额为 450 元，运输费用和增值税额已用转账支票付讫。

借：原材料　　125 000
　　应交税费——应交增值税（进项税额）　　450
　　贷：银行存款　　5 450
　　　　在途物资　　120 000

（3）15 日，购入不需要安装的生产设备一台，增值税专用发票上注明的价款为 30 000 元，增值税额为 3 900 元，款项尚未支付。

借：固定资产　　30 000
　　应交税费——应交增值税（进项税额）　　3 900
　　贷：应付账款　　33 900

（4）25 日，企业管理部门委托外单位修理机器设备，对方开具的增值税专用发票上注明的修理费用为 20 000 元，增值税额为 2 600 元，款项已用银行存款支付。

借：管理费用　　20 000
　　应交税费——应交增值税（进项税额）　　2 600
　　贷：银行存款　　22 600

（5）25 日，该公司购进一幢简易办公楼作为固定资产核算，并投入使用。已取得增值税专用发票并经税务机关认证，增值税专用发票上注明的价款为 1 500 000 元，增值税额为 135 000 元，全部款项以银行存款支付。不考虑其他相关因素。

借：固定资产　　1 500 000
　　应交税费——应交增值税（进项税额）　　135 000
　　贷：银行存款　　163 000

② 采购等业务进项税额不得抵扣的会计处理。企业已单独确认进项税额的购进货物、加工修理修配劳务、服务、无形资产或不动产，但其事后改变用途（如用于简易计税方法计税项目、免征增值税项目、非增值税应税项目等），或发生非正常损失，原已计入进项税额、待抵扣进项税额或待认证进项税额，按照现行增值税制度规定不得从销项税额中抵扣。这里所说的“非正常损失”，根据现行增值税制度规定，是指因管理不善造成货物被盗、丢失、霉烂变质，以及因违反法律法规造成货物或不动产被依法没收、销毁、拆除的情形。

进项税额转出的会计处理：

借：待处理财产损溢/应付职工薪酬/固定资产/无形资产

贷：应交税费——应交增值税（进项税额转出）/应交税费——待抵扣进项税额/应交税费——待认证进项税额

【例 6-2-6】湖南金源净水有限公司在 2021 年 3 月份发生进项税额转出事项如下：

（1）10 日，库存材料因管理不善发生火灾损失，材料实际成本为 20 000 元，相关增值税专用发票上注明的增值税额为 2 600 元。甲公司将毁损库存材料作为待处理财产损溢入账。

（2）22 日，领用一批外购原材料用于集体福利，该批原材料的实际成本为 60 000 元，相关增值税专用发票上注明的增值税额为 7 800 元。

要求：进行相关会计处理。

解析：

（1）借：待处理财产损溢——待处理流动资产损溢　　22 600

　　贷：原材料　　20 000

　　　　应交税费——应交增值税（进项税额转出）　　2 600

（2）借：应付职工薪酬——职工福利费　　67 800

　　贷：原材料　　60 000

　　　　应交税费——应交增值税（进项税额转出）　　7 800

（3）销售等业务的会计处理。

① 企业销售货物、加工修理修配劳务、服务、无形资产或不动产，应当按应收或已收的金额，借记“应收账款”“应收票据”“银行存款”等科目，按取得的收入金额，贷记“主营业务收入”“其他业务收入”“固定资产清理”等科目，按现行增值税制度规定计算的销项税额（或采用简易计税方法计算的应纳增值税额），贷记“应交税费——应交增值税（销项税额）”或“应交税费——简易计税”科目（小规模纳税人应贷记“应交税费——应交增值税”科目）。企业销售货物等发生销售退回的，应根据税务机关开具的红字增值税专用发票做相反的会计分录。

按照国家统一的会计制度确认收入或利得的时点早于按照现行增值税制度确认增值税纳税义务发生时点的，应将相关销项税额记入“应交税费——待转销项税额”科目，待实际发生纳税义务时再转入“应交税费——应交增值税（销项税额）”科目。按照增值税制度确认增值税纳税义务发生时点早于按照国家统一的会计制度确认收入或利得的时点的，应将应纳增值税额借记“应收账款”科目，贷记“应交税费——应交增值税（销项税额）”，按照国家统一的会计制度确认收入或利得时，应按扣除增值税销项税额后的金额确认收入或利得。

【例 6-2-7】湖南金源净水有限公司于 2020 年 3 月 16 日销售 50 台普通款净水器给长沙通程电器有限公司，开具增值税专用发票，不含税出厂单价为 3 000 元，货款暂未收到。25 日，销售 10 台升级款净水器给个人消费者，开具普通发票，零售单价为 4 200 元，款项已扫码转账收取。要求：进行相关会计处理。

解析：

（1）16 日销售业务的会计处理：

借：应收账款　　　　169 500

　　贷：主营业务收入　　　　150 000

　　　　应交税费——应交增值税（销项税额）　　　　19 500

（2）25 日销售业务的会计处理：

借：银行存款　　　　42 000

　　贷：主营业务收入　　　　37 168.14

　　　　应交税费——应交增值税（销项税额）　　　　4 831.86

② 视同销售的会计处理。企业有些交易和事项按照现行增值税制度规定，应视同对外销售处理，计算应交增值税。视同销售需要交纳增值税的事项主要有：企业将自产或委托加工的货物用于集体福利或个人消费、作为投资提供给其他单位或个体工商户、分配给股东或投资者、对外捐赠等。在这些情况下，企业应当根据视同销售的具体内容，按照现行增值税制度规定计算的销项税额（或采用简易计税方法计算的应纳增值税额），借记“长期股权投资”“应付职工薪酬”“利润分配”“营业外支出”等科目，贷记“应交税费——应交增值税（销项税额）”科目。

【例 6-2-8】湖南金源净水有限公司于 2020 年 3 月 15 日将自产的普通净水器对外捐赠，该批产品的实际成本为 20 000 元，市场不含税售价为 250 000 元，开具的增值税专用发票上注明的增值税额为 32 500 元。要求：进行相关会计处理。

解析：

公司以自产产品对外捐赠应交增值税销项税额=250 000×13%=32 500（元）

借：营业外支出　　　　232 500

　　贷：库存商品　　　　200 000

　　　　应交税费——应交增值税（销项税额）　　　　32 500

（3）交纳增值税的会计处理。

企业交纳当月应交的增值税，借记“应交税费——应交增值税（已交税金）”科目，贷记“银行存款”科目；企业交纳以前期间未交的增值税，借记“应交税费——未交增值税”科目，贷记“银行存款”科目。

【例 6-2-9】湖南金源净水有限公司在 2021 年 3 月发生增值税销项税额合计为 525 200 元，增值税进项税额转出合计为 29 900 元，增值税进项税额合计为 195 050 元。要求：进行相关会计处理。

解析：公司当月应交增值税计算结果如下：

当月应交增值税=525 200+29 900-195 050=360 050（元）

2020 年 4 月实际交纳当月增值税税款为 310 050 元，会计处理如下：

借：应交税费——应交增值税（已交税金）　　310 050

　　贷：银行存款　　310 050

（4）月末转出多交增值税和未交增值税的会计处理。

月度终了，企业应当将当月应交未交或多交的增值税从“应交增值税”明细科目转入“未交增值税”明细科目。对于当月应交未交的增值税，借记“应交税费——应交增值税（转出未交增值税）”科目，贷记“应交税费——未交增值税”科目；对于当月多交的增值税，借记“应交税费——未交增值税”科目，贷记“应交税费——应交增值税（转出多交增值税）”科目。

【例 6-2-10】湖南金源净水有限公司在 2021 年 3 月 31 日将尚未交纳的其余增值税税款 50 000 元进行结转，4 月 12 日，公司交纳 3 月未交的增值税 50 000 元。进行相关会计处理。

解析：

（1）借：应交税费——应交增值税（转出未交增值税）　　50 000

　　　　贷：应交税费——未交增值税　　50 000

（2）借：应交税费——未交增值税　　50 000

　　　　贷：银行存款　　50 000

二、消费税的计算和会计处理

消费税是以消费品的流转额作为征税对象的各种税收的统称，是政府向消费品征收的税项，征收环节单一，多数在生产或进口环节缴纳。消费税是典型的间接税。消费税是价内税，作为产品价格的一部分存在，税款最终由消费者承担。

消费税是以特定消费品为课税对象所征收的一种税，属于流转税的范畴。在对货物普遍征收增值税的基础上，选择部分消费品再征收一道消费税，目的是为了调节产品结构，引导消费方向，保证国家财政收入。

（一）消费税纳税人

在中华人民共和国境内生产、委托加工和进口《中华人民共和国消费税暂行条例》（简称《消费税暂行条例》）规定的消费品的单位和个人，以及国务院确定的销售《消费税暂行条例》规定的消费品的其他单位和个人为消费税的纳税人。

在中华人民共和国境内，是指生产、委托加工和进口属于应当缴纳消费税的消费品的起运地或者所在地在境内。

由于消费税是在对所有货物普遍征收增值税的基础上选择少量消费品征收的，因此，消费税纳税人同时也是增值税纳税人。

（二）消费税征税范围

根据《消费税暂行条例》及其实施细则的规定，消费税的征收范围包括下列内容。

1．生产应税消费品

（1）纳税人生产的应税消费品，于纳税人销售时纳税。

（2）纳税人自产自用的应税消费品，用于连续生产应税消费品的，不纳税；用于其他方面的，于移送使用时纳税。

其中，用于连续生产应税消费品，是指纳税人将自产自用应税消费品作为直接材料生产最终应税消费品，自产自用应税消费品构成最终应税消费品的实体；用于其他方面，是指纳税人将自产自用的应税消费品用于生产非应税消费品、在建工程、管理部门、非生产机构、提供劳务、馈赠、赞助、集资、广告样品、职工福利、奖励等方面。

（3）工业企业以外的单位和个人的下列行为视为应税消费品的生产行为，按规定征收消费税：①将外购的消费税非应税产品以消费税应税产品对外销售的；②将外购的消费税低税率应税产品以高税率应税产品对外销售的。

2．委托加工应税消费品

委托加工的应税消费品，是指由委托方提供原料和主要材料，受托方只收取加工费和代垫部分辅助材料加工的应税消费品。对于由受托方提供原材料生产的应税消费品，或者受托方先将原材料卖给委托方，然后再接受加工的应税消费品，以及由受托方以委托方名义购进原材料生产的应税消费品，不论在财务上是否作为销售处理，都不得作为委托加工应税消费品，而应当按照销售自制应税消费品缴纳消费税。

3．进口应税消费品

单位和个人进口应税消费品，于报关进口时缴纳消费税。为了减少征税成本，进口环节缴纳的消费税由海关代征。

4．零售应税消费品

（1）商业零售金银首饰。目前在零售环节征收消费税的金银首饰包括金基、银基合金首饰，金、银和金基、银基合金的镶嵌首饰，铂金首饰，钻石及钻石饰品等。

下列业务视同零售业，在零售环节缴纳消费税：

① 为经营单位以外的单位和个人加工金银首饰，加工包括带料加工、翻新改制、以旧换新等业务，不包括修理和清洗；

② 经营单位将金银首饰用于馈赠、赞助、集资、广告样品、职工福利、奖励等方面；

③ 未经中国人民银行总行批准，经营金银首饰批发业务的单位将金银首饰销售给经营单位。

（2）零售超豪华小汽车。自 2016 年 12 月 1 日起，对超豪华小汽车，在生产（进口）环节按现行税率征收消费税基础上，在零售环节加征消费税，将超豪华小汽车销售给消费者的单位和个人为超豪华小汽车零售环节纳税人。

5. 批发销售卷烟

自 2015 年 5 月 10 日起，将卷烟批发环节价税税率由 5%提高至 11%，并按 0.005 元/支加征从量税。烟草批发企业将卷烟销售给其他烟草批发企业的，不缴纳消费税。

卷烟消费税改为在生产和批发两个环节征收后，批发企业在计算应纳税额时不得扣除已含的生产环节的消费税税款。

纳税人兼营卷烟批发和零售业务的，应当分别核算批发和零售环节的销售额、销售数量；未分别核算批发和零售环节销售额、销售数量的，按照全部销售额、销售数量计征批发环节消费税。

（三）消费税税目和税率

根据《消费税暂行条例》的规定，消费税税目包括烟、酒等共 15 个。

消费税税率采取比例税率和定额税率两种形式，以适应不同应税消费品的实际情况。

消费税根据不同的税目或子目确定相应的税率或单位税额。一般情况下，对一种消费品只选择一种税率形式，但为了更好、更有效地保全消费税税基，对卷烟和白酒，则采取了比例税率和定额税率复合征收的形式。消费税税目、税率如表 6-2 所示。

表 6-2 消费税税目、税率表

税目	税率
一、烟	
1. 卷烟	生产（进口）环节：
（1）甲类卷烟	56%加 0.003 元/支
（2）乙类卷烟	36%加 0.003 元/支
	批发环节：11%加 0.005 元/支
2. 雪茄烟	36%
3. 烟丝	30%
二、酒	
1. 白酒	20%加 0.5 元/500 克（或者 500 毫升）
2. 黄酒	240 元/吨
3. 啤酒	
（1）甲类啤酒	250 元/吨
（2）乙类啤酒	220 元/吨
4. 其他酒	10%
三、高档化妆品	15%
四、贵重首饰及珠宝玉石	
1. 金银首饰、铂金首饰和钻石及钻石饰品	5%（零售环节）
2. 其他贵重首饰和珠宝玉石	10%

续表

税　　目	税　　率
五、鞭炮、焰火	15%
六、成品油	
1．汽油	1.52 元/升
2．柴油	1.2 元/升
3．航空煤油	1.2 元/升
4．石脑油	1.52 元/升
5．溶剂油	1.52 元/升
6．润滑油	1.52 元/升
7．燃料油	1.2 元/升
七、摩托车	
1．气缸容量（排气量，下同）在 250 毫升（含 250 毫升）以下的	3%
2．气缸容量在 250 毫升以上的	10%
八、小汽车	
1．乘用车	
（1）气缸容量（排气量，下同）在 1.0 升（含 1.0 升）以下的	1%
（2）气缸容量在 1.0 升至 1.5 升（含 1.5 升）的	3%
（3）气缸容量在 1.5 升至 2.0 升（含 2.0 升）的	5%
（4）气缸容量在 2.0 升至 2. 5 升（含 2.5 升）的	9%
（5）气缸容量在 2. 5 升至 3.0 升（含 3.0 升）的	12%
（6）气缸容量在 3.0 升至 4.0 升（含 4.0 升）的	25%
（7）气缸容量在 4.0 升以上的	40%
2．中轻型商用客车	5%
3．超豪华小汽车	生产环节按子税目 1 和子税目 2 的规定征收；零售环节 10%
九、高尔夫球及球具	10%
十、高档手表	20%
十一、游艇	10%
十二、木制一次性筷子	5%
十三、实木地板	5%
十四、电池	4%
十五、涂料	4%

消费税采取列举法按具体应税消费品设置税目、税率，征税界限清楚，一般不易发生错用税率的情况。但是，存在下列情况时，纳税人应按照相关规定确定适用税率。

（1）纳税人兼营不同税率的应税消费品，应当分别核算不同税率应税消费品的销售额、销售数量。未分别核算销售额、销售数量，或者将不同税率的应税消费品组成成套消费品销售的，从高适用税率。

（2）纳税人自产自用的卷烟应当按照纳税人生产的同牌号规格的卷烟销售价格确定征税类别和适用税率。

（3）卷烟由于接装过滤嘴、改变包装或其他原因提高销售价格后，应按照新的销售价格确定征税类别和适用税率。

（4）委托加工的卷烟按照受托方同牌号规格卷烟的征税类别和适用税率征税。没有同牌号规格卷烟的，一律按卷烟最高税率征税。

（5）残次品卷烟应当按照同牌号规格正品卷烟的征税类别确定适用税率。

（6）下列卷烟不分征税类别一律按照 56%卷烟税率征税，并按照定额每标准箱 150 元计算征税：①白包卷烟；②手工卷烟；③未经国务院批准纳入计划的企业和个人生产的卷烟。

（四）消费税应纳税额的计算

根据《消费税暂行条例》的规定，消费税应纳税额的计算分为从价计征、从量计征及从价和从量复合计征 3 种方法。以下分 3 种情况介绍销售额的确定。

1. 从价计征销售额的确定

（1）销售额是指纳税人销售应税消费品向购买方收取的全部价款和价外费用，不包括应向购买方收取的增值税款。价外费用，是指价外向购买方收取的手续费、补贴、运输装卸费及其他各种性质的价外收费。

（2）含增值税销售额的换算

应税消费品在缴纳消费税的同时，与一般货物一样还应缴纳增值税。按照《中华人民共和国消费税暂行条例实施细则》的规定，应税消费品的销售额，不包括应向购货方收取的增值税税款。如果纳税人应税消费品的销售额中未扣除增值税税款或者因不得开具增值税专用发票而发生价款和增值税税款合并收取的，在计算消费税时，应将含增值税的销售额换算为不含增值税的销售额。其换算公式为：

应税消费品的销售额=含增值税的销售额÷（1+增值税税率或征收率）

在使用换算公式时，应根据纳税人的具体情况分别使用增值税税率或征收率。如果消费税的纳税人同时又是增值税一般纳税人的，适用 13%的增值税税率；如果消费税的纳税人是增值税小规模纳税人的，适用 3%的征收率。

2. 从量计征销售数量的确定

销售数量是指纳税人生产、加工和进口应税消费品的数量。具体规定如下所述。

（1）销售应税消费品的，为应税消费品的销售数量。

（2）自产自用应税消费品的，为应税消费品的移送使用数量。

（3）委托加工应税消费品的，为纳税人收回的应税消费品数量。

（4）进口应税消费品的，为海关核定的应税消费品进口征税数量。

3. 复合计征销售额和销售数量的确定

在现行消费税的征税范围中，只有卷烟和白酒实行从价定率和从量定额相结合的复合计征办法征收消费税。

销售额为纳税人生产销售卷烟和白酒向购买方收取的全部价款和价外费用。销售数量为纳税人生产销售、进口、委托加工、自产自用卷烟和白酒的销售数量、海关核定数量、委托方收回数量和移送使用数量。

4. 生产销售应纳消费税的计算

（1）实行从价定率计征消费税的，其计算公式为：

应纳税额=销售额×比例税率

（2）实行从量定额计征消费税的，其计算公式为：

应纳税额=销售数量×定额税率

（3）实行从价定率和从量定额复合方法计征消费税的，其计算公式为：

应纳税额=销售额×比例税率+销售数量×定额税率

【例 6-2-11】湖南金源木地板厂为增值税一般纳税人。2022 年 3 月 15 日向旺府建材商场销售实木地板一批，取得含增值税销售额 113 000 元。已知实木地板适用的增值税税率为 13%，消费税税率为 5%。要求：计算该厂当月应纳消费税额。

解析：

不含增值税销售额=113 000÷(1+13%)=100 000（元）

应纳消费税额=100 000×5%=5 000（元）

【例 6-2-12】湖南岳阳石化公司 2022 年 6 月销售汽油 1 000 升，柴油 500 升，另向本公司在建工程车辆提供汽油 50 升。已知汽油的定额税率为 1.52 元/升，柴油的定额税率为 1.2 元/升。要求：计算该公司当月应纳消费税额。

解析：

销售汽油应纳消费税额=1 000×1.52=1 520（元）

销售柴油应纳消费税额=500×1.2=600（元）

在建工程车辆使用汽油应纳消费税额=50×1.52=76（元）

应纳消费税额合计=1 520+600+76=2 196（元）

【例 6-2-13】长沙卷烟生产企业为增值税一般纳税人，2022 年 4 月销售乙类卷烟 1 500 标准条，取得含增值税销售额 84 750 元。已知乙类卷烟消费税比例税率为 36%，定额税率为 0.003 元/支，每标准条有 200 支；增值税税率为 13%。要求：计算该企业当月应纳消费税额。

解析：

（1）不含增值税销售额=84 750−(1+13%)=75 000（元）

（2）从价定率应纳消费税额=75 000×36%=27 000（元）

（3）从量定额应纳消费税额=1 500×200×0.003=900（元）

（4）当月销售卷烟应纳消费税额合计=27 000+900=27 900（元）

【例 6-2-14】长沙酒厂是增值税一般纳税人，2022 年 5 月销售粮食白酒 30 吨，取得不含增值税销售额 180 000 元；薯类白酒 50 吨，取得不含增值税销售额 150 000 元。已知白酒消费税税率为 20%；定额税率为 0.5 元/500 克。要求：计算该企业当月销售白酒应纳消费税额。

解析：

（1）从价定率应纳消费税额=(180 000+150 000)×20%=66 000（元）

（2）从量定额应纳消费税额=(30+50)×2 000×0.5=80 000（元）

（3）本月销售白酒应纳消费税额合计=66 000+80 000=146 000（元）

2. 自产自用应纳消费税的计算

纳税人自产自用的应税消费品，用于连续生产应税消费品的，不纳税；凡用于其他方面的，于移送使用时，按照纳税人生产的同类消费品的销售价格计算纳税；没有同类消费品销售价格的，按照组成计税价格计算纳税。

（1）实行从价定率办法计征消费税的，其计算公式为：

组成计税价格=（成本+利润）÷（1−比例税率）

应纳税额=组成计税价格×比例税率

（2）实行复合计税办法计征消费税的，其计算公式为：

组成计税价格=（成本+利润+自产自用数量×定额税率）÷（1−比例税率）

应纳税额=组成计税价格×比例税率+自产自用数量×定额税率

上述公式中，“成本”是指应税消费品的产品生产成本；“利润”是指根据应税消费品的全国平均成本利润率计算的利润。应税消费品全国平均成本利润率由国家税务总局确定。

【例 6-2-15】长沙酒厂 2022 年春节前，将新研制的薯类白酒 1 吨作为过节福利发放给员工饮用，该薯类白酒无同类产品市场销售价格。已知该批薯类白酒生产成本为 20 000 元，成本利润率为 5%，白酒消费税税率为 20%；定额税率为 0.5 元/500 克。要求：计算该批薯类白酒应纳消费税额。

解析：

（1）组成计税价格=[20 000×(1+5%)+(1×2 000×0.5)] ÷(1−20%)

=(21 000+1 000)÷(1−20%)=27 500（元）

（2）应纳消费税额=27 500×20%+1×2 000×0.5=6 500（元）

3. 委托加工应纳消费税的计算

委托加工的应税消费品，按照受托方的同类消费品的销售价格计算纳税，没有同类消费品销售价格的，按照组成计税价格计算纳税。

（1）实行从价定率办法计征消费税的，其计算公式为：

组成计税价格=（材料成本+加工费）÷（1−比例税率）

应纳税额=组成计税价格×比例税率

（2）实行复合计税办法计征消费税的，其计算公式为：

组成计税价格=（材料成本+加工费+委托加工数量×定额税率）÷（1−比例税率）

应纳税额=组成计税价格×比例税率+委托加工数量×定额税率

材料成本是指委托方所提供加工材料的实际成本。委托加工应税消费品的纳税人，必须在委托加工合同上如实注明（或以其他方式提供）材料成本，凡未提供材料成本的，受托方税务机关有权核定其材料成本。

加工费是指受托方加工应税消费品向委托方所收取的全部费用（包括代垫辅助材料的实际成本），不包括增值税税款。

【例 6-2-16】上海相宜本草化妆品有限公司 2022 年 4 月受托为某商场加工一批高档化妆品，收取不含增值税的加工费 130 000 元，商场提供的原材料金额为 720 000 元。已知该化妆品企业无同类产品销售价格，消费税税率为 15%。要求：计算该化妆品企业应代收代缴的消费税。

解析：

没有同类消费品销售价格的，按照组成计税价格计算纳税。

（1）组成计税价格=(720 000+130 000)÷(1−15%)=1 000 000（元）

（2）相宜本草公司应代收代缴消费税额=1 000 000×15%=150 000（元）

4. 进口环节应纳消费税的计算

纳税人进口应税消费品，按照组成计税价格和规定的税率计算应纳税额。

（1）从价定率计征消费税的，其计算公式为：

组成计税价格=（关税完税价格+关税）÷（1−消费税比例税率）

应纳税额=组成计税价格×消费税比例税率

公式中“关税完税价格”是指海关核定的关税计税价格。

（2）实行复合计税办法计征消费税的，其计算公式为：

组成计税价格=（关税完税价格+关税+进口数量×定额税率）÷（1−消费税比例税率）

应纳税额=组成计税价格÷消费税比例税率+进口数量÷定额税率

进口环节消费税除国务院另有规定外，一律不得给予减税、免税。

【例 6-2-17】湖南金源净水器有限公司 2021 年 3 月从国外进口小汽车 1 辆，海关核定的该辆小汽车关税完税价为 280 000 元，已知小汽车关税税率为 20%，消费税税率为 25%。要求：计算该公司进口小汽车应纳消费税额。

解析：

（1）应纳关税额=280 000×20% =56 000（元）

（2）组成计税价格=(280 000+56 000)÷(1−25%)=448 000（元）

应纳消费税额=448 000×25%=112 000（元）

（五）消费税的会计处理

企业应在“应交税费”科目下设置“应交消费税”明细科目，核算应交消费税的发生、交纳情况。该科目贷方登记应交纳的消费税，借方登记已交纳的消费税，期末贷方余额，反映企业尚未交纳的消费税，期末借方余额，反映企业多交纳的消费税。

1. 销售应税消费品的会计处理

企业销售应税消费品应交的消费税，应借记“税金及附加”科目，贷记“应交税费——应交消费税”科目。

【例 6-2-18】继例 6-2-11 湖南金源木地板厂 2022 年 3 月 15 日向旺府建材商场销售实木地板一批，取得含增值税销售额 113 000 元。月末该厂会计人员计算出当月应纳消费税额 5 000 元。要求：请对上述业务进行会计处理。

解析：

（1）取得价款和税款时：

借：银行存款	113 000	
贷：主营业务收入		100 000
应交税费——应交增值税（销项税额）		13 000

（2）计算出本月应纳消费税时：

借：税金及附加	5 000	
贷：应交税费——应交消费税		5 000

2. 自产自用应税消费品的会计处理

企业将生产的应税消费品用于职工福利、在建工程等非生产机构时，按规定应交纳的消费税，借记“应付职工薪酬”“在建工程”等科目，贷记“应交税费——应交消费税”科目。

【例 6-2-19】长沙酒厂 2022 年春节前，将新研制的薯类白酒 1 吨作为过节福利发放给员工，该薯类白酒无同类产品市场销售价格。已知该批薯类白酒生产成本为 20 000 元，成本利润率为 5%，白酒消费税税率为 20%；定额税率为 0.5 元/500 克。要求：请对上述业务进行会计处理。

解析：

（1）组成计税价格=[20 000×(1+5%)+(1×2 000×0.5)] ÷(1−20%)

=(21 000 +1 000)÷(1−20%)=27 500（元）

（2）应纳消费税额=27 500×20%+1×2 000×0.5=6 500（元）

（3）增值税销项税额=27 500×13%=3 575（元）

会计处理如下：

借：应付职工薪酬——职工福利费	31 075	

税金及附加	6 500
贷：主营业务收入	27 500
应交税费——应交增值税（销项税额）	3 575
——应交消费税	6 500

同时，

借：主营业务成本	20 000
贷：库存商品	20 000

三、城建税、教育费附加的计算和会计处理

（一）城市维护建设税的计算及会计处理

城市维护建设税（简称城建税），是以纳税人实际缴纳的增值税、消费税税额为计税依据所征收的一 种税，主要目的是筹集城镇设施建设和维护资金。

1. 纳税人

在中华人民共和国境内缴纳增值税、消费税的单位和个人是城市维护建设税的纳税人。

2. 税率

城市维护建设税实行差别比例税率。按照纳税人所在地区的不同，设置了 3 档比例税率，即：

（1）纳税人所在地在市区的，税率为 7%；

（2）纳税人所在地在县城、镇的，税率为 5%；

（3）纳税人所在地不在市区、县城或镇的，税率为 1%。

3. 计税依据

城市维护建设税以纳税人实际缴纳的增值税和消费税税额为计税依据，并分别与两项税金同时缴纳。

4. 计算

城市维护建设税的应纳税额按照纳税人实际缴纳的增值税、消费税税额乘以适用税率计算。计算公式为：

应纳税额=（实际缴纳的增值税+实际缴纳的消费税）×适用税率

5. 会计核算

企业按规定计算出应纳城市维护建设税，借记“税金及附加”等科目，贷记“应交税费——应交城市维护建设税”科目。缴纳城市维护建设税时，借记“应交税费——应交城市维护建设税”科目，贷记“银行存款”科目。

【例 6-2-20】继例 6-2-3，湖南金源净水有限公司 2021 年 3 月实际缴纳增值税 13 931.86

元，适用的城市维护建设税税率为 7%。要求：计算应缴纳的城市维护建设税并进行会计处理。

解析：

（1）计算应交城市维护建设税：

应交城市维护建设税=13 931.86×7%=975.23（元）

（2）会计处理：

借：税金及附加　　975.23

　　贷：应交税费——应交城市维护建设税　　975.23

6. 申报和缴纳

城市维护建设税纳税义务发生时间和地点与缴纳增值税、消费税的纳税义务发生时间和地点一致，分别与增值税、消费税同时申报、缴纳。

（二）教育费附加和地方教育费附加的计算和会计处理

教育费附加是以各单位和个人实际缴纳的增值税、消费税的税额为计征依据而征收的一种费用，其目的是加快发展教育事业，扩大教育经费资金来源。地方教育费附加则是为了加快发展地方教育事业、扩大地方教育经费资金来源而向企业征收的附加费用。

1. 征收范围

教育费附加和地方教育费附加的征收范围均为税法规定征收增值税、消费税的单位和个人。

2. 计征依据

教育费附加和地方教育费附加以各单位实际缴纳的增值税、消费税的税额为计征依据。

3. 征收比率

现行教育费附加征收比率为 3%，地方教育费附加征收比率为 2%。

4. 计算

应纳教育费附加=（实际缴纳的增值税+实际缴纳的消费税）×征收比率

5. 会计核算

企业按规定计算出应缴纳的教育费附加和地方教育费附加时，借记“税金及附加”等科目，贷记“应交税费——应交教育费附加”和“应交税费——应交地方教育费附加”科目。

【例 6-2-21】继例 6-2-20，湖南金源净水有限公司 2021 年 3 月实际缴纳增值税 13 931.86 元，适用的教育费附加征收比率为 3%，地方教育费附加征收比率为 2%。要求：计算应缴纳的教育费附加和地方教育费附加并进行相应的会计处理。

解析：

（1）应纳教育费附加=13 931.86×3%=417.96（元）

应纳地方教育费附加=13 931.86×2%=278.64（元）

（2）会计处理：

借：税金及附加　　696.60

　　贷：应交税费——应交教育费附加　　417.96

　　　　应交税费——应交地方教育费附加　　278.64

四、企业所得税额的申报缴纳和会计处理

企业所得税是对企业和其他取得收入的组织生产经营所得和其他所得征收的一种所得税。

（一）企业应交所得税的计算

企业应交所得税是指企业按照企业所得税法规定计算确定的针对当期发生的交易和事项，应缴纳给税务部门的所得税金额，即当期应交所得税。应纳税所得额是在企业税前会计利润（即利润总额）的基础上调整确定的，计算公式为：

应纳税所得额=税前会计利润+纳税调整增加额-纳税调整减少额

1. 纳税调整增加额

（1）企业所得税法规定允许扣除项目中，企业已计入当期费用但超过税法规定扣除标准的金额，如超过企业所得税法规定标准的职工福利费、工会经费、职工教育经费、业务招待费、公益性捐赠支出、广告费和业务宣传费等。

（2）企业已计入当期损失但企业所得税法规定不允许扣除项目的金额，如税收滞纳金、罚金、罚款等。

2. 纳税调整减少额

（1）按企业所得税法规定允许弥补的亏损和准予免税的项目，如5年内未弥补亏损和国债利息收入等。

（2）企业所得税税收优惠可加计扣除的费用，如研究开发费用和安置残疾人员及国家鼓励安置的其他就业人员所支付的工资等。

企业当期应交所得税的计算公式为：

应交所得税=应纳税所得额×所得税税率

【例6-2-22】某公司2020年全年利润总额（即税前会计利润）为820 000元，其中包括，本年实现的国债利息收入为20 000元，所得税税率为25%。假定公司全年无其他纳税调整因素。要求：计算该公司2020年应纳的企业所得税。

解析：

国债利息收入是免税收，属于纳税调减项，则，

2020 年应纳税所得额=税前会计利润-纳税调整减少额=820 000−20 000=800 000（元）

2020 年应交所得税额=800 000×25% =200 000（元）

【例 6-2-23】　某公司 2021 年利润总额（税前会计利润）为 1 980 000 元，所得税税率为 25%。公司全年实发工资、薪金为 2 000 000 元，职工福利费为 300 000 元，工会经费为 50 000 元，职工教育经费为 210 000 元；经查，公司当年营业外支出中有 120 000 元为税收滞纳罚金。假定公司全年无其他纳税调整因素。要求：计算该公司 2021 年应纳的企业所得税。

解析：

可扣除的职工福利费支出 280 000 元（2 000 000×14%）；工会经费支出 40 000 元（2 000 000×2%），职工教育经费支出 160 000 元（2 000 000×8%）；按企业所得税法规定不允许扣除的税收滞纳金，这些均应调整增加应纳税所得额。甲公司当期所得税的计算如下：

（1）纳税调整增加额=(300 000−280 000)+(50 000−40 000)+(210 000−160 000)+120 000
= 200 000（元）

（2）2021 年应纳税所得额=1 980 000+200 000 =2 180 000（元）

（3）2021 年应交所得税=2 180 000×25% =545 000（元）

（二）企业所得税的会计处理

企业应设置“所得税费用”和“应交税费——应交所得税”科目核算企业所得税费用的确认及其结转情况。

月末或者季末计算出应预缴的所得税额时：

借：所得税费用

　　贷：应交税费——应交所得税

期末，应将“所得税费用”科目的余额转入“本年利润”科目。

借：本年利润

　　贷：所得税费用

结转后，“所得税费用”科目应无余额。下月（或季）初缴纳所得税时：

借：应交税费——应交所得税

　　贷：银行存款

实践操练

【任务 6-2-1】根据增值税计算表（见表 6-3），填制记账凭证。

表 6-3　增值税计算表

编制单位：湖南金源净水有限公司　　　　2020 年 11 月　　　　单位：元

日　期	进 项 税 额	销 项 税 额	进项税额转出	应 纳 税 额
2020/11/30	186 570.00	325 760.00	5 564.00	144 754.00

制表人：李嘉怡

解析：根据增值税计算表，填制记账凭证如图 6-12 所示。

记 账 凭 证

2020 年 11 月 30 日　　　　第 * 号

摘　要	会计科目：总账科目	会计科目：明细科目	借方科目（千百十万千百十元角分）	贷方科目（千百十万千百十元角分）	记账（签章）
结转本月未交增值税	应交税费	应交增值税（转出未交增值税）	14475400		
	应交税费	未交增值税		14475400	
合　计			14475400	14475400	

附件 * 张

会计主管：罗小玛　　出纳　　审核：张珏　　制单：王宇

图 6-12

【任务 6-2-2】某公司 11 月接收湖南蓄能科技有限公司委托加工太阳能电池（消费税税率为 4%）一批，收到蓄能科技公司提供的原材料，实际成本为 120 000 元，收到加工费为 20 000 元，增值税为 2 600 元，按规定代收消费税。加工完成后，蓄能科技公司收回太阳能电池，收回的太阳能电池以受托方的计税价格直接出售。要求：正确计算消费税，并填制记账凭证。

解析：

代收的消费税税额计算如下：

组成计税价格=(130 000+20 000)÷ (1−4%)=156 250.00（元）

代收代缴消费税=156 250×4%=6 250.00（元）

填制记账凭证如图 6-13 所示。

记 账 凭 证

2020 年 11 月 30 日　　　　第 * 号

摘　要	会计科目：总账科目	会计科目：明细科目	借方科目（千百十万千百十元角分）	贷方科目（千百十万千百十元角分）	记账（签章）
收委托加工费	银行存款		12885000		
	其他业务收入			12000000	
	应交税费	应交增值税（销项税额）		260000	
	应交税费	应交消费税		625000	
合　计			12885000	12885000	

附件 * 张

会计主管：罗小玛　　出纳：贾馨玲　　审核：张珏　　制单：王宇

图 6-13

【任务 6-2-3】根据附加税计提表（见表 6-4），填制记账凭证（见图 6-14）。

表 6-4 附加税计提表

2020 年 11 月 30 日　　　　单位：元

序　　号	项　　目	纳税基数 （增值税应纳税额）	税　　率	金　　额
1	城市维护建设税	151 004.00	7%	10 570.28
2	教育费附加	151 004.00	3%	4 530.12
3	地方教育费附加	151 004.00	2%	3 020.08
合计				18 120.48

制表人：李嘉怡

记 账 凭 证

2020 年 11 月 30 日　　　　第 * 号

摘　要	会计科目		借方科目										贷方科目										记　账 （签章）
	总账科目	明细科目	千	百	十	万	千	百	十	元	角	分	千	百	十	万	千	百	十	元	角	分	
计提附加税	税金及附加					1	8	1	2	0	4	8											
	应交税费	应交城市维护建设税														1	0	5	7	0	2	8	
	应交税费	应交教育费附加															4	5	3	0	1	2	
	应交税费	应交地方教育费附加															3	0	2	0	0	8	
合　　计						1	8	1	2	0	4	8				1	8	1	2	0	4	8	

附件 * 张

会计主管：罗小玛　　出纳　　审核：张珏　　制单：王宇

图 6-14

【任务 6-2-4】已知企业 2020 年 11 月企业纳税所得额为 5 798 560.00 元，企业所得税税率为 25%，正确填写企业所得税计提表，如表 6-5 所示。

表 6-5 2020 年 11 月所得税计提表

单位：元

计提税费种类	纳 税 基 数	税　　率	应纳税所得额
企业所得税	5 798 560.00	25%	1 449 640.00
合计			1 449 640.00

制表人：李嘉怡

【任务 6-2-5】湖南金源净水有限公司 2020 年 5 月 30 日，办理 2019 年度企业所得税汇算清缴，根据表 6-6 提供的 2019 年度的相关数据，编制纳税调整项目明细表，如表 6-7 所示。

表 6-6 2019 年度相关数据

项　　目	金额/元
利润总额	2 670 000.00
营业收入	41 500 000.00
与生产经营活动相关的业务招待费	250 000.00
广告和业务宣传费	5 980 000.00

表 6-7　纳税调整项目明细表（部分）项

单位：元

项　　目	账载金额	税收金额	调增金额	调减金额
	1	2	3	4
（二）扣除类调整项目	*	*	100 000.00	0.00
（三）业务招待费支出	250 000.00	150 000.00	100 000.00	0.00
（四）广告费和业务宣传费支出	5 980 000.00	6 225 000.00	0.00	0.00

工作任务三　税务申报与缴纳

知识储备

一、增值税的申报与缴纳

1. 纳税义务发生时间

纳税人发生应税销售行为，为收讫销售款项或者取得索取销售款项凭据的当天；先开具发票的，为开具发票的当天。

2. 纳税地点

（1）固定业户应当向其机构所在地的税务机关申报纳税。总机构和分支机构不在同一县（市）的，应当分别向各自所在地的税务机关申报纳税；经国务院财政、税务部门或者其授权的财政、税务机关批准，可以由总机构汇总向总机构所在地的税务机关申报纳税。

（2）固定业户到外县（市）销售货物或者劳务，应当向其机构所在地的税务机关报告外出经营事项，并向其机构所在地的税务机关申报纳税；未报告的，应当向销售地或者劳务发生地的税务机关申报纳税；未向销售地或者劳务发生地的税务机关申报纳税的，由其机构所在地的税务机关补征税款。

（3）非固定业户销售货物或者劳务，应当向销售地或者劳务发生地的税务机关申报纳税；未向销售地或者劳务发生地的税务机关申报纳税的，由其机构所在地或者居住地的税务机关补征税款。

（4）进口货物，应当向报关地海关申报纳税。

（5）其他个人提供建筑服务，销售或者租赁不动产，转让自然资源使用权，应向建筑服务发生地、不动产所在地、自然资源所在地税务机关申报纳税。

3. 纳税期限

（1）申报期限：根据《增值税暂行条例》及其实施细则和《营业税改征增值税试点实施办法》的规定，增值税的纳税期限分别为 1 日、3 日、5 日、10 日、15 日、1 个月或者 1 个季度。

纳税人的具体纳税期限，由主管税务机关根据纳税人应纳税额的大小分别核定；不能按照固定期限纳税的，可以按次纳税。以 1 个季度为纳税期限的规定适用于小规模纳税人、银行、财务公司、信托投资公司、信用社，以及财政部和国家税务总局规定的其他纳税人。

（2）缴纳期限：纳税人以 1 个月或 1 个季度为 1 个纳税期的，自期满之日起 15 日内申报纳税；以 1 日、3 日、5 日、10 日或 15 日为 1 个纳税期的，自期满之日起 5 日内预缴税款，于次月 1 日起 15 日内申报纳税并结清上月应纳税款。

纳税人进口货物，应当自海关填发进口增值税专用缴款书之日起 15 日内缴纳税款。

4. 增值税专用发票使用规定

增值税专用发票（简称专用发票），是增值税一般纳税人发生应税销售行为时开具的发票，是购买方支付增值税额并可按照增值税有关规定据以抵扣增值税进项税额的凭证。一般纳税人应通过增值税防伪税控系统使用专用发票。

（1）专用发票的联次及用途：专用发票由基本联次或者基本联次附加其他联次构成。

基本联次有 3 联，分别为：①发票联，作为购买方核算采购成本和增值税进项税额的记账凭证；②抵扣联，作为购买方报送主管税务机关认证和留存备查的扣税凭证；③记账联，作为销售方核算销售收入和增值税销项税额的记账凭证。

其他联次用途，由一般纳税人自行确定。

自 2014 年 8 月 1 日起启用新版增值税专用发票，如图 6-15 所示。

4300174130　湖南增值税专用发票　№ 00162330　4300174130 00162330

机器编码：889901723330　此联不作报销、扣税凭证使用　开票日期：2020年02月10日

购买方	名　称：湖南同城电器有限公司 纳税人识别号：9143015L68D0146479 地 址、电 话：湖南省长沙市天心区科技路63号　0731-85761901 开户行及账号：中国建设银行天心区分 62224980144793064794			密码区	03-804-1832-42>->-34*31<936> 82539>2053*>/24536735*25*83- +14535--99>7>1631*7*/2<66-93 2<-*263/5-018-6/0/4<+>+/+3+2		
货物或应税劳务、服务名称	规格型号	单位	数量	单价	金额	税率	税额
*设计服务*商标权					1700000.00	6%	102000.00
合计					¥1700000.00		¥102000.00
价税合计（大写）	⊗人民币壹佰捌拾万零贰仟圆整				（小写）¥1802000.00		
销售方	名　称：湖南呼吸宝净化工程有限公司 纳税人识别号：91430152012634G021 地 址、电 话：湖南省长沙市岳麓区梓梓路8号　0731-85259701 开户行及账号：中国银行岳麓区支行　600251002147			备注	湖南呼吸宝净化工程有限公司 91430152012634G021 发票专用章		

收款人：颜慧娟　复核：李美文　开票人：苏悦　销售方：（章）

税总函〔2017〕212号海南华森实业公司

第一联：记账联　销售方记账凭证

云上实训 WWW.YUNSX.COM

图 6-15　新版增值税专用发票示例

（2）专用发票的领购。一般纳税人领购专用设备后，凭《增值税专用发票最高开票限额申请表》《发票领购簿》到税务机关办理初始发行。初始发行是指税务机关将一般纳税人的企业名称、纳税人识别号、开票限额、购票限量、购票人员姓名、密码、开票机数量、国家税务总局规定的其他信息等载入空白金税盘和IC卡的行为。一般纳税人凭《发票领购簿》、金税盘（或IC卡）和经办人身份证明领购专用发票。

（3）专用发票开票限额。专用发票实行最高开票限额管理。最高开票限额是指单份专用发票开具的销售额合计数不得达到的上限额度。

最高开票限额由一般纳税人申请，主管税务机关依法审批。一般纳税人申请最高开票限额时，需填报《增值税专用发票最高开票限额申请单》。主管税务机关受理纳税人申请以后，根据需要进行实地查验，实地查验的范围和方法由各省税务机关确定。自2014年5月1日起，一般纳税人申请增值税专用发票最高开票限额不超过10万元的，主管税务机关不需要事前进行实地查验。

（4）专用发票开具范围。一般纳税人发生应税销售行为，应当向索取增值税专用发票的购买方开具专用发票。属于下列情形之一的，不得开具增值税专用发票。

①商业企业一般纳税人零售烟、酒、食品、服装、鞋帽（不包括劳保专用部分）、化妆品等消费品的；②应税销售行为的购买方为消费者个人的；③发生应税销售行为适用免税规定的。

（5）专用发票开具要求。

专用发票应按下列要求开具：①项目齐全，与实际交易相符；②字迹清楚，不得压线、错格；③发票联和抵扣联加盖财务专用章或发票专用章；④按照增值税纳税义务的发生时间开具。

二、消费税的申报与缴纳

1. 纳税义务发生时间

纳税人销售应税消费品的，纳税义务发生时间按不同的销售结算方式确定。

（1）采取赊销和分期收款结算方式的，为书面合同约定的收款日期的当天，书面合同没有约定收款日期者无书面合同的，为发出应税消费品的当天。

（2）采取预收货款结算方式的，为发出应税消费品的当天。

（3）采取托收承付和委托银行收款方式的，为发出应税消费品并办妥托收手续的当天。

（4）采取其他结算方式的，为收讫销售款或取得销售款凭据的当天。

（5）纳税人自产自用应税消费品的，为移送使用的当天。

（6）纳税人委托加工应税消费品的，为纳税人提货的当天。

（7）纳税人进口应税消费品的，为报关进口的当天。

2. 纳税地点

（1）纳税人销售的应税消费品，以及自产自用的应税消费品，除国家另有规定外，应当向纳税人机构所在地或居住地的税务机关申报纳税。

（2）委托加工的应税消费品，除受托方为个人外，由受托方向机构所在地或居住地的税务机关解缴消费税税款。受托方为个人的，由委托方向机构所在地的税务机关申报纳税。

（3）进口的应税消费品，由进口人或其代理人向报关地海关申报纳税。

（4）纳税人到外县（市）销售或委托外县（市）代销自产应税消费品的，于应税消费品销售后，向机构所在地或居住地税务机关申报纳税。

（5）纳税人的总机构与分支机构不在同一县（市）的，应当分别向各自机构所在地的税务机关申报纳税。

3. 纳税期限

（1）申报期：消费税的纳税期限分别为 1 日、3 日、5 日、10 日、15 日、1 个月或 1 个季度；纳税人的具体纳税期限由主管税务机关根据纳税人应纳税额的大小分别核定；不能按照固定期限纳税的，可以按次纳税。

（2）缴纳期：纳税人以 1 个月或 1 个季度为 1 个纳税期的，自期满之日起 15 日内申报纳税；以 1 日、3 日、5 日、10 日或 15 日为 1 个纳税期的，自期满之日起 5 日内预缴税款，于次月 1 日起至 15 日内申报纳税并结清上月应纳税款。

纳税人进口应税消费品，应当自海关填发海关进口消费税专用缴款书之日起 15 日内缴纳税款。

三、附加税的申报与缴纳

教育费附加和地方教育费附加的缴纳义务发生时间和地点与增值税、消费税的缴纳义务发生时间和地点一致，分别与增值税、消费税同时申报、缴纳。

四、企业所得税的申报与缴纳

1. 企业所得税的纳税期限

企业所得税按年计征，分月或分季预缴，年终汇算清缴，多退少补。纳税年度自公历 1 月 1 日起至 12 月 31 日止。

企业在一个纳税年度中间开业或终止经营活动，使该纳税年度的实际经营期不足12个月的，应当以其实际经营期为1个纳税年度。

企业在年度中间终止经营活动的，应当自实际经营终止之日起60日内，向税务机关办理当期企业所得税汇算清缴。

2. 纳税申报时间

（1）按月或按季预缴：应当自月份或季度终了之日起15日内，向税务机关报送预缴企业所得税纳税申报表，预缴税款。

（2）年度汇算清缴：应当自年度终了之日起5个月内，向税务机关报送年度企业所得税纳税申报表进行汇算清缴，结清应缴应退税款。

3. 申报资料

企业在报送企业所得税纳税申报表时，应当按照规定附送财务会计报告和其他有关资料。

企业在纳税年度内无论盈利或亏损，都应当依照规定期限，向税务机关报送预缴企业所得税纳税申报表、年度企业所得税纳税申报表、财务会计报告和税务机关规定应当报送的其他有关资料。

4. 预缴方法

企业按月（或季）预缴企业所得税时，可以选择以下方式。

（1）按照月度或本季度的实际利润额预缴。

（2）按照月度或季度的实际利润额预缴有困难的，可以按照上一纳税年度应纳税所得额的月度或季度平均额预缴，或者按照经税务机关认可的其他方法预缴。

预缴方法一经确定，该纳税年度内不得随意变更。

实践操练

【任务6-3-1】继例6-2-7，湖南金源净水有限公司2021年4月10日对本公司3月的增值税进行系统申报缴纳操作。

具体申报操作流程如下所述。

（1）登国家税务总局湖南省电子税务局，选择“我要办税”，如图6-16所示。

（2）用企业纳税账号及密码登录，子账户无需填写，如图6-17所示。

（3）登录后界面如图6-18所示。单击“主、附加税费申报”，进入“纳税申报”窗口，如图6-19所示。

图 6-16　国家税务总局湖南省电子税务局首页

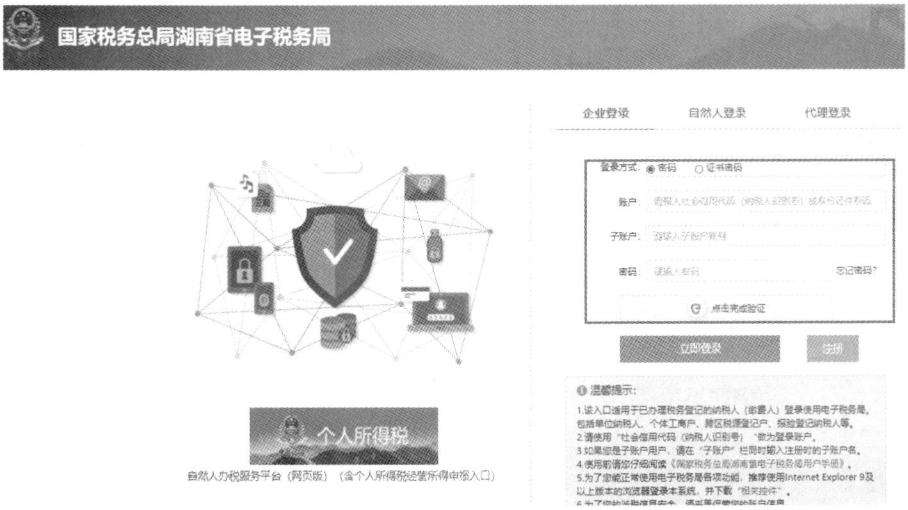

图 6-17　企业登录

图 6-18　登录后界面

图 6-19 “纳税申报”窗口

（4）单击“增值税纳税申报表（一般纳税人适用）”后的“填写”，填写增值税纳税申报表，如图 6-20 所示。

图 6-20 填制增值税纳税申报表

（5）填写增值税纳税申报表的附列资料等相关表格，确认无误后单击“校验并保存”。

（6）全部资料填写完毕并保存后，跳出“是否需要申报”提示，单击“确定”，如图 6-21 所示，增值税纳税申报表申报状态如图 6-22 所示。

图 6-21　“是否需要申报”提示

图 6-22　增值税纳税申报表申报状态

（7）申报完成后，单击“三方协议缴税”，出现弹框“是否需要缴款”，单击“确定”进入增值税缴税环节，如图 6-23 所示，单击“下一步”如图 6-24 所示。

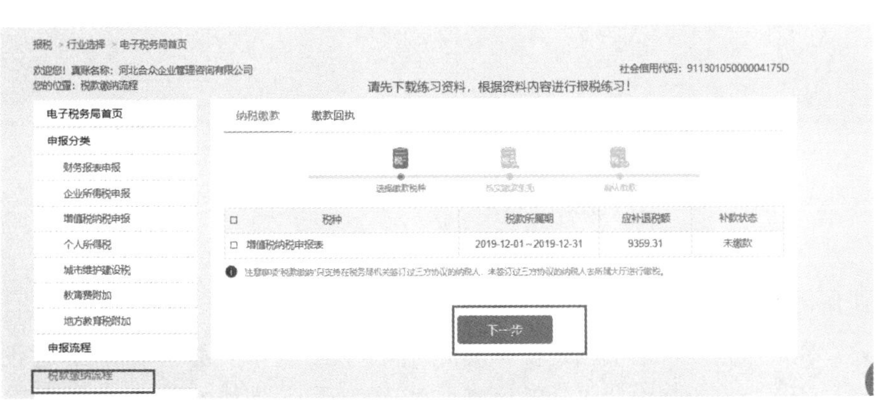

图 6-23　缴纳增值税

图 6-24　增值税缴纳金额信息

（8）确认缴费，缴款成功，如图 6-25 和 6-26 所示。

图 6-25　确认缴费

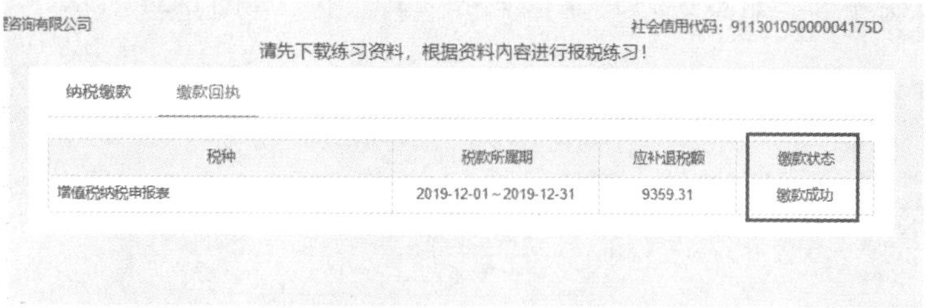

图 6-26　税款缴纳状态

企业所得税、城建税、教育费附加和地方教育费附加的申报流程与增值税申报相同，不再赘述。完成申报后，增值税纳税申报表、消费税纳税申报表、城市维护建设税、教育费附加、地方教育附加申请表分别如图 6-27、图 6-28、图 6-29 所示。

增值税纳税申报表

（一般纳税人适用）

根据国家税收法律法规及增值税相关规定制定本表。纳税人不论有无销售额，均应按税务机关核定的纳税期限填写本表，并向当地税务机关申报。

税款所属时间：自2020年11月01日至2020年11月30日　　填表日期：2020 年 12 月 01 日　　金额单位：元至角分

纳税人识别号	9 1 4 3 0 1 9 5 1 0 3 6 5 4 1 2 0 2	所属行业：	工业		
纳税人名称	湖南金源净水有限公司（公章）	法定代表人姓名	王琦	注册地址	南省长沙市开福区伍家岭路9
生产经营地址	湖南省长沙市开福区伍家岭路98				
开户银行及账号	中国银行开福区支行 600985012654	登记注册类型	有限公司	电话号码	0731-8876888

	项目	栏次	一般项目		即征即退项目	
			本月数	本年累计	本月数	本年累计
销售额	（一）按适用税率计税销售额	1	2,505,846.15	（略）	（略）	（略）
	其中：应税货物销售额	2	2,505,846.15			
	应税劳务销售额	3				
	纳税检查调整的销售额	4				
	（二）按简易办法计税销售额	5				
	其中：纳税检查调整的销售额	6				
	（三）免、抵、退办法出口销售额	7			—	—
	（四）免税销售额	8			—	—
	其中：免税货物销售额	9			—	—
	免税劳务销售额	10			—	—
税款计算	销项税额	11	325,760.00			
	进项税额	12	186,570.00			
	上期留抵税额	13				—
	进项税额转出	14	5,564.00			
	免、抵、退应退税额	15			—	—
	按适用税率计算的纳税检查应补缴税额	16			—	—
	应抵扣税额合计	17=12+13-14-15+16	181,006.00	—		—
	实际抵扣税额	18（如17<11，则为17，否则为11）	181,006.00			
	应纳税额	19=11-18	144,754.00			
	期末留抵税额	20=17-18	-			—
	简易计税办法计算的应纳税额	21				
	按简易计税办法计算的纳税检查应补缴税额	22			—	—
	应纳税额减征额	23				
	应纳税额合计	24=19+21-23	144,754.00			
税款缴纳	期初未缴税额（多缴为负数）	25	121,570.00			
	实收出口开具专用缴款书退税额	26			—	—
	本期已缴税额	27=28+29+30+31	121,570.00			
	①分次预缴税额	28		—		—
	②出口开具专用缴款书预缴税额	29		—	—	—
	③本期缴纳上期应纳税额	30	121,570.00			
	④本期缴纳欠缴税额	31				
	期末未缴税额（多缴为负数）	32=24+25+26-27	144,754.00			
	其中：欠缴税额（≥0）	33=25+26-27	121,570.00	—		—
	本期应补(退)税额	34＝24-28-29	144,754.00	--		--
	即征即退实际退税额	35	--	—		
	期初未缴查补税额	36			—	—
	本期入库查补税额	37			—	—
	期末未缴查补税额	38=16+22+36-37			—	—

授权声明	如果你已委托代理人申报，请填写下列资料： 为代理一切税务事宜，现授权 （地址）　　　　为本纳税人的代理申报人，任何与本申报表有关的往来文件，都可寄予此人。 授权人签字：	申报人声明	本纳税申报表是根据国家税收法律法规及相关规定填报的，我确定它是真实的、可靠的、完整的。 声明人签字：

主管税务机关：　　　　接收人：　　　　接收日期：

图 6-27　增值税申报表

消费税纳税申报表

税款所属期：2020 年 11 月 01 日 至 2020 年 11 月 30 日
纳税人名称：湖南金源净水有限公司　　纳税人识别号（社会统一信用代码）：914301951036541202
填表日期：2020 年 12 月 01 日　　金额单位：元（列至角分）

项目 / 应税消费品名称	适用税率：定额税率	适用税率：比例税率	计量单位	销售数量：本期数	销售数量：本年累计	销售额：本期数	销售额：本年累计	应纳税额：本期数	应纳税额：本年累计
	1	2	3	4	5	6	7	8=1×4+2×6	9
电池		4%			——	156250.00	——	6250.00	——
合计	——	——	——	——	——	——	——	6250.00	——

项目	栏次	本期数	本年累计
本期减（免）税额	10		
期初留抵税额	11		——
本期准予扣除税额	12		
本期应扣除税额	13=11+12		——
本期实际扣除税额	14[13<(8-10)，则为 13，否则为 8-10]		
期末留抵税额	15=13-14（15 ⩽ 0 则为 0，否则为 15）		——
期初未缴税额	16		——
本期缴纳前期应纳税额	17		——
本期预缴税额	18		
本期应补（退）税额	19=8-10-14-18		——
期末未缴税额	20=8-10-14+16-17-		——

谨声明：本纳税申报表是根据国家税收法律、法规及相关规定填报的，是真实的、可靠的、完整的。
纳税人（签章）：　　年　月　日

代理机构签章 代理机构统一社会信用代码：经办人签字： 经办人身份证件号码：	受理人： 受理税务机关（章）：受理日期：　年 月 日

根据国家税收法律法规及消费税相关规定制定本表。纳税人不论有无销售额，均应按税务机关核定的纳税期限填写本表，并向当地税务机关申报。
国家税务总局监制

图 6-28　消费税纳税申报表

城市维护建设税 教育费附加 地方教育附加申报表

税款所属期限：自 2020 年 11 月 01 日至 2020 年 11 月 30 日
纳税人识别号（统一社会信用代码）914301951036541202
纳税人名称：湖南金源净水有限公司　　金额单位：人民币元（列至角分）

附加：61049901，减免性质代码_地方教育附加：99049901）	口是 ☑否	减征比例_城市维护建设税（%）	
		减征比例_教育费附加（%）	
		减征比例_地方教育附加（%）	

税（本期是否适用增值税小规模纳税人减征政策）（减免性质代码_城市维护建设税：07049901，减免性质代码_教育费费）种	计税（费）依据：增值税：一般增值税	计税（费）依据：增值税：免抵税额	计税（费）依据：消费税	计税（费）依据：营业税	计税（费）依据：合计	税率（征收率）	本期应纳税（费）额	本期减免税（费）额：减免性质代码	本期减免税（费）额：减免税（费）额	本期增值税小规模纳税人减征额	本期已缴税（费）额	本期应补（退）税（费）额
	1	2	3	4	5=1+2+3+4	6	7=5×6	8	9	10	11	12=7-9-10-11
城市维护建设税	144754.00		6250.00		151004.00	7%	10570.28					10570.28
教育费附加	144754.00		6250.00		151004.00	3%	4530.12					4530.12
地方教育费附加	144754.00		6250.00		151004.00	2%	3020.08					3020.08

合计	—					—	18120.48					18120.48

谨声明：本纳税申报表是根据国家税收法律法规及相关规定填报的，是真实的、可靠的、完整的。

纳税人（签章）：　　年 月 日

经办人： 经办人身份证号： 代理机构签章： 代理机构统一社会信用代码：	受理人： 受理税务机关（章）： 受理日期：　年 月 日

图 6-29　城市维护建设税、教育费附加、地方教育附加申报表

【任务 6-3-2】完成湖南金源净水有限公司 2019 年企业所得税年度申报表填制，如表 6-8 所示。

表 6-8 企业所得税年度纳税申报表（部分）

类 别	项 目	金额/元
利润总额	三、利润总额	2 670 000.00
应纳税所得额计算	加：纳税调整增加额（填写 A105000）	100 000.00
	减：纳税调整减少额（填写 A105000）	
	减：免税、减计收入及加计扣除（填写 A107010）	
	四、纳税调整后所得	2 770 000.00
	减：所得减免（填写 A107020）	
	减：弥补以前年度亏损（填写 A106000）	
	减：抵扣应纳税所得额（填写 A107030）	
	五、应纳税所得额	2 770 000.00
应纳税额计算	税率	25%
	六、应纳所得税额	692 500.00
	减：本年累计实际已预缴的所得税额	613 600.00
	七、本年应补（退）所得税额	78 900.00

备注：根据《企业所得税实施条例》第四十三条规定，企业发生的与生产经营活动有关的业务招待费支出，按照发生额的 60%扣除，但最高不得超过当年销售（营业）收入的 5‰；广告费不超过当年销售（营业）收入 15%的部分，准予扣除；超过部分，准予在以后纳税年度结转扣除。根据表 6-6 进行相关判断。

应纳所得税额=250 000×60%=150 000（元）41 500 000×5‰=207 500（元）

150 000<207 500

41 500 000×15%=6 225 000（元）

5 980 000<6 225 000

【任务 6-3-8】继任务 6-3-2，请根据企业所得税申报情况，填制记账凭证。

解析：填制记账凭证如图 6-30 和图 6-31 所示。

记 账 凭 证

2020 年 05 月 31 日　　　　第 * 号

摘 要	会计科目		借方科目										贷方科目										记账（签章）
	总账科目	明细科目	千	百	十	万	千	百	十	万	角	分	千	百	十	万	千	百	十	万	角	分	
计税应补（退）所得税款	应交税费	应交企业所得税				7	8	9	0	0	0	0											
	以前年度损益调整															7	8	9	0	0	0	0	
合 计						7	8	9	0	0	0	0				7	8	9	0	0	0	0	

附件 * 张

会计主管：罗小玛　　出纳　　审核：张珏　　制单：王宇

图 6-30

记账凭证

2020 年 05 月 31 日　　　　第 * 号

摘要	会计科目		借方科目										贷方科目										记账（签章）
	总账科目	明细科目	千	百	十	万	千	百	十	元	角	分	千	百	十	万	千	百	十	元	角	分	
结转以前年度损益	以前年度损益调整					7	8	9	0	0	0	0											
	利润分配	未分配利润														7	8	9	0	0	0	0	
合计						7	8	9	0	0	0	0				7	8	9	0	0	0	0	

附件 * 张

会计主管：罗小玛　　出纳　　审核：张珏　　制单：王宇

图 6-31

参考文献

[1] 谭秋云．成本的呼唤．北京：中国时代经济出版社，2013.

[2] 解媚霞．财务会计实务．北京：高等教育出版社，2020.

[3] 张学林．财务会计实务．上海：立信会计出版社 2020.

[4] 许宗宝．企业纳税实务．上海：立信会计出版社 2018.

[5] 程坚．成本计算与管理．上海：立信会计出版社 2019.

[6] 路国平．中级财务会计．北京：高等教育出版社，2018.

[7] 刘永泽．中级财务会计．大连：东北财经大学出版社，2018.

[8] 戴德明．财务会计学．北京：中国人民大学出版社，2019.

[9] 梁文涛．税务会计．北京：中国人民大学出版社，2020.

[10] 耿聪慧．成本计算与管理．北京：中国财经出版传媒集团 2019.

[11] 李蕊爱．现代企业成本控制研究．北京：中国商业出版社，2010.

[12] 张宝岭．施工项目成本管理与控制．北京：机械工业出版社，2011.

欢迎广大院校师生 **免费**注册应用

华信SPOC官方公众号

www.hxspoc.cn

华信SPOC在线学习平台

专注教学

数百门精品课
数万种教学资源

教学课件
师生实时同步

多种在线工具
轻松翻转课堂

电脑端和手机端（微信）使用

测试、讨论、
投票、弹幕……
互动手段多样

一键引用，快捷开课
自主上传，个性建课

教学数据全记录
专业分析，便捷导出

登录 www.hxspoc.cn 检索 华信SPOC 使用教程 获取更多

华信SPOC宣传片

教学服务QQ群：1042940196

教学服务电话：010-88254578/010-88254481

教学服务邮箱：hxspoc@phei.com.cn

电子工业出版社
PUBLISHING HOUSE OF ELECTRONICS INDUSTRY

华信教育研究所

反侵权盗版声明

电子工业出版社依法对本作品享有专有出版权。任何未经权利人书面许可，复制、销售或通过信息网络传播本作品的行为，歪曲、篡改、剽窃本作品的行为，均违反《中华人民共和国著作权法》，其行为人应承担相应的民事责任和行政责任，构成犯罪的，将被依法追究刑事责任。

为了维护市场秩序，保护权利人的合法权益，我社将依法查处和打击侵权盗版的单位和个人。欢迎社会各界人士积极举报侵权盗版行为，本社将奖励举报有功人员，并保证举报人的信息不被泄露。

举报电话：（010）88254396；（010）88258888
传　　真：（010）88254397
E-mail：　dbqq@phei.com.cn
通信地址：北京市海淀区万寿路 173 信箱
　　　　　电子工业出版社总编办公室
邮　　编：100036